本书为2019年贵州省哲学社会科学规划一般项目“产业融合视域下贵州乡村全域旅游的迭代升级研究”（课题编号：19GZYB01）研究成果。

全域旅游视角下的乡村旅游思考与发展实践

李 倩 著

北京工业大学出版社

图书在版编目（CIP）数据

全域旅游视角下的乡村旅游思考与发展实践 / 李倩著. — 北京 ： 北京工业大学出版社， 2020.6（2021.11 重印）
ISBN 978-7-5639-7539-6

Ⅰ. ①全… Ⅱ. ①李… Ⅲ. ①乡村旅游－旅游业发展－研究－中国 Ⅳ. ① F592.3

中国版本图书馆 CIP 数据核字（2020）第 117464 号

全域旅游视角下的乡村旅游思考与发展实践

QUANYU LÜYOU SHIJIAO XIA DE XIANGCUN LÜYOU SIKAO YU FAZHAN SHIJIAN

著　　者： 李　倩
责任编辑： 刘卫珍
封面设计： 点墨轩阁
出版发行： 北京工业大学出版社
（北京市朝阳区平乐园 100 号　邮编：100124）
010-67391722（传真）　bgdcbs@sina.com
经销单位： 全国各地新华书店
承印单位： 三河市明华印务有限公司
开　　本： 710 毫米 ×1000 毫米　1/16
印　　张： 14.5
字　　数： 290 千字
版　　次： 2020 年 6 月第 1 版
印　　次： 2021 年 11 月第 2 次印刷
标准书号： ISBN 978-7-5639-7539-6
定　　价： 45.00 元

作者简介

李倩（1978.12—　），女，汉族，湖北天门人，硕士研究生，贵州师范学院旅游文化学院副院长、副教授。研究方向：乡村旅游、景区治理、旅游经济。

前 言

开展旅游是乡村发展的重要手段，所谓全域旅游是指充分利用乡村的资源禀赋，给游客全方位的产品体验，满足游客的需求。作为一种全新的发展观念，全域旅游概念的提出为乡村旅游的发展提供了战略方向。一方面，全域旅游能够全方位地利用乡村的资源，整合乡村的产业结构，提高资源利用率。旅游业能够拉动其他产业的发展，如住宿业。据统计，我国旅游业对住宿业的贡献达到 80%。此外，交通运输业也在旅游业的带动下获得了发展，旅游业对交通运输业的贡献在 85% 以上。旅游业也带动了文化娱乐业、餐饮业和商品零售业的发展。另一方面，全域旅游能够给乡村提供大量的岗位，吸引乡村的青壮年留在乡村，为乡村的发展贡献力量。旅游业的发展，能够帮助乡村引进投资，扩大就业，增加居民的收入。

全书共七章。第一章为绪论，主要阐述全域旅游的由来与演进、全域旅游的概念界定、全域旅游的政策解读；第二章为全域旅游的相关理论，主要阐述全域旅游的理论基础、全域旅游的发展理念、全域旅游的评价标准；第三章为乡村旅游的发展演进，主要阐述国内乡村旅游的发展、国外乡村旅游的发展、乡村旅游振兴发展存在的问题；第四章为乡村旅游的规划与建设，主要阐述乡村旅游规划建设的类型、全域旅游规划建设的类型；第五章为贵州乡村旅游发展概述，主要阐述贵州发展乡村旅游的资源优势及评价、贵州发展乡村旅游取得的成效、贵州乡村旅游开发中存在的问题及对策建议；第六章为贵州乡村旅游资源开发的模式，主要阐述乡村旅游开发的模式、贵州乡村旅游商品的开发、贵州乡村景观类旅游资源的开发、贵州乡村民俗活动类旅游资源的开发；第七章为全域旅游视角下乡村旅游的发展，主要阐述影响乡村旅游发展的相关因素、全域旅游视角下乡村旅游的发展策略、全域旅游视角下贵州发展乡村旅游的思考。

为了确保研究内容的丰富性和多样性，笔者在写作过程中参考了大量理论与研究文献，在此向相关专家学者表示衷心的感谢。

最后，因笔者水平有限，加之时间仓促，本书难免存在一些疏漏，在此，恳请同行专家和读者朋友批评指正！

目　录

第一章 绪 论

全域旅游自提出以来引起了政界、学界、业界的广泛关注和强烈共鸣，全域旅游逐渐成为一种新的旅游发展理念，对我国的旅游业发展产生了重大而深远的影响。全域旅游是我国经济社会和旅游需求发展到一定阶段的必然产物，是旅游业发展改革创新、转型升级的必然要求。本章分为全域旅游的由来与演进、全域旅游的概念界定、全域旅游的政策解读三部分。

第一节 全域旅游的由来与演进

一、全域旅游的由来

在安徽省黄山市召开的全国旅游工作研讨会上，李金早首次明确地提出全面推动全域旅游发展的战略部署。随后文化和旅游部下发《关于开展“国家全域旅游示范区”创建工作的通知》。通知中明确提出“全域旅游是指在一定的行政区域内，以旅游业为优势主导产业，实现区域资源有机整合、产业深度融合发展和全社会共同参与，通过旅游业带动乃至于统领经济社会全面发展的一种新的区域旅游发展理念和模式”。

李金早发表《全域旅游大有可为》一文，进一步完善了全域旅游的定义，指出“全域旅游是指在一定区域内，以旅游业为优势产业，通过对区域内经济社会资源尤其是旅游资源、相关产业、生态环境、公共服务、体制机制、政策法规、文明素质等进行全方位、系统化的优化提升，实现区域资源有机整合、产业融合发展、社会共建共享，以旅游业带动和促进经济社会协调发展的一种新的区域协调发展理念和模式”。随着全域旅游理论的逐步成熟与规范，全域旅游的轮廓越来越清晰地呈现在大众面前，全域旅游的理论研究基础越趋成熟。

通过概念的调整，全域旅游涌现出六项重大变化。

①“一定的行政区域”调整为“一定区域”。旅游业发展所需的资源基础、生态环境、客源市场等条件都不是严格限制在某一行政区域内的。而旅游资源的分布特征、旅游产业的关联性更是表明旅游产业的发展需要突破行政区域，进行相近区域的联合推动。

②“以旅游业为优势主导产业”调整为“以旅游业为优势产业”。依据产业在国民经济中所发挥作用和所处地位的不同，可将其划分为支柱产业、主导产业、优势产业和战略产业等。其中，“主导产业”处于整个区域经济发展的主导和核心地位，它是指那些产值占有一定比重，采用先进技术、增长率高、产业关联度强，对其他产业和整个区域经济发展有较强带动作用的产业。“优势产业”是指具有较强的比较优势和竞争优势的产业，它是比较优势和竞争优势的综合体现。从两类产业的定义来看，旅游业作为区域的优势产业更切合目前我国各地旅游业发展的实际，从而使全域旅游理论更具有普适性。

③“全社会共同参与”调整为“全方位、系统化的优化提升”。“共同参与”没有明确全域旅游在推动社会经济发展方面的范围和程度，而新表述“全方位、系统化的优化提升”对全域旅游的社会价值和社会意义有了更准确的认知，指出全域旅游能够为“生态环境、公共服务、体制机制、政策法规、文明素质”等带来优化和提升，使其社会价值更为清晰和充实。

④“带动乃至于统领”调整为“带动和促进”。此部分的调整类似于前文中的第二点变化，下调了对全域旅游理念下旅游产业发展的预期。我国作为世界第二大经济体，有着复杂的经济结构和产业结构。虽然与旅游业直接和间接相关的行业或产业约有 67 个，但它们并不足以统领区域乃至全国经济的发展。反过来看，旅游产业作为带动范围广、带动系数大的产业。在带动上下游产业链联动方面能够发挥积极的促进作用。符合当前我国经济进行结构调整的实际需要。

⑤“经济社会全面发展”调整为“经济社会协调发展”。旅游产业作为一个以提供劳务产品为主的服务性行业，难以带动经济社会的全面发展。而旅游业跨行业、跨部门的产业特点，使其具备了串联多种经济产业、多个社会职能部门、多种公共事业的能力。在社会经济发展过程中，旅游产业能够充分发挥其串联功能，带动产业、职能部门和公共事业向服务大多数社会个体方向转变，契合了社会经济协调发展的内涵。

⑥“区城旅游发展理念和模式”调整为“区域协调发展理念和模式”。此处调整是站在社会经济全局的高度，将“全域旅游”从旅游产业的发展理念和模式提升到经济社会协调发展的大视角下审视，极大地扩展了全域旅游的外延，

也与前文中提及的旅游资源、相关产业，生态环境、公共服务、体制机制、政策法规、文明素质等内容相呼应，是整个概念的根本性调整，也是最重大的理论突破，有助于真正推进全域旅游工作的实践。

二、全域旅游的演进

2008 年，浙江省绍兴市提出全域旅游的发展战略，随即编发《绍兴全域旅游区总体规划》明确了“城即景，景即城”的规划定位，提出了“复兴水城、文化兴旅、转型增效，城旅一体”的发展思路。这是全域旅游概念在国内的首次探索与实践，自此，全国开始进行全域旅游试点。

2010 年，胡晓苒提出了全域旅游的发展战略，她指出，全域旅游战略的提出，最根本的就是打破都市（或单一景区）旅游一枝独秀的既有格局，在不同的区城内打造各自的旅游吸引物和服务业态。

2011 年，杭州市发布《杭州市“十二五”旅游休闲业发展规划》，提出了旅游全域化战略。推进旅游空间全区域、旅游产业全领域和旅游受众全民化发展。

2012 年，海南省琼海市提出建设田园城市、幸福琼海，随后进一步提出打造全城 5A 级景区，明确了“全域是景区、处处是景观、村村是景点、人人是导游”的发展思路。

2013 年，厉新建在研究北京旅游产业发展时，提出了全域旅游理念，他认为全域旅游追求的是旅游质量提升，强调居民与游客的融合，目标是让旅游目的地真正成为游客的家园和居民的家园。他提出，全域旅游理念的核心是“四新”，即全新的资源观、产品观、产业观和市场观；落实全域旅游靠“八全”，即全要素、全行业、全过程、全方位、全时空、全社会、全部门及全游客。

2013 年，河南省栾川县出台《关于建设全景栾川的意见》，提出全区域营造旅游环境、全领域融汇旅游要素、全产业强化旅游引领、全社会参与旅游发展、全民共享旅游成果，将全县作为一个大景区，打造国内知名的山地旅游度假目的地。

2015 年，苏州市提出“城市即旅游，旅游即生活”的理念，强调大旅游、大空间、大产业、大市场和大服务，全力推动全域旅游发展。

2015 年，无锡市太湖城提出构建全域旅游、全境休闲、全时度假、全新生活的新格局，打造安居乐业首选地、人文旅居目的地。

2016 年，文化和旅游部组织开展“国家全域旅游示范区”创建工作，262 个市县被认定为首批“国家全域旅游示范区”创建单位，这标志着全域旅游发展战略由局部地区试点转向全国范围推广，我国旅游业进入全域旅游的新时代。

2017年，在陕西西安举行的第三届全域旅游推进会暨“人文陕西”推介会上，文化和旅游部发布了《2017全域旅游发展报告》（以下简称《报告》），《报告》对全域旅游发展进行了阶段性总结。

2018年，提出“美丽中国——2018全域旅游年”这一主题，要求各地重点做好四方面的工作。第一，提高认识，做好活动设计；第二，针对市场需求，丰富旅游产品线路；第三，整合力量，提高宣传推广成效；第四，重点突出，大力提倡入境旅游。

2019年，两会政府工作报告中提出，发展全域旅游，壮大旅游产业。全域旅游再次成为热点话题。

三、全域旅游发展的时代背景

（一）“大旅游”格局的呼唤

进入21世纪后，城市人期盼现代化的生态城市，农村人期盼“望得见山、看得见水、留得住乡愁”，在城乡一体化统筹发展过程中，人们越来越坚信一个共识，那就是“绿水青山就是金山银山”。在这种期盼生态文明的新形势下，一切以旅游业发展为核心的景区泛化的“大旅游”新格局，都在呼唤全域旅游新业态的诞生。发展全域旅游是一个实现区域“宜居、宜业、宜游”的综合解决方案。另外，近年来人们外出旅游的条件得到了大大的提高，但屡屡出现传统景区旺季人满为患的现象，大大降低了旅游者的舒适度，于是形成了人们在旅游旺季选择不去传统景区而到休闲城市、乡村、商业街等进行旅游休闲的趋势。这也说明，过去那种以单纯旅游景点为核心的传统旅游发展模式，已经不再适应新形势发展的需要了。同时，由于旅游者兴趣的多样化、时间的碎片化以及交通的便捷化，人们对大的旅游平台和空间的需求更加迫切，因而在旅游发展创新模式上也要求突破传统景区的界限、突破传统的观光旅游方式。人们这种对旅游活动内容更加丰富、旅游空间更大、旅游资讯更便捷的巨大需求，也促进了区域空间的全景化、消费的全时化等，成为“大旅游”时代的一种新趋势。全域旅游，不仅在空间上强调立体化、全景化打造，还在时间上注重全时化体验，能有效地拓展旅游发展空间。发展全域旅游对于上升为国民经济的战略性支柱产业的大旅游业来说，是十分必要的。

（二）旅游“大市场”的呼唤

大众休闲旅游时代的来临，特别是国务院颁布的《国民旅游休闲纲要

（2013—2020年）》，使传统出游两个基本条件——“两个闲”（有闲时、有闲钱）中的“有闲时”将更加有保障。而随着游客的旅游需求正逐渐由游览广度向体验深度转变，对旅游产品和服务的要求也越来越高，传统景区的发展模式显然难以满足游客多元化的需求，这就需要创新旅游活动空间和内容，促进空间全景化、体验全时化、休闲全民化的全域旅游发展，来满足休闲大市场的需求。如此深厚的文化底蕴，如何充分地展示出来？如何让游客感知与体验？全域旅游，通过文化全域化渗透到旅游中，旅游全域化体现文化底蕴，激活沉睡的文化，传播丰厚的文化。国民假日增多，带薪休假成为常态，汽车产业发展，小康社会建设全面推进，加上物质生活和精神生活水平的提高，人口的大流动等因素，造就了庞大的休闲旅游大军，尤其是在“黄金周”和周末形成了国民休闲旅游的买方“大市场”。《中国旅游报》资料显示，当前我国年人均出游率为2.5次，一般城市年接待旅游者的数量为常住人口的4～6倍。休闲旅游的“大市场”，呼唤着全域旅游目的地新业态的快速发展。

（三）旅游“大产业”的呼唤

国家统计局发布的《国家旅游及相关产业统计分类》，把旅游业及其相关产业分为11大类、27个中类、67个小类，顺应了大旅游发展趋势，促进了全域旅游业地位的确立。旅游业作为现代服务业的龙头产业，具有生产性服务业和生活性服务业的双重属性，在产业升级的大产业发展进程中理应发挥更大的作用。因此，以出游型消费经济进行全领域、全产业融合，发展泛旅游产业，能有效提升产业附加值，促进产业升级。由此可见，全域旅游发展对社会资源的整合力会更大、对相关行业的拉动性会更强、对国民经济和社会各项事业的贡献率会更高。旅游产业作为全球最大的综合性产业、朝阳产业、低碳产业，其发展呼唤与之相适应的全域旅游新业态的成长。

（四）旅游“大政策”的呼唤

《国务院关于加快发展旅游业的意见》提出，要把旅游业培育成“国民经济的战略性支柱产业”和“人民群众更加满意的现代服务业”，明确了“旅游产业”和“旅游事业”的双重定位，这就要求一手抓旅游产业发展，一手抓旅游事业发展，两手都要抓。如果只抓旅游事业，旅游在国民经济中的地位就很难突出；如果只抓旅游产业，如同抓工业没有考虑环境影响一样，就可能产生很大、很深的社会负面影响。因此，二者必须兼顾发展。旅游产业是全球关联度最大的综合性产业，必须加快推动旅游产业与相关产业之间的融合发展。同样，旅游事业发展也需要文化、体育等各行各业的大力支持，增强硬件的配套和软件的实力。《国务院关于促进旅游业改革与发展的若干意见》《国务院办公厅关于进一步促进旅游投资和消费的若干意见》等一系列旅游发展的"大政策"，为全域旅游发展注入了生机和活力。全域旅游强调全景化体验、全时化消费、全业化融合、全民化共享，能较好地统筹旅游产业与旅游事业的协调发展。尤其是"美丽中国"形象宣传口号的提出，从上到下优化了政策大环境。

（五）旅游"时尚生活方式"的呼唤

随着国家扶贫力度和治理力度的加大，人们的物质文化生活水平不断提高，追求健康、养生、休闲和幸福生活的愿望也不断提高，旅游日渐成为人们的一种时尚的生活方式。人们不再满足于走马观花的观光，而是追求休闲放松的慢生活，希望能够住下来、深度游，慢慢去体验、感悟、享受。坚持全域旅游发展的城市既属于本地居民，也在一定程度上属于外来游客，兼顾当地居民和外来游客的需求，它既是本地居民的幸福家园，也是外来游客的旅游热土，让外地游客有"出门在外犹如家"的感觉，从而构建本地居民与外地游客"主客共享"的高品质生活环境。全域旅游目的地的打造，成为现代城市时尚生活方式发展的必然选择。

四、全域旅游的实践：全域旅游示范区建设

马克思主义认识论认为，实践是检验真理的唯一标准，认识的发展是一个辩证过程。全域旅游示范区的建设是全域旅游政策的实践，对于理解全域旅游政策具有基础意义。

（一）全域旅游：一个路子不是一个牌子

很多地区将全域旅游示范区作为类似5A景区或国家级度假区这种旅游品牌来推进全域旅游工作，将全域旅游看成旅游发展的牌子，而不是发展模式，这种认识存在着一定误区。全域旅游是路子，是将全域旅游置于我国社会经济发展来认识的发展路径。旅游业作为现代服务业的龙头产业，在产业升级的大产业发展进程中理应发挥生产性服务业和生活性服务业的双重属性作用。因此，以"出游型消费经济"进行全域产业融合，发展"泛旅游产业"，能够有效提升旅游产业附加值，促进产业结构升级。

（二）全域旅游：旅游空间形态多样化非旅游全空间

王兴斌在《我为什么不赞成运动式的创建"全域旅游示范区"》中批评"全域旅游示范区"创建的考核标准不科学。绝大多数市县考核不达标，若硬要推

广势必导致“简单模仿，千城千村千景一面”“短期行为、盲目涨价”“不择手段，不顾尊严，低俗媚客”等现象泛滥。张定春在《“全域旅游”热背后的冷思考》中指出，全域旅游还需要更多的探索和尝试，不是所有的地区都适合发展全域旅游，相关行业也不能尽快与旅游业融为一体，如今各地政府和旅游主管部门对全域旅游的热情飙升，如果缺乏正确的指导与管控，可能会沦落为本地“面子”项目，制造新的泡沫，没有典型的代表意义和基准效用，只是一个单薄的概念。张辉指出，有些地方在全域旅游示范区创建工作中提出将本区域打造成一个大景区，叫作“处处是美景”，我国旅游消费要进入休闲时代和度假时代，仅靠现有观光旅游形态的景区是难以满足旅游者需要的。

（三）全域旅游下的旅游产业空间分布

全域旅游作为国家政策提出以后，各地积极响应号召发展旅游，开展旅游实践，推动全域旅游内涵不断改进和完善，全域旅游并非地理空间上的全域开发，不是处处开发、建设旅游项目，不是全域同质同步发展。全域旅游的核心点在“域”不在“全”，应当充分理解“域”的含义。从理论角度讲，同经济场域、法律场域、文化场域一样，旅游也存在场域，我们称之为旅游场域。实际上，全域旅游是旅游业发展到一定阶段的产物，是一种更高级、更进步的旅游发展模式。全域旅游是旅游场域由低级到高级、由简单到复杂的产物，因此全域旅游在本质上是旅游场域的扩展。

全域旅游就是要促进中国旅游产业从封闭的“点—线”状空间，向基于旅游目的地的开放的板块状旅游空间体系转变，如图 1-1 所示，旅游产业空间布局由以资源禀赋为中心向以旅游目的地为中心的板块产业布局发展转变。首先，板块状的旅游产业布局是指将原先游离于“点”“线”之外的旅游相关产业都纳入进来，使之转变成可利用的资源，同时提高旅游产业的关联度，带动城市的旅游发展；其次，板块状旅游空间布局需要打破传统行政区划的局限，在更大的区域内，根据自身资源、技术、资本、市场等要素状况主动寻求与其他旅游区的合作，形成区域旅游功能合理分工、旅游经济收益合理分配的旅游目的地发展模式。

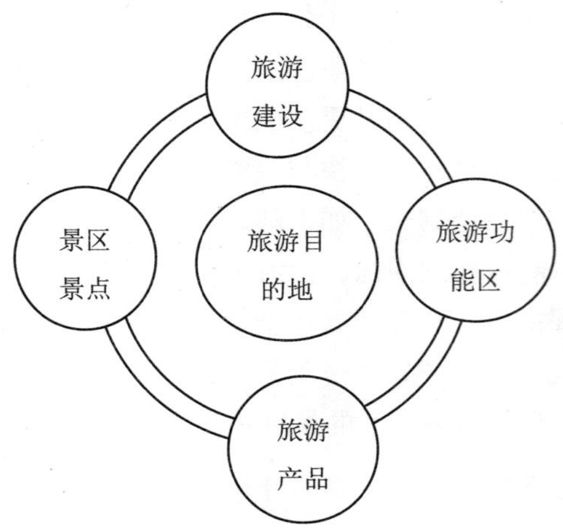

图 1-1　全域旅游下的旅游空间经济系统

五、文化创意园区推动全域旅游产业发展

文化创意园区的类型打造从不同角度分析，有着不同的划分方法，汉斯·莫马斯通过对文化产业园区的分析，综合了 7 个核心类型尺度考评：园区内活动的横向组合及其协作和一体化水平；园区内文化功能的垂直组合——设计、生产、交换和消费活动具体的混合；与此相关的园区内融合水平；涉及与园区内管理的不同参与者的园区组织框架；金融制度和相关的公私部门的参与种类；空间和文化节目开放或封闭的程度；园区具体的发展途径，园区的位置。

根据文化创意产业园区的不同功能和打造方式，以文化创意产业园区的特征、文化创意产业园区的元素定位和自然资源与文化资源、文化创意产业园区的区位和地理优势、文化创意产业园区的服务平台机构、文化创意产业园区的产业立项、文化创意产业园区的原生态为基本定位特点，综合以上，文化创意产业园区可以划分为以下几种类型。

（一）产业型

这一类型的文化创意产业园区主要体现在以地方文化元素、艺术工艺和传统技艺为基础形成，通过对原有的传统产业经过产、学、研结合，形成以产业为主导，将产业和产业链联动分解，融合其他文化元素的新结构，转变成为一个产业产品销售、产业链体验、消费功能多元化的综合体产业集聚，是具有原创力的独立型的产业衍生孵化区。

（二）资源型

这一类型的文化创意产业园区主要以旧工厂和仓库等原有建筑优势，在不改变厂房或库房的建筑结构和空间时，利用宽敞而高大的自然空间，合理地搭配和运用，滋生为新的文化创意产业园区模式；还有就是根据地域自然优势，不改变主体功能和自然面貌，保留原来建筑价值、历史价值、艺术价值、文化价值等，如历史文化遗迹、古建筑群、古作坊、古村落，虽然在历史政治的变迁中不具备政治考据影响，但在文化价值和历史传承价值方面影响深远，这一类也是根据保留资源，不转变主体功能而成为的文化创意产业园区。

（三）艺术原创型

这一类型的文化创意产业园区主要由各门类艺术家或者艺术作品，或者艺术经济的集聚，形成了具有艺术家本人、工作室、作品、艺术展示、艺术交易、艺术交流的综合性集聚平台，在很多集聚区出现的画家村、艺术工作坊、民俗文化集聚区、北京 798、上海 800、北京音乐硅谷、音乐艺术村等各门类文化创意产业园区。

（四）智慧型

这一类型文化创意产业园区主要依托高科技园区，根据高科技园区的科技推动新生代发展文化产业，是智慧型产业园区，通过科技手段、新媒体实现数字化文化产业的发展，形成革命的产业科技链条。如现有的中关村科技园区、北京动漫产业园区、北京新媒体产业基地、北京未来中央城、深圳高科技产业园等高科技产业集聚的园区。

（五）文化旅游型

这一类型的文化创意产业园区主要以历史名胜、自然风貌、名人故居、世界遗产、文化名胜、民俗文化、人类文明等为依托的旅游资源，对其文化元素整合，提升文化内涵，孵化文化价值，形成以文化旅游为主线的经济产业链条，这一类的产业园区属于接收比较快、产业功效见效快的园区类型。满足人们的精神渴求和精神换位。像近两年出现的文化旅游大繁荣，只是刚刚开始而已，产业衍生可挖掘性非常强，比如，江南古镇、天门山、百色茶园、九寨沟、京城八景名胜、杭州名胜、运河古镇、宋城、印象系列等全国诸多产业园区。

（六）主题主导型

这一类型文化创意产业园区主要区别于两个依托，一是政府，二是校企联合。依托政府为主导的产业园区，由政府着力来推动打造，通过市场化的运作，进行项目的开发和挖掘，像北京和上海在争创的“国际设计之都”，完全由政府主导，主动将其打造入市，集中在中国设计行业的人才推动和人才养成，由“中国制造”向“中国创造”转变的开始。依托高校为主导的产业园区，由高校来推动打造，以特殊的创意人才和大学的人文环境为依托，实行校企联合的方式，推动文化创意产业的发展，在文化创意产业人才方面，大学也是最合适的培养通道。像中国人民大学、北京大学、清华大学、日照职业学院等都在校内成功打造了主题主导型文化创意产业园区。

（七）体验活动型

这一类型的文化创意产业园区主要体现在以各种娱乐方式、商业论坛、各种展会、展览、演出、节庆庆典等，不仅具有艺术性，更具有体验感受性，从而刺激文化精神需要。比如，像北京欢乐谷、北京文博会、全国动漫会、汽车展会、全国礼品展、烟花庆典、深圳欢乐谷、迪士尼游乐园、环球嘉年华、深圳文博会、珠宝玉石大展、海上娱乐、综合体育攀岩漂流、嘉年华、艺术作品体验园、《我是歌手》、《中国好声音》等以体验感受为主要依托的文化创意产业园区和内容型文化活动项目。

第二节　全域旅游的概念界定

一、全域旅游的本质

（一）资源的整合

以往的地区旅游发展，一般都是指该地区的旅游景点发展。通过景点门票的利润实现，进而增加该地地区的经济收入。然而，随着景点旅游方式的顺延，使得没有景点的地区望尘莫及抑或东施效颦；有景点的地区忽略旅游业发展质量、降低旅游发展新动能，并产生了很多不和谐的因素。比如，居民是居民、旅客是旅客、城市是城市、景区是景区。当旅客看惯景区的核心吸引物之后，却缺少了完美的旅游体验感。所以，全域旅游的本质特征之一就是“域”的整合实现。而要真正实现“域”的整合，核心还是资源的重新整合。把不同特色的旅游产品或业态集群分布在各个空间板块，在不同的时间、空间打造不同特色的旅游产品。除此之外，还要对现有资源进行重新开发和“洗牌”。

随着旅游的深入发展和不断变化，满足现代旅游需要的资源已经不仅仅局限于自然资源和人文资源，还包括相应的特色资源、城市资源、创意资源等。那么，真正实现全域旅游，就是要把每一个有价值的要素都挖掘成为旅客的兴趣点或者旅游产业的创新差异点。把这些点作为突破口，通过挖掘资源去满足市场需要的同时，重新找到该资源其余的价值属性，把能够挖掘的优势资源进行整合，把能够培育到的产业要素进行整合。所以，全域旅游的本质特征之一就是资源的全域性。而资源的全域就是指资源的整合、挖掘、突破与优化。

（二）产业的带动

旅游经济系统包括旅游者的消费活动和旅游产业的经营活动。以往景点旅游经济主要是门票经济，而真正的旅游活动是一种移动空间的消费，从出发地到目的地再返回出发地的整个消费全过程都应纳入旅游活动，因此，除了门票经济之外，受到旅游消费的影响，虽然旅游业难以像制造业一样可以在该空间产生大规模的经济效应，但是却可以通过旅游消费细带的衔接、要素的配置、点线的突破，分级别、分系统地逐步带动该地区的整体经济效益。而在整个带动过程中，旅游业的催化作用非常重要，通过以旅游为中心的核心服务业的发展，旅游周边产业的集聚开发和差异落地，才能促进地方包括农业和工业在内的相关产业的迅速发展和特色化建设。

二、全域旅游的概念界定

（一）全域旅游概念产生的背景

“全域旅游”概念自提出开始，业内便对其褒贬不一。任何一个新观点、新提法都会引发争议，这本是科学演化的一般规律。事实上，无论是旅游研究者还是旅游实践者，都试图从理论层面去阐述这个概念的内涵，或是诠释这个概念的价值。然而，任何一个概念都存在于使其产生、存在并发展的时代背景，脱离时空界域机械式地衡量其错与对、伪与真，都只会陷入无休止的争论。从旅游自身演进规律看，全域旅游是旅游产业转型升级的动态过程，是区域旅游发展的高阶形态。从我国旅游发展现状看，全域旅游不仅是适应旅游者需求变化的现实选择，也是新形势下推进我国旅游业供给侧改革的必由之路。从全球旅游变化趋势看，全域旅游是世界旅游发展的总体态势，代表现代旅游业发展的新方向。大体来说，“全域旅游”概念产生的背景包括以下三个方面。

1. 自身演进规律

发展经济学认为，经济发展自身具有一般演进规律，呈现出阶段式前进或倒退的特征，在不同的发展阶段将催生出与其相适应的经济发展模式，旅游业的发展也遵循同样的规律。在工业化初期，人均收入水平较低，旅游需求弹性较大，旅游对相当一部分民众来说是奢侈品；随着后工业化时期的到来，人均收入水平显著提升，旅游需求弹性降低，大众旅游、休闲旅游取代小众旅游、观光旅游，旅游发展模式也将由景区旅游向全域旅游转变。全域旅游是一个系统工程，绝不是旅行社、酒店、饭店、旅游景区的简单堆砌，其本质是旅游产业发展模式的转型升级，即从孤立的景点建设到旅游复合型空间的构造。随着旅游需求的不断变化，越来越多的糅合各种自然、人文、社会资源特色的组合旅游产品得以形成，生产要素的破界与市场需求的升级必然带来旅游业与其他产业的融合发展。

2. 旅游需求变化

高速铁路、高速公路、民用航空等现代交通及移动互联通信技术的迅猛发展，加速了人们出行方式的变革。随着我国国民素质的普遍提升及人均收入水平的不断提高，我国民众旅游动机从满足放松、刺激需要为主向满足自尊与发展、自我实现需要为主的复合旅游转变。在此过程中，游客与旅游目的地各个环节、要素产生的交集将愈加深刻。此外，各类线上旅游服务平台的层出不穷，散客旅游取代团队旅游成为国民出游的主导方式，游客活动的范围大大拓展，使得旅游必然从核心景点拓展到更大的范围和领域。只有从全域整体上优化旅游环境、旅游过程、配套旅游的基础设施、公共服务体系和旅游服务要素，才能有效满足人民群众的旅游需求。

3. 全球发展趋势

当前，旅游业对全球经济发展及就业的贡献均超过 10%，越来越多的国家将旅游业作为推动国民经济发展的核心产业。各国在强化旅游对经济社会发展带动作用的同时，通过制定相关政策提升本国旅游业的国际竞争力。例如，美国制定《国家旅行和旅游发展战略》，日本实施《观光立国战略》，韩国确立《战略性观光旅游产业培养方案》等。实践方面，新加坡通过建设“城市花园”，打造城景一体的旅游环境，培育创意旅游项目，实现旅游与城市联动发展；意大利通过构建海景与交通的立体生态，开发富有内涵的文化游憩线索，将五渔村打造成具有深厚历史文化底蕴的全域旅游区等。可见，在资源枯竭、碳约束的双重压力下，全域旅游必将成为未来全球旅游业的发展方向。

（二）全域旅游的概念和内涵

全域旅游，重点在“域”。从字面解释，“域”是指在一定疆界的地方。简单地说，就是在一个“域”去打造“全域”。实现该地区的全地域、全领域、全要素、全方位、全过程、全行业、全时间、全社会、全产业、全空间的旅游发展。

从其内涵和发展诉求来看，全域旅游依托“域”去打造“城”的目的不仅仅是发展旅游产业，而是以旅游业作为优势产业去带动和促进当地经济社会协调发展的新的发展理念和模式。该模式以产业融合为基础、以资源整合为手段、以充分发挥旅游业的优势地位为构建桥梁、以实现空间统筹和产业联动发展为主要目标，突破空间限制、时间限制、行业限制，最终实现该地区的整体发展。

在物质生活日渐丰富的今日，旅游早已从少数人的奢侈品变成了多数人生活的一部分。所以全域旅游所追求的，不仅仅是旅游人数的增长，而是旅游对于人们生活品质的提升，强调旅游与生活的真正融合，即“景区”是“家园”，“游子”是“主人”的全方位休闲体验。

从实践探索来看，目前全域旅游已有的实践大体上可以分为三类：第一类是以北京、大连、重庆渝中区为代表的国际旅游目的地建设类型，主要是丰富其旅游目的地建设内涵、提升其服务质量等；第二类是以沈阳市南部临空旅游区、杭州桐庐县为代表的城乡统筹建设类型，主要是发挥旅游业在促进城乡统筹、美丽乡村建设中的积极作用；第三类是以都江堰市、汶川县等为代表的灾后重建类型，主要是突出旅游业在灾后重建中的主导和先导作用。

可以看出，全域旅游在对接以往成熟旅游转型中，成为良好的载体；也是旅游后发展地区的旅游发展方向；在国家推动文化创意产业的发展进程中，全域旅游除了实现旅游跨越发展和区域整体进步之外，对于文化创意产业的发展实现，也起到积极的作用。

全域旅游是把整个区域作为功能完整的旅游目的地来建设、运作的，实现景点景区内外一体化，营造在一定区域内，以旅游业为优势产业，通过对区域内经济社会资源尤其是旅游资源、相关产业、生态环境、公共服务、体制机制、政策法规、文明素质等进行全方位、系统化的优化提升，实现区域资源有机整合、产业融合发展、社会共建共享，以旅游业带动和促进经济社会协调发展的一种新的区域协调发展理念和模式。

长期以来，我国旅游业的发展主要是靠建景点、景区、饭店、宾馆的这种“景点旅游”模式。这种模式使我国旅游产业从无到有、从小到大、从弱到强，得到了较快发展。然而，在当今人们的富裕程度和社会共享文明程度普遍得到提高的新时代，我国旅游业发展已经进入了以全民旅游和个人游、自驾游为主的全新阶段。旅游业作为综合性产业在经济社会发展中发挥的作用和影响将更加广泛，时代赋予旅游业的责任也空前加大，传统的以抓点方式为特征的景点旅游建设模式，经实践证明已经不能完全满足现代大旅游发展的需要。现实要求旅游发展必须从以往的景点旅游模式转变为全域旅游模式，进行旅游发展的战略再定位。

全域旅游，也称为泛旅游或无景点旅游，有的也叫全景区旅游、全景域旅游。全域旅游要求一切以旅游优先发展为核心，其他行业在不改变自身属性的前提下为之配套“处处是景、时时见景、触景生情”和“旅游即城市、城市即旅游”的休闲旅游新格局，做到人人是旅游形象，处处是旅游环境。这里讲的区域，可以是一个城市（包括县、市、区）、一个乡镇（包括街道）、一个村庄（包括社区），也可以是根据旅游资源禀赋要求的跨行政区域范围。也就是说，把整个区域作为功能完整的旅游目的地来建设，按照景区化运作，实现景点景区内外一体化，无论从哪个方向进入该区域，即视为进入了旅游区域，给人全区域景区化的视觉体验。旅游“全域化”，是相对于传统单一的景点旅游发展模式而提出的一个“大旅游”发展的新概念。它的发展方向是旅游空间全域化、旅游产业全域化、旅游受众全域化等旅游全覆盖的模式。它契合了旅游业的综合性、系统性、服务性、带动性等特点，因而具有构建旅游大产业、新兴产业的颠覆性、革命性的意义。推进全域旅游是我国新阶段旅游发展战略的再定位，是一场具有深远意义的变革。

全域旅游区别于传统的景区（点）旅游、门票旅游。全域旅游，强调全景化体验、全时化消费、全业化融合、全民化共享，能较好地统筹旅游产业与旅游事业的协调发展。全域旅游的发展模式是一个有机的系统，其中，全景是吸引游客，全时是留住游客，全业是提升产业，全民是构建和谐社会。它突破了传统景点旅游发展单一的局限性，让旅游事业与旅游产业同步可持续发展。把全区域作为最大的景区、最好的旅游产品，实现景城合一、城乡一体化互动、产业融合发展，行政区域范围内功能区各自打造差异化的特色旅游目的地。全域旅游产业突出全域布局，纵向推动城乡旅游一体化进程，横向推进旅游业同其他产业融合。这样，使旅游业真正培育为国民经济战略性支柱产业，使人民群众更加满意的现代服务业的战略构想变为现实，有效地提升旅游业对整个经济和社会发展的贡献率。发展全域旅游，是一项巨大的系统工程，需要动员全区域、全产业、全社会的力量，依靠全区域的决策者和执行者持续奋斗，和人民群众同舟共济，需要全域旅游发展规划“一张蓝图干到底”的决心和气魄。

（三）对“全域旅游”的几点认识

1.“全”与“域”的关系

全域旅游概念中的“全”与“域”，是不可分割的一对范畴。一些学者、政府部门过度强调“全”，反而会落入以偏概全的陷阱。全域旅游并非无视地域差异，到处打造景区，随意兴建土木，恰恰相反，全域旅游更加关注景点、景区、餐饮、酒店、娱乐设施等建设的系统性和规划布局的合理性。如果把全域旅游理解为全景旅游而大拆大建，不仅抹杀了旅游由观赏向休闲深化的正确方向，与可持续旅游协同发展观也是背道而驰的。一些学者认为，全域旅游不应该从“全”的角度来认识，而应该从“域”的角度来解释，叫作“域的旅游完备”，也就是空间域、产业域、要素域和管理域的完备。对某一特定区域的旅游业来说，这实际上引发了该地域是否适合发展全域旅游、全域旅游理念能否促进旅游产业升级转型、能否推动旅游业可持续发展等诸多问题的理性思考。事实上，旅游产品并不完全依赖于旅游资源，借助于可获得的人力、物力、财力的重新组合、配置、加工而创造出来的旅游产品，同样可以满足旅游者的愉悦性需要。因此，推进全域旅游，并不是机械地进行旅游资源开发。全域旅游强调的是旅游发展与资源环境承载能力相适应，通过旅游要素的优化配置，发挥核心景点的辐射作用，更好地保护生态环境，实现市场、资源、技术、功能在空间上的合理布局和优化配置。

2. 核心景点的地位

旅游体验是旅游基础理论研究的“硬核”，脱离旅游体验谈旅游业发展，多少有舍本逐末之嫌。而旅游体验的关键在于通过核心旅游产品满足旅游者愉悦性休闲体验的需要。不论是景点旅游还是全域旅游，作为旅游目的地，要想吸引游客，核心景点的核心地位是不可改变的。杭州西湖旅游景区之所以能够成功转型，一个主要原因在于西湖景区的各个景点特别是传统“西湖十景”对旅游者有足够的吸引力。旅行者“不去西湖，枉来苏杭”的心理暗示，使西湖景区从“门票旅游”向“无门票旅游”的变革得以实现。因此，全域旅游时代的旅游发展，更不能忽视核心景点的内容建设和完善。

3. 因地制宜的特色

旅游资源的重要特性之一便是不可移动性，我们可以将其理解为经济学上的排他性，这自然决定了任何旅游景点都具备其独有的特色。旅游的本质是求新、求奇、求异，消减了特色就是磨灭了吸引力。无论哪种发展理念，旅游吸引物都是一个旅游目的地的核心所在。对于旅游消费者来说，特色是旅游核心吸引力最关键的构成要件。全域旅游的发展不可追求“全”“域”的表象，而是应该紧紧围绕具备自然和人文特色的核心景点，将自身特色扩展到全域范围。对于大庆市来说，城区应以铁人精神为核心，以打造的文化旅游为特色；林甸县应以天然温泉为核心，以打造的休闲旅游为特色；杜尔伯特蒙古族自治县应以草场植被为核心，以打造的生态旅游为特色。

三、全域旅游的核心

全域旅游发展的核心在于“创新”二字，文化创意产业的核心在于“创造力”。因此文化创意产业其本质就是一种“创意经济”。“创意”或者“创造力”包括两个方面。一是“原创”，这个产品是前人和其他人没有的，完全是自己首创的。二是“创新”，它的意义在于虽然是别人首先创造的，但将它进一步地提升转化，形成一个新的产品，主要包括资源的创新、产品的创新、产业的创新、市场的创新。

在我国已经到了“工业化”和“城镇化”的中后期，旅游在带动多种行业发展、产业创新并作为“十三五”规划中被上升的战略性支柱产业的同时，如何能让人民变得更幸福？全域旅游的核心到底是什么？

从旅游者的角色感知来看，旅游的根本就是去寻找文化差异性的心灵感受。所以全域旅游的核心还是在“文化”二字。文化是旅游的灵魂，也是旅游产业的支柱。旅游文化不是旅游与文化的简单相加，而是一种全新的文化形态，它是指人类通过旅游活动改造自然和环境自身的过程中所形成的价值观念、行为模式、物质成果和社会关系的总和。以一般文化的内在价值为依据，以食、住、行、游、购、娱六大要素为依托。

从主观上来看，旅游文化是旅游者在进行旅游目的的主观需要。著名心理学家马斯洛的需求层次理论是行为科学的理论之一，其在《人类激励理论》这一论文中被提出，书中将人类的需求像阶梯一样从低到高按层次分为五种，分别是生理需求、安全需求、社交需求、尊重需求和自我实现需求。北方居民通常在寒冷的冬季喜欢去海南度假，“驴友”俱乐部作为一个陌生却熟悉的和谐交往群体越来越被推崇，这都体现了旅游者在旅游过程中的生理需求以及社交需求。然而当面对大自然的鬼斧神工，进行登山、滑翔、跳伞、潜水、徒步等旅游活动；或者在特色小镇以居民或镇长的身份实现一个人的居住梦想，“谈笑有鸿儒，往来无白丁”；抑或在灵山精舍禅修，无一不是自我实现需求的充分体现。而自我实现需求的过程，其实就是一种文化认同的过程。从旅游资源所蕴含的文化中汲取智慧，从情景交融的异地体验中自我提升，利用旅游文化的内在价值激发旅游者的内心。

从客观上来看，旅游文化是旅游资源最重要的内涵。旅游资源大体可以分为两种，一种是自然资源，一种是人文资源。在大旅游的背景下，海南省将其独特的生态文化、民族文化与旅游资源相结合，尤其在其是20多个民族聚集地的前提下，在保留多民族深厚的文化底蕴的基础上，深入开发，增加了文化旅游的娱乐性和游客的参与性。因地制宜、差异发展，最终在海南形成了品牌效应。

云南作为旅游大省，有丰富的自然资源与少数民族文化资源。在以文化与旅游融合发展的目标下，也收获了极其丰富的经验。比如，《太阳女》《印象丽江》等大型舞台文化作品对于少数民族文化的成功表达，都在给云南旅游加分。

以全域旅游的发展为出发点，旅游文化是全域旅游的支柱。中国社科院旅游研究中心副主任戴学峰说，全域旅游首先是一种理念，是一种发展模式，是融合发展，是全类产品的开发，是全面机制体制的创新，也是公共服务的发展，这才是全域旅游的概念。在全域旅游概念提出的一年多时间里，作为国家供给侧改革的重要调整部分，各省都做了相应的实验与突破，并总结了做好全域旅游应注意的三个方面。

一是从点向面的突破，提升区域整体吸引力，拓展旅游产业的关联度。过去，我国旅游抓“点”抓“线”，把旅游的过程仅仅当作是景区景点观光、饭店酒店消费。然而，由于这种封闭式的定位模式，使得景区内外的分化严重，矛盾突出。整个区域受益不明显，加之景区本身的开发力度薄弱、辐射能力差，使得游客的旅行美好体验感降低。

二是从单纯的门票经济走向服务经济。发展全域旅游是突破门票经济的有力平台。只有转变旅游发展模式，从“围景建区、设门收票”向“区景一体、产业一体”转变，才能真正实现从门票经济向服务经济的转变，最终完成综合产业经济的转变。据世界银行估算，旅游业每消费1美元，就可为全球带来32美元的经济增长。从消费规律看，人均GDP达到5 000美元后，人民健康性、娱乐性、时尚性消费支出比例将大幅度增加，旅游将成为百姓常态化的生活方式。作为对健康性、娱乐性、时尚性融合度最高的现代旅游业，正在成为融合第一、第二、第三产业的综合性产业，其关联产业达110多个，不仅促进和带动了适应消费结构升级的农产品、工业品的开发、生产、消费和升值，也带动了服务业相关行业的大发展，对餐饮、住宿、民航、铁路客运业的贡献率都超过80%。

三是从一次性观光消费走向重复性休闲消费。景点依然是区域旅游发展的中心，不能跳出景点空谈全域。目前，中国旅游业的发展已经从“观光游”走向“体验游”，从“团队游”走向“深度游”。旅游地的选择、旅游方式的确定、旅游体验的形成以及对于整个旅游客体的评价标准，都与以往有极大的区别。他们更在乎旅游过程的整体感受，而不是单纯的景点给予的吸引度。与此同时，在主观需求发生变化的情况下，旅客本身又与旅游目的地的各个环节与内容产生着千丝万缕的联系。

四、全域旅游的主要特点

（一）全域景区化的体验

全域旅游是将一个区域作为一个旅游景区来打造，全覆盖整合旅游资源，形成众多“旅游+”的组合产品，通过整体科学规划、建设和营销，实现当地居民和游客的全域景区化的广泛性、系统性、深度性体验，甚至是触及心灵的体验。在具体操作上，通过全区域绿化、亮化、美化、净化、艺术化的大视野，利用中国造园技艺的本土手法，挖掘和激活全区域特色文化，整合优化全区域社会资源，促进旅游资源利用的无限化和创意化，推进旅游业的全景化、全覆盖，形成全域资源优化、空间有序、产品丰富、产业发达的、科学的系统旅游格局。全域旅游所追求的，不再是某一个或几个旅游景点的打造，而是追求全区域社会参与、全民参与的景点、景线、景域相结合的旅游空间发展结构，通过完善旅游基础设施建设，推进全区域旅游目的地的整体规划和建设。按照优化城乡二元结构的思路，推进城乡一体全域旅游化进程，从而全面推动旅游产业建设和旅游经济的科学发展。

特别值得指出的是，全域旅游是无景区旅游，游客不依赖于传统的景区景点，不以观光为目的。游客崇尚或渴求到处都是景点，随时都能成行。旅游的组织者尤其是在亲子旅游、科普旅游、户外运动上，更注重旅游体验，多以旅游活动为中心，强调场景营造、创意引领、挖掘和提炼，甚至通过服饰化妆旅游、历史穿越旅游、微视微影故事旅游等丰富多彩的方式，用“玩儿的心态”，提供一种令人惊艳的场景，并让游客在互联网等新媒体上形成旅游热点、时景直播亮点，实质上就是一次开心之旅。

实际上，在全域旅游背景下，城镇与乡村本身就是如诗如画的风景，山水田园就是如梦如幻的景观，村庄、社区就是有故事的亮丽景区，生产生活就是文化生活化的、读不完的“百科全书”。可以说，体验式的旅游产品来自对生产生活的提炼解读，旅游行为是对生产生活的深度体验，旅游结果可以成就新的时尚生活。全域旅游提倡活化、活态、活色、活动，强调参与、联动、互动。全域旅游强调休闲旅游，提倡解压、放松、轻快旅游，探索深度、反复、体验旅游。其实，去旅游就是去寻找幸福，不仅要快乐、愉悦，还要获得健康、学养、智慧、身心和谐。从这个角度来说，全域旅游中人们所瞄准的资源会越来越多样，产品会越来越多元，在全时、全境、全产业链上会得到更好的发展。

在全域旅游情况下，每一个做旅游服务的人，本身既是一个旅游者，又是一个目的地的居民。推动全域旅游的发展，要组织全过程体验，与游客互动起来，用一颗同样的心去发展旅游，以人为核心去设计体验旅游产品，以幸福感为准绳去衡量产品的精度，以共享、共生为依归去追求体验式旅游的效果。说白了，就是用全域旅游的发展思想和建设手段，为居民和游客创造富有体验和想象空间的高品质休闲生活。这就是全域旅游追求的全景区化旅游体验经济发展的新境界。

（二）全域行业与旅游融合

发展全域旅游需要党政统筹、资源整合以及行业和产业的融合。全域旅游的核心理念是以旅游业为引导或主导，在全区域合理、高效配置生产要素，促进关联产业融合，进而促进区域经济发展。也就是以旅游业为核心，进行产业纵向脊骨结构式延伸和横向圈层结构式拓展，实现全行业与旅游业的融合发展，提升各行业的旅游业附加值，同时增强区域产业发展活力，促进产业升级，使旅游业成为辖区国民经济中的支柱产业。在辖区内，开始是相关行业密切渗透、融合，进而是各部门齐抓共管、共同参与，充分发挥各自优势，利用全区域旅游目的地全部的吸引物要素，为游客提供全过程、全时空的体验产品，满足游客的全方位体验需求。全域旅游所追求的，不再停留于旅游人次的增长，而是旅游质量的全面提升，旅游对人们生活品质提升的意义，以及旅游在人们时尚生活方式中的价值体现。实现全域行业与旅游融合发展，必须从旅游的单一部门统筹行为向区域党政统筹推进转变，形成“综合产业综合抓”“全域旅游党政一把手亲自抓”的良好局面。真正抓好全区域、全领域旅游，目的是从战略上用旅游业这个终端产业做抓手，最大广度、最大深度地整合社会资源，尽快把旅游业办成国民经济和社会发展中的战略性支柱产业，形成当地居民和游客“主客共享”的新型生活方式，进而把旅游业作为消费经济的新引擎，因此必须得到区域“党政一把手”的大力支持、深度理解和全力帮助。这是发展全域旅游最重要的一步。同时，还要通过对旅游综合体制的创新作制度保障，强化旅游综合协调功能，要通过市场化引导，善于牵线搭台、有效整合资源，发动社会力量广泛参与、支持大旅游产业发展；旅游部门作为行业主管部门，在全域旅游的发展过程中，要敢于作为、善于担当。旅游部门要积极、认真地加强行业指导和业务培训，要主动提高自身业务素质，发动旅游专业人员做精做细旅游专业技术的事务。只有全域行业与旅游融合发展，形成“一张图、一盘棋、一个平台、一个数据中心”的格局，发展全域旅游才会有显著效果。

（三）全域旅游目的地整体建设和运营

全域旅游的落地形态是建设区域旅游目的地，就是把整个区域作为功能完整的旅游目的地来建设、运作。这种整体区域旅游目的地建设，要求区域旅游资源丰富而集聚，工业发展薄弱或受限制，又或有严格的生态环保门槛，有严格的生态保护底线。旅游目的地的建设强调旅游要素的规模化发展和旅游产业链条的延伸，其关键支撑是核心吸引物的竞争力、旅游业态配置、游客接待容量和公共服务能力。

一般来讲，旅游目的地的评价指标包括国内外认知度、一定范围内独一无二的吸引物、丰富多彩的游客体验活动、较高水准的旅游设施、周密细致的安全保障、便捷的可进入性、较高的游客满意度、科学的旅游整体营销、有效的资源环境保护措施、合作发展的旅游业潜力、当地居民满意和参与度等。在全区域内以全域旅游理念进行统筹，保证全要素投入、全产业参与和全社会受惠，具体以旅游功能区为平台加以统筹。

全域旅游是一项区域旅游目的地建设和运营的系统工程。发展全域旅游是一个需长期工作的系统性工程，需要旅游发展保障要素如信息、资金、人才、装备、土地、环境等方面的支撑，并实现重点突破，逐年实施。举例来说，规划要落地引导，实行“多规合一”；城乡居民住房、小区建设、古村落活化等建筑外立面，要在满足实用性的前提下高度重视旅游景观的需要；水利建设，不仅要考虑防洪、排涝、抗旱、蓄水等必要功能，还应顾及旅游用途与需求；公路路桥规划建设，不仅要满足交通功能，还应考虑区域旅游目的地打造的景观协调和增加旅游亮点的要求，做到“一路一景、一桥一景”；在封闭性景点景区建设、经营中，应考虑改变景点景区内外被割裂、孤立甚至冲突的“两张皮”状况，使核心景区与社会和谐并更好地带动周边发展等。全域旅游要求在一定的区域内，由点成线、由线成面，形成全域旅游发展新格局。从全要素、全行业、全过程、全方位、全时空、全社会、全部门、全游客等角度推进旅游目的地的成规模发展，在要素利用上要重视当地居民作为吸引力载体的作用。全域旅游强调休闲度假旅游产品的品牌建设，真正做到在建设国家旅游度假区的同时重视国民休闲度假地的建设，从而既满足外来游客的休闲度假旅游需要，又满足当地居民的休闲度假诉求。

五、全域旅游的模式

从全域旅游的本质属性来分析，这是在经济社会发展新形势下和旅游发展新时代下的新概念，目的在于全域资源整合和助推产业升级与集约。以海南为首的一些地区也以示范点的形式显示出在实践操作中全域旅游的各个表现。后来，我们在全域旅游的特征中综合各个地区旅游发展不一致、资源不协调、管理体制不均衡等各个原因，得到了可持续性和差异性的两个具体特点。这就意味着，虽然全域旅游的终极打造目标是在以资源为核心、文化为灵魂的基础之上，充分进行资源整合与产业的集约落地，但是根据差异现状，我们在目前形势下，把全域旅游的发展模式主要概括为景区观光型旅游、城市功能型旅游、旅居式旅游、智慧型旅游四种。

（一）景区观光型旅游

这种旅游方式一般建立在以优质核心景区为旅游重要吸引源的旅游目的地，但是由于在传统旅游领域，传统景区自我更新能力较差、经营模式缺乏创新，与此配套的传统旅行社、饭店、景区、汽车公司运作模式守旧等各方面原因，无法形成大旅游产业。虽然集中度高，但是在各自的发展中或多或少遭遇瓶颈。按照发展全域旅游的要求，以优质核心景区为基础，围绕景区对接市场；以盘活旅游产业为目标，带动景城一体化前行；以统一各部门职责为保障，形成“综合产业综合抓”的体制机制；以综合提升产业开发为导向，助推区域经济社会整体发展的旅游模式。

（二）城市功能型旅游

从全球的统计数据来看，有超过 50% 的人口生活和居住在城市。城市以其高度集聚的人口规模及其走在时尚前沿的高消费水平，持续为全球旅游市场注入客源，成为引领旅游消费的风向标。有数据表明，无论是从客源还是从旅游消费的视角来看，城市都是旅游经济运行最为重要的市场基础。

城市除了作为旅游目的地的重要空间支撑以外，在对于城市周边以及乡村的关联带动方面，也发挥着重要的作用。所以，在大旅游时代到来的今天，城市功能型旅游是以城市为载体，以优质的城市功能旅游产品为依托，整体的城市接待环境为重点，游客的综合消费为手段，带动区域的整体经济效益增长，并在推动城乡互补、优势互动的旅游大市场上有着举足轻重的作用。

（三）旅居式旅游

旅居式旅游，主要是指旅居式旅游中的“1+N”旅游模式。旅居式旅游是全域旅游的最终打造目标，也是国民经济社会发展的客观要求，还是在新常态下被转换的创新驱动引擎。这种旅游发展开发模式是指以旅游资源为基础、文化挖掘为核心，用旅游产业去带动其他产业，并且进行资源整合，通过“旅游+”的方式带动产业链利润的形成，规划开发出一批文化休闲、生态观光、商务会展、休闲度假、乡村旅游等跨界产品、开发旅游新业态，实现一种新的经济形态和生活状态的旅游打造模式。其核心在于用新的生产力去推动整个经济社会的发展，充分发挥旅游的集约和融合能力，提升其综合价值。其实现方式在于“旅游+”，这个“+”从纵向解读，既是与文化的有机结合，又是对于旅游产业链条的积极延展，还是以人文本理念的贯彻实施；从横向上解读，主要是指与第一、第二、第三产业的融合发展，在融合过程中所形成的新的业态表现。

（四）智慧型旅游

所谓智慧旅游，是指一种以网络、云计算、高性能信息处理系统、智能数据挖掘等技术在旅游体验、产业发展、行政管理等方面的应用，使旅游资源和信息资源得到高度整合和系统开发，并服务于公众、企业、政府的全新的旅游形态。它以信息技术为基础，以游客互动体验为中心，以促进产业结构升级为特色。简单来说，就是利用云计算、互联网等新技术以及终端上网设备，主动感知旅游相关信息，并及时安排和调整旅游计划。就是因地制宜地为景区引入技术设施，在促进游客与环境深度互动的同时，保证旅游目的地的可持续发展。所以，在智慧旅游的开发发展过程中，关键在于树立体系统一、适用科学、并且与现代产业经济可以相容的大数据体系。运用大数据，旅游部门的管理者也可以精确掌握客流的变化趋势，也可以及时获悉游客对景区服务的真实评价。

六、全域旅游的目标

（一）提升居民生活品质

在全域旅游目的地统筹建设中，自然资源、人文资源及公共基础设施将得到充分利用及大量投入，利民、便民的交通体系将逐步趋于完善，推动着旅游产业的可持续发展。“厕所革命”“环境变革”及“旅游扶贫”等项目引起的普遍关注和积极反响，有利于各地公共服务水平的提高。随着全域旅游各种有力措施的持续开展，将打造出一大批宜居、宜游的休憩型地区，让城市休闲舒适度得以提高。

（二）推动相关产业发展

全域旅游中的域不单指空间范围上的地域，也指与旅游相关的其他行业领域。旅游与农林业、工商、金融、文体医疗等行业的融合力度在加强，产业资源进一步得到挖掘，“旅游+”将成为产业的增长点。在全域旅游模式的引领下，将带动消费升级及生产创新，以旅游产业为核心，引领产业结构转型升级，统筹产业空间布局，集聚多元化业态，推进三次产业门类之间的主动融合、充分融合和创新融合，形成全域旅游产业群。

（三）推动旅游产品的提档升级

全域旅游的发展旨在将传统的自然和人文旅游资源主导的单一型旅游产品转型为集观光、休闲、度假于一体的复合型旅游产品。坚持把做大旅游产业规模、提升旅游产业层次和提高旅游发展质量作为战略支撑，引导城镇、乡村的发展，打造特色小镇、美丽乡村旅游产品，推进城市旅游文化内涵的深入，增加全域旅游服务容量和丰富服务门类。

七、全域旅游的实现路径

（一）实现品牌共享共建

树立“全域共兴”的大旅游发展价值取向，整合全域资源。以特定旅游区域为主体，整合周边区域的旅游资源、交通状况、空间位置，重新整合规划旅游资源，构建统一的旅游形象，通过旅游品牌提升知名度，打造本区域特色景观，诸如“特色小镇”，从而推动区域间旅游业的协调包容发展，实现旅游品牌的共享共建。

（二）创立新型旅游方式

全域旅游的发展离不开政府的主导、旅游景区等相关企业的主体参与和旅游目的地全体居民的参与。让 PPP 模式（Public-Private-Partnership，公共私营合作制）成为撬动旅游投资的重要支点，形成政府主导、市场运作、部门联动、全民参与的全社会、全部门共建的旅游格局，举全域之力，集全民之智，以“做优做强旅游城市、做精做大旅游景区”为重点，因地制宜，营造全域旅游良好的发展环境。

（三）促进产业融合发展

发展全域旅游要积极推进“双＋双创”，促进产业融合发展。充分运用“旅游＋互联网”“旅游＋产业”的发展方式，激发全域旅游新动力，同时推动“大众创业、万众创新”在旅游业内部的发展，推动产业融合。在大众旅游时代，“旅游＋”的产业融合发展模式不仅能改变以单一旅游形态为主导的旅游产业结构，而且能增加关联产业提高附加值，提升知名度，实现“小旅游”向“大旅游”的转变。

八、全域旅游的新要求

（一）旅游发展效应的有效性

消费、投资、出口是拉动经济增长的“三驾马车”。旅游业长期以来在拉动消费、促进投资、创造外汇方面的功能有目共睹。全域旅游的发展、旅游产业的融合进一步强化了旅游业的直接消费和间接消费、提高居民收入和改善生活质量等方面的综合作用，遵循了科学发展观。由于市场需求拉力及旅游产业自发力的双重作用，全域旅游促使旅游产品开发向着综合化、多元化及品牌化的方向发展，科技性、创意性及体验性加强，使得旅游产品结构优化、吸引力提升，日益符合主流消费群体的需求，从而增加旅游收入。

（二）旅游发展效应的协调性

旅游业是综合性强、关联度高、产业链长的第三产业，“旅游＋”业态如火如荼地发展，促进了以旅游业为纽带的产业融合，极大地促进了网络信息化、农业现代化和新型城镇化的协调发展。旅游业通过与其他产业的融合刺激了国民经济增长，带动了相关基础设施建设，增加了就业机会，促进了社会文明建设，从而加快了新型城镇化的进程。产业间融合实现了产业间的彼此包容、相互合作的高效开发目标，避免了资源浪费与信息不畅，推动了旅游业的平稳快速发展。

（三）旅游发展效应的共享性

全域旅游推动了旅游产业之间的频繁交流与紧密联系，使得不同企业间的资源、信息得以共享，进而提高了资源的使用效率，加速了信息的流动速度，从而为旅游业的发展提供了强大的资源体系支撑。同时，全域旅游促进了技术的行业渗透共用，提高了各行业间产品的附加值，也提升了旅游业及其他行业的竞争力。这得益于“旅游+”趋势的盛行，实现了行业间多赢的战略，给各行业带来了丰厚的回报。

（四）旅游发展效应的持续性

全域旅游的开发是以可持续发展为原则，以市场需求为导向，以产业融合为手段，以实现经济、社会、环境综合效益为目标的发展方式。因此，全域旅游旨在构建合理的城市化格局、农业发展格局、生态安全格局，促进旅游从粗放型向集约型转变，既要金山银山，也要绿水青山，在发展旅游资源的同时也要提高环境承载力，继续推进“旅游+”生态发展模式，实现旅游业的全面协调可持续发展。

第三节　全域旅游的政策解读

一、《“十三五”旅游业发展规划》的解读

（一）制定“十三五”旅游发展目标

“十三五”依旧是旅游业快速发展的黄金期，规划中制定的主要目标一是城乡居民出游人数年均增长10%左右；二是旅游总收入年均增长11%以上；三是旅游直接投资年均增长14%以上；四是旅游业对国民经济的综合贡献度达到12%；五是在线旅游消费支出占旅游消费支出20%以上。通过两位数增长，实现旅游收入翻番、旅游投资翻番，2020年，旅游市场总规模可能达到67亿人次，旅游投资总额2万亿元，旅游业总收入达到7万亿元。

（二）以“五大发展理念”为基础进行规划布局

“五大发展理念”即创新、协调、绿色、开放、共享。“创新发展”是“五大发展理念”的核心，是发展的引擎；“协调发展”是“五大发展理念”的道法，以此道实现发展的均衡与和谐；“绿色发展”是指针明确的发展理念，对环境负责，对子孙后代负责；“开放发展”是“五大发展理念”的“态度”；“共享发展”是“五大发展理念”的终极目标，即以更加公平、更加正义、确保人民享有发展成果为价值取向。在“五大发展理念”的基础上进行旅游的规划布局，需要注意以下几点。

①突出创新、产品创新、业态创新、技术创新和市场主体创新，推动精品景区建设、加快休闲度假产品开发、大力发展乡村旅游、提升红色旅游发展水平、

加快发展自驾车旅居车旅游、大力发展海洋及滨水旅游、积极发展冰雪旅游、加快培育低空旅游。②优化旅游业空间布局，做强 5 大跨区域旅游城市群、培育 20 个跨区域特色旅游功能区、打造 10 条国家精品旅游带、培育 25 条国家旅游风景道、推进 8 大类特色旅游目的地建设。③加强交通基础设施建设，完善信息咨询、“厕所革命”等旅游公共服务体系，推动旅游各产业要素更新换代。④从消费端倡导绿色旅游消费，从供给端强调绿色开发与节能减排。⑤构建旅游开放新格局，实施积极的旅游外交战略，大力提倡入境旅游，深化内地与港澳、大陆与台湾旅游合作，有序发展出境旅游，提高旅游业开放发展的深度和广度，提升旅游业发展内外联动性。⑥大力实施乡村旅游扶贫工程，推进旅游业创业就业，规范旅游市场秩序，大力推进文明旅游，构筑旅游安全保障网，实施旅游服务质量提升计划，创造文明、安全、便捷、舒适、高效的旅游环境。竞争国际化，竞争领域从争夺客源市场拓展到旅游产业发展的各个方面。

（三）突出供给侧结构性改革

“十三五”旅游发展处于黄金发展期，也处于结构调整期和矛盾凸显期，规划以供给侧结构性改革为主线进行改革。这既包括我们之前提到的产品创新改革，还包括旅游体制机制的创新改革。文化和旅游部自从开始全域旅游示范区的创建工作以来，就要求各个地方适应现代旅游综合产业、综合执法要求，加快旅游业管理体制和执法机制改革创新，鼓励有条件的创建单位率先设立综合性旅游管理机构和旅游警察、旅游法庭、旅游工商分局等“1+3”模式。核心在于“1”，而所谓的“1”，就是指综合协调性强的旅游管理机构。要建立好这样的旅游管理机构，最好的办法就是从过去的省（市）政府直属机构（旅游局）向省（市）政府组成部门（旅游委）的转变。

除此之外，在供给侧结构性改革中，还要加强基础设施建设，提升公共服务水平，大力推进“厕所革命”；加强旅游交通建设，实现从机场、车站、客运码头到主要景区交通无缝衔接；加强旅游集散体系建设，形成便捷、舒适、高效的集散中心体系；提升旅游要素，促进产业结构升级；提升餐饮业发展品质，构建新型住宿业，优化旅行社业，鼓励在线旅游企业进行全产业链运营；实施旅游商品品牌提升工程，推动娱乐业健康发展。

（四）规范市场秩序

在规范旅游市场秩序方面，着力解决执法难、执法软问题，建立重点地区旅游市场监管机制，完善旅游纠纷调解机制，健全互联网旅游企业监管体系。建立健全旅游从业者、经营者和消费者的信用体系。增强旅游者合同意识和契约精神，引导理性消费、依法维权。在推进文明旅游进程中。要建立文明旅游法规体系，落实旅游文明行为公约和行动指南。完善旅游不文明行为记录制度，建立信息通报机制，加大惩戒力度。加强旅游志愿者队伍建设，完善旅游志愿者管理激励制度。构筑旅游安全保障网。完善旅游安全管理制度，强化有关部门安全监管责任，建立健全旅游安全预警机制，深化旅游保险合作机制，扩大保险覆盖范围。

（五）构建旅游空间新载体

国家发改委和文化和旅游部在《“十三五”旅游业发展规划》之前联合发布了《全国生态旅游发展规划（2016～2025年）》。在此基础上之，《“十三五”旅游业发展规划》进一步提出要做强跨区域旅游城市群，优化空间布局，构筑新型旅游功能区。这就意味着，“十三五”期间，我国将基本形成包括京津冀旅游城市群、长三角旅游城市群在内的5大跨区域旅游城市群；以香格里拉民族文化旅游区、太行山生态文化旅游区为代表的20个特色功能旅游区；10条国家精品旅游带、25条国家生态风景道、8个特色旅游目的地。这样一种旅游空间分布格局将使得各地的旅游业发展将打破行政区域的壁垒，整合各地的优势资源，形成区域旅游发展合力。

（六）推进旅游国际化发展

一是开展“一带一路”国际旅游合作，推动建立“一带一路”沿线国家和地区旅游部长会议机制，建立丝绸之路经济带城市旅游合作机制，推动“一带一路”沿线国家签证便利化，推动航权开放、证照互认、车辆救援、旅游保险等合作，加强与沿线国家旅游投资互惠合作，推动海上丝绸之路邮轮旅游合作。二是大力提升入境旅游，实施中国旅游国际竞争力提升计划，统筹优化入境旅游政策，推进入境旅游签证、通关便利化，研究制定外国人来华邮轮旅游、自驾游便利化政策。

（七）落实相关旅游扶持政策

将落实职工带薪休假制度纳入各地政府议事日程，制定带薪休假制度实施细则或实施计划，加强监督检查；加大旅游基础设施和公共服务设施建设投入力度，编制旅游基础设施和公共服务设施建设规划；完善土地供给政策，在土地利用总体规划和城乡规划中统筹考虑旅游产业发展需求，年度土地供应中合理安排旅游业发展用地，优先保障纳入重点旅游项目用地和旅游扶贫用地；完善旅游财税政策，乡村旅游经营户可以按规定享受小微企业增值税优惠政策。

二、发展全域旅游的财政政策支持

（一）支持重点

旅游业是竞争性产业，应充分发挥市场在资源配置中的决定性作用。但全域旅游是以行政区划为创建单位，以一级政府为实施主体，涉及旅游目的地打造、城乡总体规划建设、地区产业统筹发展等各个方面，并不局限于旅游项目建设、旅游产品开发等。在全域旅游发展中，至少有四个方面可列入财政支持的重点。

1. 旅游基础设施建设

发展全域旅游，要拆掉景点景区“围墙”，按照全域景区化的建设和服务标准，整体优化城市环境、优美城市景观、优化旅游服务，实现处处是风景、处处可旅游。旅游基础设施主要包括城市游客接待中心、游客集散中心、游客投诉中心、游客应急救援设施，城乡旅游厕所（公共厕所）、旅游停车场、自驾车房车营地，城乡风景道、绿道、慢行道、游步道、城乡通景公路、旅游标识标牌系统，等等。这些旅游基础设施外部性特征明显，社会资本建设和运营的积极性不高，完全通过市场提供容易导致供给不足。

2. 旅游公共服务供给

全域旅游要求更加注重各类资源和公共服务的有效再配置，城镇不仅要满足居民居住和生产功能，又要注重特色、注重服务。旅游公共服务主要包括城市旅游信息咨询、智慧旅游服务、城市旅游服务标准化、旅游志愿者队伍建设、居民导游意识与能力培养、城市整体旅游宣传推广、旅游服务质量监管等。同旅游基础设施一样，这些也需要政府积极介入。

3. 旅游新业态引导

全域旅游发展模式下，“旅游+”融合发展形成许多新兴业态，如乡村旅游、工业旅游、科技旅游、邮轮旅游、通用航空旅游、旅游装备制造、旅游商品、康养旅游、医疗旅游、体育旅游、研学旅游等，旅游业为相关产业发展插上“旅游”翅膀，提升其发展水平和综合价值。特别是乡村旅游可以实现脱贫致富，促进休闲农业、渔业、牧业、林业发展；工业旅游可以促进装备制造业、轻工业、手工业发展，并创新企业文化建设和营销方式；“旅游+服务业”发展可以极大地带动就业，促进创业创新。这些新兴业态对于地区经济转型发展具有重要意义，政府应在其发展初期发挥“扶上马、送一程”的作用。

4. 生态旅游项目扶持

全域旅游发展模式下，政府出于整体旅游环境营造等原因，将大力加强生态环境建设，鼓励生态旅游项目开发，限制传统工业项目，特别是高污染、高耗能项目建设。由于生态旅游项目往往投资回报较慢，有的还涉及生态修复，需要占用大量资金，政府应该在土地、资金、项目配套等方面给予倾斜和扶持。

（二）政策设计

1. 对旅游基础设施和公共服务设施建设给予资金奖补

受财力和运行模式限制，财政直接投入旅游基础设施和公共服务设施不可持续。近年来，PPP模式越来越多地运用于旅游项目建设，除了城市旅游停车场、自驾车房车营地等可收费项目外，还包括旅游厕所等财政补贴项目，以及湿地公园、城市绿道等资源补偿项目。财政部门可采用项目补助、“以奖代补”等方式，优先支持旅游PPP项目。在中央和地方财政支出责任划分上，由于全域旅游示范区是以行政单位（省、市、县）为创建主体，事权主要在地方，财政投入应以地方为主。中央财政主要通过专项转移支付，支持中西部地区、经济欠发达地区项目建设。

2. 以政府购买服务的形式开展“全民旅游素质提升”培训

全域旅游公共服务供给包括一些“软”项目，如城市旅游志愿者队伍建设、居民“人人是导游”意识能力培养等，这些都需要以政府为主体组织开展培训。在具体实施中，按照属地原则，地方财政可以通过政府购买服务的形式，委托高等院校、旅游职业学校等面向当地居民举办全域旅游、旅游讲解、旅游接待、文明旅游等各类培训班。由于全民旅游意识能力培养与国民素质提升息息相关，此项工作应作为中央、地方共同事权，中央财政可通过专项转移支付承担部分支出责任。

3. 对具有示范引领作用的旅游新业态和生态旅游项目给予贷款贴息

近几年来，文化和旅游部结合全域旅游发展，狠抓旅游品牌建设和示范引领，如推出60家“中国乡村旅游创客示范基地”、首批22家“国家工业旅游创新单位”、首批10家“国家科技旅游基地”、首批16个“通航旅游试点项目”等，同时会同生态环境部，推出国家级生态旅游示范区。各省级旅游主管部门也在辖区内推出了一系列旅游示范品牌。中央财政可参考国家级品牌示范，遴选出一批具有显著经济效益、社会效益、生态环保效益的项目，给予贷款贴息支持。地方财政可参考国家级、省级品牌示范，给予相应支持。

4. 研究设立国家级、省级全域旅游产业投资基金

为更好地发挥财政资金“四两拨千金”的引导作用，推动产业资本积聚，可以考虑设立国家级、省级全域旅游产业投资基金，采取母基金、直投基金等形式，对全域旅游重点发展地区、对符合全域旅游发展方向的优质旅游项目给予支持。

三、全域旅游下的公共服务规划政策

旅游设施建设已经成为当前旅游发展，乃至城镇化发展重要的基础性工作，尤其是在全域旅游发展的背景下。政策的密集出台，表明旅游设施建设已经进入飞速发展阶段。在《“十三五”旅游业发展规划》与《“十三五”全国旅游公共服务规划》两个规划的总指导下，旅游设施建设的政策分类更细，指向性更强，可操作性更强。专项性的旅游设施相关政策主要集中在交通运输设施、新型旅游设施、卫生设施、旅游信息化设施、旅游设施投融资、旅游设施用地六个方面，这些政策将旅游基础设施建设提到了新的高度。

（一）旅游公共服务发展的 16 项重点工程

《“十三五”全国旅游公共服务规划》是旅游基础设施与公共服务设施建设的纲领性文件，其中明确了旅游公共服务发展的 16 项重点工程：①“12301”国家智慧旅游公共服务平台提升工程；②旅游服务中心建设工程；③厕所革命推进工程；④旅游“最后一公里”优化工程；⑤国家旅游风景道公共服务示范工程；⑥旅游观光巴士示范工程；⑦旅游休闲绿道示范工程；⑧自驾车旅居车营地公共服务示范工程；⑨旅游区（点）道路交通标识体系优化工程；⑩旅游安全与应急救援示范工程；⑪A 级旅游景区视频监控工程；⑫ 乡村旅游公共服务工程；⑬ 红色旅游公共服务工程；⑭ 旅游志愿者服务管理工程；⑮ 旅游公共服务标准化工程；⑯ 旅游公共服务质量评价工程。

（二）旅游交通设施建设相关政策

在旅游交通设施建设方面，交通运输部与文化和旅游部等联合发布的《关于促进交通运输与旅游融合发展的若干意见》明确提出对“旅游交通基础设施统筹规划”，这是对交通与旅游的有效整合，将交通系统纳入旅游思维和旅游模式，这是非常大的进步。而“快进”与“慢游”概念的提出比以前更为科学。游览的观光性、游乐性、服务性、支持性非常符合旅游的规律和当下自驾、自助、自主等旅游特征。

用游览特征指导交通体系建设，将有效地把旅游的价值模式导入到旅游基

础设施建设中来。旅游交通设施建设方面的重要指向有三点。第一，完善旅游交通基础设施网络体系。第二，重点建设国家旅游风景道。以国家等级交通线网为基础，加强沿线生态资源环境保护和风情小镇、特色村寨、汽车营地、绿道系统等规划建设，完善游憩与交通服务设施，实施国家旅游风景道示范工程，形成品牌化旅游廊道。在《“十三五”旅游业发展规划》中首次提出要重点建设 25 条国家旅游风景道。第三，推进旅游交通产品创新。

（三）新型旅游设施建设相关政策

在新型旅游设施建设方面，对应新兴的旅游市场需求，自驾车 / 旅居车营地、邮轮 / 游艇码头、飞行营地等新型旅游类型正在成为交通与旅游结合的创新结构。可以预见，旅居车、邮轮、飞机等这些高端交通工具与生活方式一体化，与旅游度假方式一体化所创造出来的很多市场和业态将是各地发展的重头戏。

《“十三五”现代综合交通运输体系发展规划》和《“十三五”旅游业发展规划》中也多次提到增加房车旅游、低空飞行等设施供给，对自驾车 / 旅居车营地、邮轮 / 游艇码头等新型旅游类型的设施提出了建设目标与方向：第一，推进自驾车 / 旅居车营地建设；第二，推进邮轮码头建设，完善公共配套服务，制定了发展计划。

《“十三五”现代综合交通运输体系发展规划》明确提出，有序推进天津、大连、秦皇岛、青岛、上海、厦门、广州、深圳、北海、三亚、重庆、武汉等邮轮码头建设，在沿海、沿江、沿湖等地区发展公共旅游和私人游艇业务，完善运动船艇配套服务。《“十三五”旅游业发展规划》中提到了邮轮艇旅游的五大发展计划。

（四）旅游信息化设施建设相关政策

《“十三五”旅游业发展规划》与《“十三五”全国旅游公共服务规划》是“旅游 + 互联网”建设的纲领与指南。其提出要实施五大旅游信息化提升工程，如图 1-2 所示。

优化提升“12301”国家智慧旅游公共服务平台	建立面向游客和企业的旅游公共服务平台，完善旅游公共信息发布及咨询平台，旅游产业运行监管平台，景区门票预约与客流预留平台，旅游大数据集成平台
建设旅游行业监管综合平台	完善旅游团队服务管理系统、导游公共服务监管平台、旅游质监执法平台、旅游住宿业标准化管理信息系统，旅行社网上审批系统、旅游志愿者服务管理信息平台等
建设旅游应急指挥体系	建立覆盖主要旅游目的地的实时数据和影像采集系统，建立上下联通、横向贯通的旅游网络数据热线，实现对景区、旅游集散地、线路和区域的突发事件应急处理及客流预测预警
建设旅游信息化标准体系	建成涵盖旅游服务业态、信息数据、技术体系等在内的旅游信息化标准体系
建设国家旅游基础数据库	建立旅游统计年鉴数据库、旅游企业喜报数据库、国内旅游抽样调查基础数据库、入境花费调查基础数据库、国际旅游基础数据库、旅游产业基础数据库

图 1-2　旅游信息化提升工程

以文化和旅游部发布的《关于实施“旅游＋互联网”行动计划的通知》为标志，旅游设施的信息化开始加速。互联网基础设施建设、物联网设施建设、在线旅游新业态等十大内容，将成为今后发展的重点。

（五）旅游设施建设的投融资相关政策

国务院办公厅发布的《关于进一步促进旅游投资和消费的若干意见》明确提出，积极引导社会资本投资旅游业，不断完善旅游基础设施和公共服务体系，极大改革创新力度，促进旅游投资持续增长，丰富旅游产品和服务，迎接正在兴起的大众休闲旅游时代。同时还要求各级人民政府要加大对国家重点旅游景区、“一带一路”及长江经济带等重点旅游线路、集中连片特困地区生态旅游开发和乡村旅游扶贫村等旅游基础设施和公共服务设施的支持力度。

第二章　全域旅游的相关理论

全域旅游强调的是旅游产业与其他产业的融合发展，全域旅游的研究需要构建起全域旅游的理论支撑基础，才能展开全域旅游的规划和开发，使全域旅游成为融入中心、纳入主流的融合产业。本章分为全域旅游的理论基础、全域旅游的发展理念、全域旅游的评价标准三个部分。

第一节　全域旅游的理论基础

一、旅游系统理论

（一）旅游系统的定义

系统论认为，系统是由一组相互依存、相互作用和相互转化的客观事物所构成的具有一定目标和特定功能的整体。系统中各单元之间，有物质、能量、信息、人员和资金的流动。通过单元的有机结合，整个系统具有统一的目标，但总体不等于它的部分之总和。系统广泛存在于自然、社会和人类思维之中。

自利珀提出旅游系统概念以来，对旅游系统概念的理解一直存在争议。旅游作为一个系统，它是旅游者通过旅游媒介到达旅游目的地的旅游活动系统，其构成要素有旅游主体——旅游者，旅游客体——旅游产品（广义），旅游媒介——旅游业和贯串这三者的旅游活动（指以一定的经济、社会、环境存在和发展为依托，由旅游主体、旅游客体和旅游媒介互为条件、相互作用所产生的现象和关系总和）。

就旅游系统是旅游活动系统而言，其基本组成要素不应该包括旅游业或与旅游业相关的经济要素，应是以目的地为中心，由客源地、目的地和旅游媒介三个子系统组成的旅游流的空间组织单元，即旅游系统是指直接参与旅游活动的各个因子相互依托、相互制约形成的一个开放的有机整体。

（二）旅游系统的结构

系统的结构是系统保持整体性及具有一定功能的内在依据，所以研究旅游系统的结构就非常有必要。旅游系统具有地域上和功能上的完整性。从空间表现形式来看，旅游系统是旅游客源地与旅游目的地通过旅游通道相互作用的一个空间系统。其中旅游通道既包括了交通通道，还应包括信息这个过去常被忽视的无形通道，交通的便捷度和信息的易获得在很大程度上推动了旅游者从客源地前往目的地的流动。

若按旅游功能分析，旅游系统应包括四个部分，即客源市场系统、出行系统、目的地系统和支持系统。

1. 客源市场系统

客源市场系统主要是指位于旅游活动各段落的休闲者和旅游者及其形成、活动背景等因素构成的一个子系统。以旅游者旅游的距离或参与的活动类型等为指标，可以将客源市场划分为日常旅游及一日游的当地客源、参与一日游及过夜游的本地以外的国内客源，以及一般属于过夜游或度假游的国际客源。

2. 出行系统

出行系统主要探讨旅游者对各种旅行方式（公路、铁路、水上航线、空中航线、缆车、索道、游径及乘坐设施等）的知觉特征和选择模式，旅行的时空分布与空间类型（如单一型、沿途型、基地型、区域性、环游型等），以及旅行社旅游线路的设计组合等。它包括由旅行社提供的旅游咨询、旅行预订和旅行服务，政府、旅游目的地或旅游销售商向旅游者提供的信息服务，旅游目的地规划和主办的意在激发潜在游客出行动机的旅游宣传、营销等子系统。在目的地产品策划、规划和营销过程中，涉及旅游产品的市场分析。

3. 目的地系统

目的地系统主要是指为已经到达出行终点的游客提供游览、娱乐、经历体验、食宿、购物享受或某些特殊服务等旅游需求的多种因素的综合体。它是旅游系统中与旅游者联系最密切的子系统，它和出行系统中的交通因素一起，常被人们通俗地归纳为旅游“六要素”说。具体来讲，目的地系统由吸引物、设施和服务三个方面的要素组成。吸引物是在旅游资源的基础上经过一定程度的开发形成的，一般包括景观系统和旅游节事两个部分。设施子系统包括除交通设施以外的基础设施（给排水、供电、废物处置、通信及部分社会设施）、接待设施（宾馆、餐饮）、康体娱乐设施（运动设施、娱乐设施等）和购物设施等四部分。服务子系统是一类特殊的子系统，是制造目的地吸引力的有机组成部分。

4. 支持系统

支持系统是指国家、地方政府及其旅游职能部门以及与旅游业关联度很高的相关产业对旅游的支持作用。支持系统是旅游科学研究中一个重要的组成部分，缺乏政策保障、环境影响评价和保护计划，以及专门人才教育和培训的旅游系统，将会导致旅游发展中社会影响恶化、资源损毁、环境质量退化、经济衰退等不良后果。实际上，从某个角度而言，旅游发展战略的制定及其实施本身，就可看成某种形式的旅游健康发展的政策保障，即旅游发展战略编制行为本身也是旅游系统的一个组成部分，是旅游业可持续发展的必要保障。

由此可见，旅游系统是通过旅游者的旅游活动而使各组成要素相互联系、相互作用构成的一个有机整体。首先，它是一个动态系统。随着时间的变化，系统的状态也不同，旅游地表现出的季节变化和旅游地旅游产品的生命周期，旅游服务质量的好坏、旅游资源品位的高低、市场需求的变化、旅游环境的破坏与否、旅游目的地的好客度都直接影响系统的输入。其次，它又是一个闭环系统。旅游系统的各要素是相互联系、相互影响的，旅游系统中组成成分的变化都有可能导致整个旅游系统的变化。最后，它是一个开放系统。旅游系统的外部环境的变化也会引起系统结构本身的变化，因此旅游系统也是一个具有开放性结构的系统。

根据系统论的基本思想方法，我们把全域旅游视为一个系统有机整体，用系统论的理论与方法研究全域旅游理论、全域旅游资源配置与开发利用、全域旅游管理等问题，目的在于揭示全域旅游的内在联系与外在环境关系的规律性。

二、全域旅游发展的空间理论

作为一种经济地理现象，现代旅游业的空间结构必然受到集聚与扩散力量的影响，经由“点—轴—区域”的渐进式演变过程，最终实现从旅游生产力的局部不均衡到全域相对均衡。近年来，我国旅游业初步完成了由点线组织向板块增长的转型，打造了一批极具竞争力的区域旅游目的地。当前，随着互联网影响下的中心化进程不断加快、立体化的综合交通网络加速形成，城乡一体化、公共服务均等化逐渐消弭了旅游发展的地区差距，多样化、个性化的消费需求日益催生旅游吸引物体系的泛化和旅游空间组织的无边界化，从景点旅游走向全域旅游的条件已基本成熟。

全域旅游作为一种新的区域发展理念和模式，当务之急除了建立旅游综合管理体制，推进旅游产业融合发展，完善旅游公共服务体系等之外，更要厘清其地域概念，明确其空间脉络及构成要素，营造基于游客感知的全域旅游空间意象。但是目前理论界对全域旅游的地理边界、区域范围、空间脉络等核心问题所涉甚少。实际上，全域旅游并不是带有强烈具象色彩的地域空间概念，不能理解为旅游资源与要素在特定地域空间的全覆盖和全渗透，而应理解为基于游客感知与体验视角，由若干关键要素构成的全域旅游空间意象。若一味强调全域旅游的具象空间概念，则极易造成旅游业的无序开发和重复建设，继而产生旅游业的投资泡沫和产能过剩。

因此，为更好地厘清全域旅游的空间脉络，应结合当前旅游者在空间组织、区域流动等方面的行为特征和总体趋势，从节点、区域、廊道、东道主等四个方面把握全域旅游的空间要素。

（一）节点

旅游者的出游行为在地域上表现为由旅游目的地、旅游通道、旅游客源地构成的空间闭环。在这一环状区域中，各类交通集散、旅游景观、信息获取、消费体验等节点，起着连接、组织、转换等重要作用，是影响旅游行为实现的关键因素。全域旅游的基本出发点无疑是为游客的空间移动营造一个由若干节点串联的相对连续、完整的行游体系。

（二）区域

区域是集中配置旅游产业要素、满足游客主题消费需求的空间单元，一系列特征鲜明、布局合理、连接有序的旅游区域，是全域旅游空间意象的重要支撑。从旅游资源要素的地域分异和旅游消费行为的空间分布来看，全域旅游的实现最终要落在旅游主体功能区域上。

（三）廊道

廊道是组织游客出行、串联旅游节点、延伸旅游体验的线性空间形式。全域旅游的廊道系统，一方面应能够最大限度地联通区域内的自然资源、文化遗迹、服务设施、交通站点等；另一方面应是一个能够实现自然保护，体现历史价值、文化价值和游憩价值的开放式休闲空间，并兼具交通组织、视觉引导、空间塑造等功能。在全域旅游战略下，旅游廊道的功能应由单纯的可进入性升级为观赏游憩性。全域旅游要实现“处处是旅游环境”，关键是要构建贯穿、环绕全域的景观廊道和游憩廊道系统。景观廊道主要包括满足城市居民和外来游客休闲游憩需求的城市滨河景观带、与河道整治相结合的郊区或乡村河流景观带、依托文化与自然资源形成的遗产景观带、以现代种植业为基础打造的大地艺术景观带、由本土植物和建筑元素组成的道路沿线景观带，以及废弃铁路、山脊线、生态敏感保护区等景观资源。景观廊道的营造应强调对景观资源的严格保护，以生态化和本土化为原则，彰显质朴性、完整性、连续性的空间意象。游憩廊道应建立在满足游客出行线路组织的基础之上，必须与当前广大旅游者多样化的出游行为和游憩方式相适应。其一，要有满足“自驾”游客需求的旅游风景道，具备游览观光、汽车服务、休闲、露营等多种功能，能够有效组织沿线旅游要素，为游客营造连绵不断的旅游空间。其二，要有满足自助游客的步游道、自行车道等非机动车游憩道，强调与沿线自然文化景观的互动融合，有完整的旅游标识系统和必要的休闲服务设施，能够为单车族、步行者及慢跑群体提供充足的游憩机会。

（四）东道主

与传统的景点旅游不同，全域旅游更加强调旅游目的地空间的开放性，更加注重旅游者与社区居民的互动体验。在全域旅游语境下，社区居民不断从“幕后”走向“台前”，成为旅游业发展的见证者、参与者和受益者。无处不在的东道主，本身就是全域旅游空间里一道流动的风景，也是全域旅游空间意象的重要组成部分。东道主在全域旅游空间意象中所发挥的作用集中体现在旅游吸引物领域和旅游服务领域。

一方面，全域旅游时代最明显的特征是旅游吸引物体系的不断泛化。对旅游者来说，东道主的语言、服饰、艺术、宗教信仰、民俗风物等逐渐成为旅游吸引物要素，东道主参与的民俗活动、传统节庆、民间艺术等越来越彰显出生动的感染力。比如，河南宝丰的马街书会，民间说唱艺人“以天为幕、以地为台、以曲会友”的热闹景象不断地强化着其作为旅游吸引物的整体意象。

另一方面，东道主在向旅游者提供面对面服务的过程中，也逐渐形成了旅游目的地的空间意象。在全域旅游背景下，随着旅游消费需求的日益个性化、人性化、东道主在旅游服务供给方面所扮演的角色越来越重要。其中，提供旅游交通服务的出租（公交）公司工作人员，提供住宿服务的酒店（客栈／民宿）工作人员、提供餐饮服务的饭店（农家乐）工作人员、提供讲解服务的导游人员与旅游者的接触最为频繁和直接，宜加大培训和管理力度，切实提升其素质、规范其行为。

三、旅游产业链理论

（一）旅游产业链的定义

1. 基于旅游者需求

旅游者的需求拉动了旅游产业要素的形成，因此旅游产业链的界定也常从旅游者需求角度出发。这类概念都强调产业链始于旅游者空间移动，止于旅游者旅游消费体验的实现，是吃、住、行、游、购、娱六要素相关企业的集合。这种界定方法使旅游产业的边界相对较窄，通常被称为狭义的旅游产业链，但便于统计与操作。

2. 基于空间移动范围内旅游产品供应

基于旅游者需求的旅游产业链界定划分了旅游产业链的起点与终点，使旅游产业研究具有可操作性，基于旅游产品与服务供给的价值链强调了旅游产业链的多元性，但又陷入概念泛化的困境。因此，又有学者将旅游产品与服务的价值链终点限定在“特定旅游目的地的分配和营销”内。

总之，旅游产业链是指为满足旅游者的旅游需求，以产业中具有竞争力或竞争潜力的企业为链核，与相关产业的企业以产品、技术、资本等为纽带结合起来，通过包价或零售方式将旅游产品间接或直接销售给旅游者，以助其完成客源地与目的地之间的旅行和游览，从而在旅行社、饭店、餐饮、旅游景区、旅游交通、旅游商店等行业之间形成的链条关系。

（二）旅游产业链的特点

1. 复杂性

旅游产业链的各个组成部分虽然分工不同，但是为满足旅游者的需求，它们构成了一个相互关联的共同体、一个动态协调的产业系统。旅游产业链环节多，产业链中各要素在数量、质量和层次结构上协调难度比其他产业大。此外，产业链中各个企业隶属于不同部门，它们相互影响、相互制约，旅游产业链呈现出高度复杂性。

2. 特殊性

传统产业内的各企业主要是基于上下游产业中的物质投入与产出而进行分工合作，产业内的企业通过纵向产业加工链被联系在一起，而旅游产业内的企业是基于为旅游者提供完整的旅游产品、服务而进行的专业分工，企业间不是通过生产环节联系，而是通过旅游产品的组合进行合作。传统产业内的各类企业，在物质投入产出基础上形成了前后联系的纵向关系，而旅游企业之间是根据旅游消费需求而形成的专业分工，各种不同类型的旅游企业之间是横向组合关系。

产业链是围绕核心企业，通过对信息流、物流、资金流控制，将各节点企业直到最终用户连成的整体的中间经济组织。核心企业是产业链的链核，协调产业链中不同节点企业的行为。在传统产业链中，往往是以市场前景比较好、科技含量比较高、产品关联度比较强的优势企业为链核，通过这些链核前后联系形成链条。在旅游产业链中，处于链核地位的不是旅游产品或服务的生产商，而是担负着大量组织协调工作的大型旅行社和掌握客源信息的旅游运营平台。自发形成的自驾游产业链体系不存在核心企业。

3. 关联性

旅游产业链涉及众多的国民经济部门，既包括核心旅游产业，也包括旅游相关配套产业，它们共同围绕吃、住、行、游、购、娱六要素形成一个完整的产业体系。旅游产品、服务的提供需要第一产业、第二产业、第三产业众多相关行业和部门的协力配合，如为旅游业提供物质支撑的农业、渔业、畜牧业林业等属于第一产业，轻工业、重工业和建筑业等部门和行业中的相关部门属于第二产业，邮电通信业、金融业、保险业、公共服务业、卫生体育业、文化艺术业、信息咨询服务业等相关产业属于第三产业。这些产业为旅游产业的发展提供了物质基础，成为旅游产业运营的有力支撑，而旅游产业的发展也会反哺这些产业。

4. 中间性

产业链条上的企业之间不是简单的市场关系，而是一种长期战略联盟关系。与纵向一体化不同，产业链是独立企业间的联合；与企业联合不同，产业链中的企业联盟在各方承诺的关键性领域中能像单一公司那样运作。旅游产业链既不是简单的市场交易关系，也不属于纯粹的企业组织关系，而是一种介于宏观和微观之间，同时具有微观和宏观特征的中间组织，是一种具有市场的组织和组织的市场特点的中间组织。

5. 网络性

传统产业链是基于产品工艺分工的纵向产业关联，表现为企业间上中下游关联形态。旅游产业综合性较强，决定了其产业链是基于旅游客流的网络状关联形态，核心企业和节点企业之间的关联复杂性更强，既有纵向关联（上游大型旅游商、下游景区、饭店、宾馆、导游、司机），也有横向关联（宾馆、饭店、景区、商品部门）和混合关联。

全域旅游可以说就是一个产业链。本书旨在构建全域旅游的产业链，运用旅游产业链的思想可以在研究全域旅游过程中，从整体上总揽全局，把握全域旅游的发展方向；从整体上运筹帷幄，进行合理空间布局和要素配置；从整体上协调旅游地规划开发、配套设施、保障体系。

四、可持续发展理论

可持续发展是指既满足当代人的需要，又不损害后代利益的发展。可持续发展理论的形成经历了相当长的历史过程，从20世纪50年代到60年代，人们在经济增长、城市化、人口、资源等所形成的环境压力下，对增长发展的模式产生怀疑并展开讨论。1987年，以挪威前首相布伦特兰为主席的联合国世界与环境发展委员会发表了一份名为《我们共同的未来》报告，正式提出可持续发展概念，并以此为主题对人类共同关心的环境与发展问题进行了全面论述。在1992年联合国环境与发展大会上，可持续发展思想得到与会者的认可并形成共识。

可持续发展的内涵体现在五个方面：一是共同发展，即世界上每个国家和地区要共同发展；二是协调发展，既包括经济、社会、环境三大系统的整体协调，也包括世界、国家和地区三个空间层面的协调，还包括一个国家或地区经济与人口、资源、环境、社会以及内部各个阶层的协调；三是公平发展，公平发展包含时间和空间两个方面，前者是指当代人的发展不能以损害后代人的发展能力为代价，后者是指一个国家或地区的发展不能以损害其他国家或地区的发展能力为代价；四是高效发展，即经济、社会、资源、环境、人口等协调下的高效率发展；五是多维发展，即各国与各地区在实施可持续发展战略时，应该从国情或区情出发，走符合本国或本区实际的、多样性、多模式的可持续发展道路。

可持续发展理论形成以后，在旅游领域也迅速得到应用，成为指导旅游经济发展的基本理论。区域旅游经济可持续发展的核心思想是建立在经济效益、社会效益和环境生态效益基础之上的，它所追求的目标是：既要使人们的旅游需求得到满足，个人得到充分发展，又要对旅游资源和旅游环境进行保护，使后人具有同等的旅游发展机会和权力。区域旅游经济可持续发展特别关注的是旅游活动的生态合理性，强调对旅游资源和旅游地环境的保护。在发展指标上，不单纯用旅游收入作为衡量区域旅游经济发展的唯一指标，而是用社会、经济、文化、环境等多项指标衡量其发展。这种多指标综合性考虑，能够较好地把旅游经济发展的当前利益和长远利益、局部利益与全局利益有机地统一起来，使区域旅游经济沿着健康的轨道发展。

如果今天我们从可持续发展或区域旅游经济可持续发展的视角去审视全域旅游问题，可以发现全域旅游思想是完全建立在可持续发展理论基础之上的。从全域旅游的概念、全域旅游发展的指导思想，全域旅游建设的主要任务，到全域旅游示范区建设检查验收的标准等，各个方面都体现了可持续发展的原则及相关要求。例如，在概念和内涵上，曾明确指出全域旅游是以旅游业带动和促进经济社会协调发展的新的区域旅游发展理念和模式；其指导思想是实现区域资源有机整合、产业融合发展、社会共建共享，以旅游业带动区域经济社会“创新、协调、绿色、开放、共享”发展。在建设任务上，要求全域旅游体现五大特征，即优化配置经济社会发展资源、统筹规划全区建设、构建全域大旅游综合协调管理体制，以及发挥“旅游+”功能，使旅游与其他相关产业深度融合，形成新的生产力和竞争力，全民共建共享全域旅游。在全域旅游示范区建设验收指标方面，赋予“旅游资源与生态环境保护”项有一票否决权。其内容包括自然与文化遗产保护、旅游区生态环境保护、旅游区最大承载量核定与控制、创建生态旅游示范区、推进绿色旅游认证等。

五、旅游地生命周期理论

旅游地生命周期理论是阐释旅游地演化的基本理论之一。巴特勒将旅游地的发展演化划分为探索、起步、发展、稳固、停滞、衰落或复兴 6 个阶段，并以 S 形曲线形式对其进行直观表达。旅游地生命周期理论与旅游地发展过程中的影响要素及其作用机制的变化密切相关，旅游地生命周期理论可为有效判定旅游地所处的发展阶段及历史演进过程，描述和分析影响旅游地发展的各类要素，以及预测旅游地的未来发展和制订相关决策提供指导。例如，黄震方等人利用季节调整和多峰拟合方法进行主题型文化旅游区阶段性演进的研究，分析游客波动的阶段性，探讨主题型文化旅游区成长演化，揭示了主题型文化旅游区演化的生命周期，即探索起步期、充实发展期、快速发展期、平稳发展期和后续发展期（衰亡或复兴），其中探索起步期和充实发展期对应于旅游文化产品开发期，而快速发展期、平稳发展期和后续发展期则分别对应于旅游文化产品的发展期、成熟期和衰亡或复兴期。

在实际经营活动中，人们发现并非所有的旅游产品都要经过 4 个阶段之后退出市场。有的旅游产品跳过导入期，直接进入成长期；而有的旅游产品则是昙花一现。所以，旅游产品的生命周期模型并非都表现为 S 形曲线。不同的旅游产品、不同的市场环境表现出不同的生命周期曲线。有学者曾研究过数百种产品，发现并总结出 6 种之多的产品生命周期形态，其中最为典型的是扇贝形态和“循环—再循环”形态。

扇贝形态是指在旅游产品进入成熟期以后，经营者在原有旅游产品基础上进行更新，赋予旅游产品新的内涵、新的特性，重新树立旅游产品形象，开发新的旅游市场，不断引发新的旅游需求，使旅游产品生命周期始终保持在一个理想阶段。“循环—再循环”形态是指旅游产品进入衰退期后，经营者通过采用有效措施，刺激旅游需求，使旅游产品进入下一个生命周期阶段。

产品生命周期理论揭示了旅游产品从诞生到衰亡的运动过程，大多数的旅游产品都是遵循产品生命周期理论的。之所以说是大多数旅游产品，是因为旅游产品在市场上的销售情况和获利能力是随着时间的推移、供给状况的变化以及消费者兴趣的转移而发生变化。对旅游产品生命周期的分析和判断有利于经营者更好地了解旅游产品发展现状，掌握旅游产品在不同的生命周期阶段可能出现的问题并及时进行人为调节，以使旅游产品经久不衰，始终保持旺盛的生命力。

全域旅游本身是一个动态过程，由初级走向高级，由分散走向一体化。借鉴旅游地生命周期理论，可以将全域旅游合作视作一个系统，判断其发展所处的阶段，由此展开全域旅游发展态势的诊断分析。

六、旅游管治理论

管治理论是目前正在被管理学界逐渐认可并广泛使用的一种理论。管治不同于传统的以控制和命令手段为主的“管理”模式，管治是通过多种利益集团的协调与合作达到对社会资源的最有效利用，实现“共赢”的社会治理模式，即管治是通过不同利益集团的协商、合作达到资源最有效配置的方式，用以补充市场交换和政府调控的缺陷。

张京祥先生将管治的基本特征概括为四点：①管治不是一套规章制度，而是一种综合的社会过程；②管治的建立不以“支配”“控制”为基础，而以“调和”为基础；③管治同时涉及广泛的公私部门及多种利益单元；④管治虽然并不意味着一种固定的制度，但确实有赖于社会各组成部分（部门）之间的持续相互作用。

旅游管治理论是管治理论在旅游管理方面的应用，目前初见于旅游规划管理。旅游管治是指在对旅游业及相关行业的未来发展时，不同利益群体通过沟通、协调使原本相互冲突的利益得以调和，共同参与旅游发展中涉及的各种资源的分配与利用，制定相关制度并共同遵守，彼此合作与共赢，从而在保证旅游者完美体验经历的同时，实现区域内旅游业的经济效益、社会效益和生态效益的均衡与优化。

如果我们用旅游管治的基本理论去审视全域旅游思想支配下的旅游管理，不难发现二者具有非常惊人的相似性。在全域旅游示范区建设过程中，其管理非常强调推动传统的景点景区围墙内的“民团式”“看家护院式”、旅游部门的“自我管理式”向党政统筹推进，社会各部门广泛参与，全域旅游依法治理的模式转变。所谓“党政统筹推进”，是指在地区党委和政府的统一领导下，由各政府部门主要领导参加，成立地区旅游发展改革委员会，统一制定地区旅游发展政策与规划，各政府部门协力推进落实、建立全域旅游发展领导体制和机制；所谓“社会各部门广泛参与”，是指由政府（含旅游、公安、工商、物价、交通、法院等）、旅游企业、旅游社团、社会非营利性组织、旅游者以及当地社区公众等共同参与的区域旅游治理，即旅游管治；所谓“依法治理”，是指在全域旅游建设过程中，与旅游相关的各种管理要严格建立在法制的基础上，如旅游执法、工商执法、公安执法、市场执法、环保执法、交通执法等，都要有法可依，执法必严，违法必究。

综上所述，全域旅游的管理不仅要使管理主体多元化和协调化，还要求旅游管理的手段具有综合性和灵活性。只有这样，才能体现全域旅游的理论和目的，才能实现旅游管理向旅游管治的转变。

七、旅游区位理论

（一）区位理论

区位理论是关于人类活动的空间布局和空间组织优化的理论，是探讨地理空间对各种经济活动的分布和区位的影响，研究生产力最优布局的空间组织理论。自 1826 年杜能创立“农业区位论”以来，区位理论迅速发展，经历了古典区位论、近代区位论和现代区位论三大发展阶段。

不同时期的区位论，分别从不同的角度探讨了区位的最优选择问题，用于指导人们在生产布局时，选择最优的地点、场所，以满足以下标准和原则：一是成本最小的原则，强调最低运费率和最低生产成本；二是市场范围最大原则，强调企业布局具有最大的市场服务范围；三是利润最大化原则，综合考虑生产成本和市场销售，寻求最大利润空间；四是寻求区位满意原则，以能最好地利用社会经济基础，获得最好的生产和生活条件为标准。

（二）旅游区位的定义

人类进行各种活动，必然要选择各种场所。区位选择是活动需求与活动供给双方互动的过程，研究区位必须从两个角度予以分析，特别是由于旅游资源的地域性与旅游者偏好的多样性，研究旅游业区位更强调应从旅游供给与旅游需求两方面考虑。

旅游的本质属性是文化属性，文化属性是旅游者需求（偏好）多样性的内在原因。旅游业的本质属性是经济性，经济性来源于旅游资源价值的置换，旅游资源内涵丰富，从理论上讲，具有普遍存在性特点，但旅游资源开发具有选择性，因此，旅游区位应有两个层次，即宏观层次与微观层次。宏观层次是要明确旅游业发展所凭借的物质基础——旅游资源开发的优先顺序或梯级；微观层次是为了有效利用和置换旅游资源价值、满足旅游者需求而在旅游交通、旅游饭店、旅行社、旅游商店等旅游设施、旅游服务方面的区位选择。因此旅游区位指区域范围内及周边各种因素与旅游的联系及其对旅游发展的影响程度，这些因素包括经济、文化、环境、资源等。

旅游业是高度关联的企业，从各产业的协作到全域旅游的发展都离不开区位论的指导。从微观来看，旅游企业投资开发旅游景点、兴建旅游项目，要考虑最佳区位选择问题，需要区位论的科学指导；在具体的经典线路设计、横向合作方面，更需要考虑最佳区位以满足游客的需要，还要以区位论为指导；从宏观来看，全域合作也要从成本、市场范围、利润最大化和区位满意角度来衡量选择最佳的合作对象。区位论对全域旅游发展指导是具体的、现实的。

（三）全域旅游区位创新

1. 资源整合

要使得全域实现跨越式发展，必须打破区域间的行政界线，以资源和产品集合的方式，重新整合出一种超越区域概念的复合型旅游产品，打造可以对数个中心城市形成辐射的大的区域性旅游产品，通过更广阔的市场来保持一定的客源。在全域旅游圈内，围绕中心城市的各具特色、优势互补的游憩带旅游地正在形成，这种以“点—线—面”结合的区域旅游资源组织开发的“板块旅游”结构模式，将逐渐取代过去的“点—线”旅游结构模式，以多样化的旅游产品满足消费者不断增长的旅游需求。

2. 形象提升

如果区域内有同类旅游资源存在，则会对全域旅游发展形成一定程度的制约，即地理位置临近、存在共同市场的同类旅游目的地中，吸引力较大的通常会占有较大的市场份额。吸引力越大，市场占有率就越高；反之，则越低。当各旅游目的地吸引力的大小过于悬殊时，强吸引力的旅游目的地就会将弱吸引力的旅游目的地笼罩在它的阴影下，并使后者失去市场。这种情况下，如何破除全域内部竞争就是需要考虑的问题。其实，弱吸引力的旅游目的地要想寻求更大的发展空间，首要问题就是形象变更，彻底从形象上走出阴影区。例如，以自然花卉为主打形象的话，位于黄陂的大余湾远比不上木兰山、木兰天池的天然景观和云雾山的花卉，这自然与知名度是分不开的，所以大余湾发展旅游就回避了这些，以徽派老宅为卖点进行宣传推广，产生了良好的效果。

3. 区域联动

区域联动，打造复合型产品。复合型产品是指在全域内已经有相当规模和相当知名度的品牌旅游产品时，将自己的产品概念融入这个大的品牌当中去，成为知名旅游产品品牌的一部分，利用知名品牌的光环效应将自己点亮。此做法的依附效应明显，可以迅速提升处于区位劣势旅游产品的知名度，使产品在较短的时间内走向更大的市场。这种对旅游产品的外延式发展，是全域旅游发展的必然趋势。例如，武汉江夏区以花卉著名，熏香悦花卉中心就是依附整个江夏的花而发展的，现阶段吸引了无数的游客前去赏花、露营。

4. 交通优化

区位交通条件的改善可大大提升区域旅游的可进入性，为旅游产品或旅游线路的组合扩大空间，提升旅游线路组合的灵活性和选择性，有助于丰富和充实全域旅游产品的内容。例如，九寨沟黄龙机场的建成为人们游览九寨沟提供了新的方式。以往人们会担心交通条件或地质灾害等问题，对陆路运输的安全性不是非常信任，而用时短、相对安全的空中运输方式可以为游客提供比较快捷、舒心的旅游途径。交通要素的科学配置是全域旅游区建设所面临的重要命题。

5. 全面创新

全域旅游是我国新阶段旅游发展方式和发展战略的一场变革。全域旅游不仅是一种新的旅游发展模式，更是一种新的区域发展模式，是区域旅游发展走向成熟的标志，也是世界旅游发展的共同规律和总体趋势，代表现代旅游发展的新方向，所以，一定要坚决地积极推进全域旅游的发展。在推进的过程中，必须特别强调“稳步推进”和“全面创新”。

（1）稳步推进

现在有一些地方旅游的基础还很差，就凭着有一两个旅游景点，就要“举全体之力”创建全域旅游县和全域旅游市，这是很不切实际的盲目跟风行动，必须予以纠正。一定要坚持试点先行、示范引领、逐步推进的正确方针，才能保证全域旅游的健康发展。对于多数地区来说，全域旅游还不能成为近期的发展目标。

（2）全面创新

全域旅游把发展旅游的视点从景区、景点扩展到了区域的全部空间，旅游景观全覆盖、旅游要素全覆盖和旅游服务全覆盖，这是旅游理念的根本创新。因此，从发展全域旅游的指导思想、规划设计到具体实施，都必须强调全面创新。各地方在推进全域旅游时要因地制宜地创新思路、创造特色、创建典型，不能只用一个模型来克隆全域旅游。不同区域的创建基础和现实条件千差万别，所以，不同地区创建全域旅游的模式也应该是千变万化的。在文化和旅游部制定的全域旅游标准指导下，鼓励创新发展新思路、创新发展新模式。即使在全域旅游的内部不同局部，也要强调差异化的设计。因此，要把创建全域旅游的过程变成不断创新发展的过程。

八、核心—边缘理论

（一）理论基本概述

核心—边缘理论是1966年由美国区域规划专家弗里德曼在其学术著作《区域发展政策》一书中系统提出来的。他认为任何一个国家都由核心区域和边缘区域组成，在区域经济增长过程中，核心与边缘之间存在不平等的发展关系，核心居于统治地位，边缘在发展上依赖于核心。

核心—边缘理论认为区域经济增长的同时，必然伴随着经济空间结构的改变。通过区域结构的转变将经济增长的空间动态过程划分为四个阶段：前工业化阶段、工业化初期阶段、工业化成熟阶段和空间相对均衡阶段。总体上来说，核心—边缘理论提供了一个关于区域空间结构和形态变化的解释模型。这一理论主要阐释了不平等关系、区域扩散、空间结构地位和共同发展这四个基本问题。

该理论起源于解决发达国家与发展中国家的关系问题中，世界上对核边缘理论的研究均侧重于国民经济的宏观角度，主要是运用该理论模型对区域经济发展产业集聚进行分析讨论。与之相比，我国在这方面的研究相对滞后。

国内研究主要是将国外基本理论与改革开放的实践结合，进行区域经济发展过程中的对策性研究，基本理论研究相对不足。我国学者的研究多为对该理论在假设条件上的变化调整或者扩展研究以及实证分析。对核心—边缘理论从开始的经济全球化、国民经济、区域经济发展战略的讨论，逐步向区域内部产业协调、区域之间相互协调研究转移。随着区域规划的发展，边缘化的概念被不断泛化，从刚开始在经济领域之间的讨论，不断向各个领域，如人口、阶层、行业、移民等延伸。

（二）全域旅游核心—边缘理论

核心—边缘理论在全域旅游的空间布局和空间结构变化具有非常重要的指导意义。一个区域旅游的发展中，运用核心—边缘理论中的“多层极核模式”比较常见，运用“单核模式”和“平行多核模式”相对较少。由于中国一个城市或地区内的旅游资源丰富，而且对于其中一个旅游资源中又会派生出若干个子资源，这样，就形成了“多层”“核”的结构模型。

“多层级核模型”，简要来说是不同的产业具有不同的市场可达性或者市场获得能力，因此每一产业服务的市场半径就不同；同样不同的区域也具有不同的市场潜力，市场潜力的大小决定了每一区域产业集聚的规模，市场潜力较大的区域其产业集聚的规模也较大；加之一系列政策的干预，如户籍制度的限制、不同的区域发展战略以及连接性基础设施投资在区域之间分配等，导致不同区域的要素流动性、内外部需求能力、产业集聚的规模以及贸易自由化程度等存在显著差别。“多层级核模型”是一个更符合中国空间经济现实状况的模型。事实上，中国当前已经形成了以多层级核心—边缘空间结构为主要特征的经济景观，呈现出以东部为核心的东—中—西部三大地带格局，在地带内部（如东部地带）又呈现出以经济发达的沿海地区为核心的沿海与内地之分，而在沿海地区又有以环渤海、长三角及珠三角城市群为主要经济增长极的核心与边缘之分。

“多层极核模式”在发展的初期，“中心核”必须聚集各种旅游的要素，必须让“中心核”成为该区域内旅游的绝对中心。到了旅游发展的中期，由于“中心核”的旅游要素过度集聚，旅游成本上升。直至后期，过剩的旅游要素逐渐从中心城市向边缘区域扩散和转移，这就会促使边缘区域景区景点逐渐开发，交通与通信等服务设施逐渐完善，旅游收入增长速度逐渐加快，甚至超过中心城市，从而形成次级和再次级旅游发展核心。

当单个“多层级核模式”成功发展的同时，多个在地域上平行的核心—边缘体系区域，也会形成一种联动的发展效应。所以，在全域旅游规划中，核心景观或者核心功能服务区所组成的景观群落的规划至关重要。其不一定非得在地理上占据地域的中心，但必须是该地域功能中心，必须是该地域的精品。

（三）实际应用解读

在实际应用中，还有一种“都市旅游圈”构造。“都市旅游圈”是指在空间结构上运用核心—边缘理论的结构特征，形成由内向外的“都市中心旅游圈”“环城游憩旅游圈”“远郊休闲旅游圈”圈层结构。大流互换呈现出“围城”效应。它带来的直接利益是在集聚了众多旅游资源的中心城发展不停滞的前提下，又促进了或者带动了原本旅游资源未被开发的中心城边缘地带的旅游发展。在这样的良性循环下，该区域的旅游将会快速发展，并呈现核心与边缘共同发展的局面。

边缘区域与核心区域不只是控制和依赖的关系，它们之间形成的空间结构机制可以有效地应用于各个领域，尤其是目前案例最多的旅游规划。边缘地带潜在的效益和边缘效应的强弱得益于所属核心区域本身的属性和规模，边缘地带的形态与效益直接反映出相邻异质主体空间的性质与发展动向。核心与边缘资源的空间互补特性、产品价格竞争的优势、旅游交通网络的建设及边缘区人口数量的变化等都与城市旅游核心—边缘空间结构形成及协同发展息息相关，这说明核心区域与边缘区域之间存在着引领与带动、平衡与互补、支持与发展的关系。据此，要理顺全域旅游合作与发展的空间关系，建构起合理的全域旅游空间结构秩序。

核心—边缘理论在试图解释一个区域怎样由互不关联、孤立发展，变成彼此联系、发展不平衡，又由极不平衡发展变为相互关联平衡发展的内在机制，对全域旅游发展具有较高的解释意义和指导价值。

九、地域分工理论

地域分工理论，又称地理分工理论、劳动地域分工理论，是经济地理学的核心理论。苏联著名经济地理学家巴朗斯基运用马克思观点，提出了比较系统的地理分工理论。地域分工是社会分工的空间形式，与部门分工一道成为社会分工的两种基本形式。地域分工通常是通过地域间的部门分工及其所反映的地域间部门结构的差异显示出来的，它是在生产地与消费地分离、靠运输进行交换的条件下形成的。通常条件下，实现地域分工的前提是产品在生产地的价格与运费之和低于在消费地生产同种产品的价格。合理的地域分工有利于地区间的相互支援与合作，充分利用各地的生产优势条件，提高社会劳动生产率。地域分工是一种既稳定又非常活跃的过程，与各地区经济发展条件紧密相关。区域生产条件的差异是地域分工形成的自然与物质基础，区域生产专门化是地域分工的具体表现。

区域旅游经济的发展同其他产业一样，同样存在着一个合理的地域分工问题，即旅游经济学所讲的“合理布局旅游生产力”。对于一个国家或地区而言，虽然空间面积很大，但并不意味着都可以发展旅游业。另外，从国民经济的整体发展看，也不允许片面发展旅游业。在一个国家或地区内部，由于各地区之间的自然、技术及社会经济条件千差万别，为旅游产业布局提供的适宜性和可能性条件也就各异，从而产生空间地域差异所引起的单位旅游产品在劳动消耗上的差别以及布局经济效益的不同。因此，在旅游产业的区位选择时，应该在旅游资源条件、环境条件、技术条件和社会经济条件都比较好的地区优先发展。这样才符合劳动地域分工理论，才有好的旅游经济效益和旅游发展环境。

李金早先生在谈到如何正确理解全域旅游，避免陷入认识误区时，曾明确指出：就目前来讲，我国并不是所有地区都有条件实行全域旅游，全域旅游要分步推进，且不能搞运动，不能刮风。有条件建设全域旅游示范区的地区，一般应具有几个“主”的特点，即区域内有明显的旅游主打产品，旅游资源禀赋高，旅游产业覆盖面广，旅游业有优势成为该区域的主导产业、主体功能、主打品牌。由此可见，全域旅游示范区建设的地区选择是严格建立在旅游劳动地域分工理论基础之上的。

十、空间竞争理论

旅游地空间竞争理论看似与全域旅游的研究无关，但是如何破除内部竞争，走向全域合作，提升旅游目的地的整体竞争力，这也是全域进行合作的基本原动力。旅游地空间竞争理论有涉及如何破除内部竞争以提升整体竞争力，指出很大程度上要依靠制度创新、管理创新、产品创新、服务创新。显然，研究全域旅游，必须借鉴和运用好旅游地空间竞争的基本理论。

“旅游地的空间竞争是由于多个旅游地在同一地域内出现引起的，当多个旅游地在同一地域出现时，它们各自的吸引力往往会出现此长彼消或同步增长的动态变化和地域旅游市场结构的再组织。”这种表述是目前对于旅游地空间竞争的一般界定，它主要揭示了空间竞争现象的外在表征——客源市场地域结构的变动特征，而这种市场结构的空间变化实质上就是竞争的结果。我国学者对于旅游地空间竞争的研究基本上是从 20 世纪 90 年代初开始的，研究内容及理论成果主要是集中于旅游地空间竞争类型及竞争关系、旅游地空间竞争力及竞争优势这两方面。

（一）旅游地空间竞争类型及竞争关系理论

在竞争类型及竞争关系方面，我国学者基本上是基于对特定类型或特定区域旅游目的地的旅游空间竞争分析来进行研究的。保继刚先后对沙滩、喀斯特石林、名山、温泉等类型的旅游地进行了理论和实证的讨论。研究表明，在一定区域内部同种类型的旅游地的空间集聚往往会引起旅游地旅游发展的此消彼长，旅游资源属性等因素会对空间竞争的结果造成影响。保继刚又对长三角地区的四个典型区域内的城市旅游地竞争关系类型和实质进行了客观剖析。

旅游地空间竞争主要分为两种类型：一种是替代性竞争，主要发生在资源类型相同或相似的旅游地即同类型旅游地之间，表现为对旅游地的游客量此长彼消；另外一种是共生性竞争，主要发生在若干资源类型有较大差异的旅游地即不同类型旅游地之间，表现为双方的吸引力因对方的存在而增强，呈现出互补关系。一般而言，旅游地的空间竞争主要是同类型旅游地之间的竞争，不同类型的旅游地在同一地域出现，主要产生互补作用。但由于旅游者旅行的空间尺度不同，对目的地选择的偏好不一样，不同类型的旅游地之间也会产生竞争。因而，竞争关系是客观普遍存在的。

（二）旅游地空间竞争力及竞争优势理论

国内学者在对旅游地空间竞争类型及竞争关系进行研究的同时，也对旅游地竞争力的影响因素和竞争策略做出一系列的探讨。章锦河认为距离是决定旅游地之间空间竞争的性质与程度的关键因子。严春艳在对东源县与周边县市同类旅游资源之间的竞争特点以及东源县内部异类旅游资源之间的互补关系进行论证的同时，提出东源县旅游发展对策。石婧通过分析四个丹霞旅游地的共性与各自的竞争优势，提出建立丹霞旅游地多赢的可持续发展的空间竞争格局的有关战略及发展建议。唐继刚在总结旅游地空间竞争的层次、形式与影响因素的基础上，分析了岳西县与天柱山、天堂寨相邻风景区之间现实和潜在的空间竞争关系，并对其旅游业发展所需采取的竞争策略组合进行了阐述。在这些研究中，这些学者都不同程度地运用了以下几个理论展开研究，这些理论对于我们研究弱势旅游地的形成机制、发展策略等方面也有着重要的指导意义。

1. 比较优势理论

比较优势理论作为区域经济学中的一个重要理论，它的实质指的是“一个地区利用具有比较优势的资源实现产品生产的特色化及成本化，进而在与另一个地区的市场竞争中占有一定优势”。以比较优势理论指导区域旅游开发，可以避免旅游地间的重复性开发，指引区域内旅游地结合自身优势资源开发各具特色的旅游产品，促使区域内形成一个良好的旅游地空间互补关系，所以比较优势理论对于旅游地开发具有十分重要的指导作用与现实意义。

2. 竞争优势理论

20 世纪 90 年代初期，迈克尔·波特在比较优势理论基础上提出了竞争优势理论。竞争优势理论强调的是竞争主体的策略行为，体现的是一种将各种生产要素参与市场竞争的高层次理念。根据这个理论，区域旅游产业必须通过产业整体运作效率的提高来获得效益和发展，区域旅游产业的宏观效益更多地来自系统的经济效益，而旅游经济效益的实现很大程度上依赖于系统经济的良性运转。

结合比较优势和竞争优势理论，马勇提出的竞争力箭形概念模型认为“旅游地空间竞争力是旅游地空间竞争的主体在对具有比较竞争优势的资源占有的基础上，通过开发、创新、发展更具竞争优势的生产要素和生产环境，并向旅游市场提供高效用度和满意度的旅游产品和服务，由此获得较高旅游市场占有率的能力”。

第二节　全域旅游的发展理念

一、全地域

在旅游以“观光”为主的背景下，一个区域的旅游是由不同景点串联在一起，并把这些区域合并连接，最终构成一个游客的旅行线路图。而在以“体验”为主的当代旅游背景下，一个区域经常会被当作一个独立的综合目的地。所以，全域旅游的第一个发展理念就是“全地域”。这是一个整体概念，它要求在把区域景点作为独立吸引标记物的基础上，进行该地域的整体打造，而不是只在景点上做文章。更重要的是，全域旅游是在我国宏观的社会经济发展框架的大背景下产生的，以旅游为支点去推动相关的产业调整、统筹各方面的整体发展，就必须用大视角进行整体的全域规划。

二、全领域

在全域旅游的发展理念中，如果说“全地域”是一个整体概念，“全领域”就是个被拆分后重新形成的名词。从横向上看，全领域是指除了要在旅游景观上有所优化并且改良之外，对于整个城镇农村的其余角落，都试图以是否能被开发成风景为出发点，进行挖掘与打造。当然，这不是说对每一个地区都要进行全域全景观开发，处处建项目，处处搞旅游，而是指在旅游要素和产业布局的重新布置之后，去充分发挥它们的休闲功能、度假功能，形成休闲社区、特色小镇、旅游综合体等多种旅游产品，形成良好的公共旅游自助服务体系。满足游客的某种情怀，实现他们旅游的终极目标。或者说，能让游客在疲惫后感受温情的瞬间。从纵向上来看，全域旅游的全领域还包括政策法规的出台、体制机制的运作、治理以及服务的配套覆盖。若要实现旅游业与经济社会相互促进、共荣共生的格局，这些领域缺一不可。

三、全要素

从宏观角度来看，全要素指在该地域的供给侧改革实现上，是旅游与资本、旅游与政策、旅游与生活、旅游与功能作用等的配套发展。所以，在宏观下的全要素，是指不以旅游为单体开发的旅游模式，包括其余众多的资源开发与配套。

从微观角度来看，它是指在把旅游目的地进行整体打造的基础上，对于旅游资源的挖掘升级与全面整合，在均衡发展的前提下，构建起一个全域化发展新局面。所以，在全要素的开发实现中，既要注意对自然资源、人文资源本身的挖掘与升华，又要在建设发展路径中，抓住特色、突出优势、精品带动、资源整合。随着人们旅行目标的深入，传统旅游业“食、住、行、游、购、娱”六大要素已经逐步发展为“商、养、学、闲、情、奇”。应运而生的文化创意旅游、商业养老旅游、健康养生旅游、教育旅游等旅游产品也越来越被人们关注，例如，浙江省在开展美丽乡村建设中，在符合相关旅游条件的前提下，支持某些村落在农业旅游中注重乡村建设与生态养生旅游产品的开发整合，把原汁原味的田园风光、古朴敦厚的民村民俗与温泉养生、理疗健体整合打包，既养眼，又养心。所以，在全要素的微观发展理念中，要重视要素价值的挖掘开发、优势整合。

四、全方位

全方位的发展理念，主要是指体验全方位。20 世纪 90 年代至今，国内旅游蓬勃发展。然而，在以“观光旅游”为主渠道的旅游过程中，景区高门票、节假日高拥挤、参团定点购物的旅游体验非但不会满足游客旅行的初衷，反而会在实际运作中给游客带来二次伤害。所以，在大旅游的发展背景下，如何提高游客的满意度才是我们要现实思考的重要命题。或许田间一缕春风就能让我们想起儿时乡下的田野，旅行城市的某一个书店就解答了我们困扰多时的种种疑问，某一次的旅行地的文化节，就重新梳理了我们的价值认同。这些不是一个景点能给予的精神财富，也不是某次走马观花就能得到的温情瞬间。

旅游经济是基于空间的转移才产生的效益，除了从出发地到目的地的整个过程包括吃、住、行等基本要素都要被充分重视以外，在对于游客的体验需求上，还要从多角度进行满足。比如，旅游产品的主题化、形象化，旅游表达形式的多样化、系列化、差异化，旅游休闲消费的自然化、舒适化，从各个维度打造“磁力场”，以此来满足游客不同的、更高的体验要求。

五、全过程

一个区域要做好全域旅游，除了要树立全域旅游的理念，还要注重优质景区的打造。在对景区打造完成之后，再用景区的吸引力带动旅游服务设施，继而，在该区域旅游市场逐渐扩大之后，再产生新的旅游产品和旅游服务设施，最终才能真正地实现“旅游 +”的基本功能，利用已经被挖掘打造的资源与其余社会资源进行新的融合，带动泛旅游产业的发展，实现全域旅游的发展目标。

以上所讲的过程，从该地域的角度出发，是全域旅游目的地的打造过程，相应的，从游客角度出发，就是他们在该地域进行的由点到线、由线到面、由面到网的旅行过程。所以，在全域旅游的发展过程中，构建与管控好旅游过程，才会给游客完满的过程体验。

六、全行业

产业主要是指经济社会的物质生产部门，是介于宏观经济与微观经济之间的中观经济。行业一般是指其按生产同类产品或具有相同工艺过程或提供同类劳动服务划分的经济活动类别。二者是包含与被包含的关系。一个产业可以包括多个行业，但是一个行业只能从属于一个产业，产业是行业的总和。所以，产业的带动推动作用，取决于旅游业与各行业之间的相互配合。

全行业的发展理念，主要是指在全域旅游的发展过程中，在突出旅游的核心地位的前提下，旅游业对于其他行业的带动作用以及其他行业对于旅游业的反作用。众所周知，旅游业的发展一定程度上带动了交通业、通信业、住宿业、餐饮业、娱乐业等行业。在全域旅游的发展中，应该更加注重旅游的核心作用，以旅游业作为中心，顺畅地打通与各行各业的关系。我们所提到的“旅游 +”，其实就是充分发挥旅游业的催化剂作用，让各行各业在旅游这个平台之上，增加这些行业的附加值，或者经过融合跨界，重新形成盈利点。那么，这种理念就要求旅游业在与各行业深度融合的过程中发挥其主动作用，主动对接，换位思考，主动叠加其服务功能。优先选择成熟的行业加以推进发展，而各行各业在实现其利润增加与转换的过程中，也应更加注重向旅游业的渗透。

七、全时间

在全域旅游中，全时间的发展理念认为，旅游业持续有序的发展，应该突破时间的束缚，无论淡季、旺季，无论白天、夜晚，都可以向游客提供满足其需求的旅游产品和休闲体验。季节性与周期性问题是我国旅游产业发展中一直要面对的一个核心问题。

（一）工作日旅游

工作日和节假日引发的市场差异，构成了旅游市场的特性之一。在带薪休假制度下，旅游市场的冷热程度在工作日和节假日之间显得格外悬殊。激发“有闲”群体的旅游需求，通过产品和模式的创新，挖掘工作日蕴藏的巨大商机，是寻求工作日旅游最佳解决方案的突破点。

（二）夜间旅游

夜间旅游是旅游目的地延长游客停留时间、深化旅游资源开发、带动旅游产业发展的重要途径。打造夜间旅游吸引力要用好以下四种方法。

1. 夜间造景

夜间景观的打造是构成夜间旅游体验产品的基础，一般以建筑物、构筑物、景观雕塑等的亮化为基础，烘托夜间基础氛围，以结合灯光及高科技技术的灯光秀、水幕电影等为主要体验内容，同时结合灯光展演、激光音乐节等主题活动，形成夜间旅游的引擎带动。亮化工程需要以人的需求为出发点，突出景观艺术性，重视安全实用性，体现绿色节能。

2. 民俗活动

民俗活动是吸引游客参与的一个重要因素，一般基于人文资源，强调游客的参与性和互动性。比较常见的民俗活动包括根据民族节庆设计的晚会、根据婚恋习俗设计的情歌对唱、根据祈福习俗设计的旅游项目（如放河灯等）。

3. 商街夜市

商街夜市是辐射人群最广泛的一个载体，也是夜晚经济消费的重要载体，要形成一定的吸引力必须以文化元素为支撑，以休闲广场为人气聚集核，形成多街区多业态的消费聚集结构。

4. 旅游演艺

旅游演艺是夜间旅游项目中发展较为突出的形式，其演出形式包括山水实景剧、露天广场乐舞、室内剧场的演出等，室外结合演绎活动创造的灯光秀和多媒体秀已经成为景区的绝对亮点，可运用主题公园、实景、剧场、综合化等多种模式进行开发。

（三）四季旅游

1. 春秋季旅游

春季最重要的自然资源是花草，最重要的文化资源是民俗，而秋季是一个收获的季节，各种各样的果实以及独特的景观是秋季旅游可依托的资源。由于气候温度的相似性，春季和秋季是观光游的最佳季节，其旅游解决方案也存在相似性。春、秋季旅游可以朝着"大地景观＋节庆活动"的方向发展，形成一套具有自身特色的产品体系。大地景观依托农业、花卉基地，打造唯美浪漫的景观环境，同时注入文化要素，丰富体验性，形成艺术化、体验化的农田艺术、稻草艺术、乡土乐园等旅游休闲娱乐产品。节庆活动是指以节事、庙会、集市、展览等形式开展的主题式体验、购物、餐饮等吸引活动，往往可以打造成品牌，扩大知名度。

2. 夏季旅游

夏季属于旅游的旺季，游客多以避暑休闲或度假为出游目的，因此全域旅游目的地要在夏季打造适宜消暑的核心引爆产品，才能激活夏季旅游市场。可重点围绕山地、草原、森林和湖泊、河流等山水资源打造。

第一，酷暑夏日，没有什么比一场水上乐园里盛大的狂欢更让人畅快淋漓的了，水乐园成为夏季最受欢迎的休闲项目之一，且成本回收期较短，但项目不能盲目追求新、奇、大，挖掘文化内涵、注入文化灵魂、打造独特的主题才是水乐园吸引力塑造的关键，乐园内所有的建筑、景观、游乐设施、活动、表演、气氛、附属设施、商品等，都要体现"主题定位"，凸显"独特性卖点"，最终形成主题品牌。另外，特色产品开发和服务体系也是水乐园保持生命力的关键，最嗨的造浪池、最浪漫的沙滩、最亲子的水寨、激情的水战场、时尚的旋转舞台、最刺激的水滑梯、有情趣的漂流河道、最休闲的水疗等都是在旅游实践中打造的特色产品。

第二，草原、森林、山地等避暑度假产品也是夏季重要的产品类型。这类产品除了要形成观光核心吸引物，打造基础的观光休闲功能之外，要重点完善

“度假+疗养”的产品体系和服务体系。

3. 冬季旅游

传统意义上，冬季寒冷不便出行，按常规属于旅游淡季。但其鲜明的季节特色催生出许多独特的景致与游憩方式，如果好好打造，可形成景区的引爆点。冬季旅游主要有四大类型产品。第一是温泉。温泉是地热，是生态能源，是清洁能源，是符合发展趋势的。一个区域只要有温泉，冬季旅游就可以盘活。第二是冰雪嘉年华。包括观光类、休闲游乐类、度假类、民俗节庆类等各种冰雪旅游产品，形成了冬季度假聚集结构。第三是庙会。庙会聚集了地方民俗展示，创意集市、土特产品展销集市、餐饮、祭祀、民俗游戏与冰雪游乐等多种消费结构，是冬季汇集人气的一个重要模式。第四是温室。温室已经逐渐由单一的农业种植功能，发展成为以温室设施为载体，以恒温环境为卖点，以全时休闲度假为理念，集合生态观光、休闲娱乐、旅游度假、科普教育、农业种植等为一体的综合性智能温室，成为引爆冬季旅游的一个新引擎。

八、全社会

全社会发展理念主要是指全社会参与。全域旅游是社会共建共享的发展理念，理念本身就要求在实施过程中具有全局观念。政策配套、管理到位、全民参与，协抓共管，主要强调了旅游相关要素的配备完善。另外，全域旅游在各种具体模式中，从时间或者空间来看都会出现居民生活与旅行消费的重叠，由此也会产生城市的全方位管理与旅游管理的重叠。面对这些新的问题特征，更需要以全社会共同参与相互协作的发展理念去引导解决。

所以，在全社会共同参与的发展理念中，首先，要调整发展战略，构建从全局出发，有效整合区域资源，统筹推进全域旅游发展格局的工作思路，各部门之间彼此联动的发展思路；其次，就要构建综合协调管理体制，围绕产业综合发展的基本需求，进行综合管理，正确处理政府与市场的关系；再次，要注重公共服务配套系统的完善，尤其在服务链的创新完善上，要同步发展全域旅游的专业服务与综合服务，创建良好的公共服务网络平台；最后，落实全民共建共享的实处就是既要让建设方、管理方参与其中，也要让广大游客、居民共同参与，最大限度地汇聚投资能力，并转变成旅游收入和泛旅游收入。

九、全产业

带动性是旅游产业对经济社会协调发展的促进作用。这是旅游产业发展到我国经济新常态阶段的产物，也是旅游业的产业优势和综合实力的集中体现。

旅游业是最具创造活力的产业形态，是最容易实施创新发展理念的产业领域，是贯彻落实我国社会经济“创新、协调、绿色、开发、共享”新发展理念的重要体现。

以旅游业作为区域发展的优势产业和核心动力，引领并带动整个区域经济社会的改革创新、转型升级发展，促进区域经济社会的协调发展，这种带动性不仅体现在产业经济的带动性，还体现在社会文化的带动性；不仅体现在单个产业发展的带动性，还体现在多个产业融合发展，多个事业多元发展的带动性；不仅体现在绿色增长方式的带动性，还体现在社会治理方式的带动性；不仅体现在优化调整的带动性，还体现在改革创新的带动性。

全产业的发展理念是全域旅游发展理念的核心，也是出发点和落脚点。在通过旅游业的转型发展去带动社会经济转型发展的过程中，产业带动与融合是重中之重。这就要求我们首先要求对旅游自身的业态进行培育和发展，进行新业态的开发与引进。这是推动旅游产业转型升级的重要动力。其次，以泛旅游产品引领大产业发展，延长产业链条，打造集多要素为一体的全产业链条。最后，走向全产业向旅游的趋向融合，提高区域的整体市场竞争价值与市场体验价值。

十、全空间

根据全域旅游的空间性特征，在一定区域范围内系统发展旅游业，这与旅游活动的异地性和移动性本质特征紧密关联。

一方面，我们应该深刻认识到传统的“点式”旅游发展空间模式使得旅游活动在空间上呈现出“飞地”困境，导致旅游的空间流畅性和贯穿性受阻，狭窄的“点式”空间范围束缚了旅游活动、旅游产业、旅游管理的发展，亟须在区域范围内将旅游作“面式”扩展，让旅游要素建设渗透到区域的全部空间范围，让旅游产业扩展到区域的全部空间范围，让旅游基础设施辐射到区域的全部空间范围，让旅游管理覆盖区域的全部空间范围，保障旅游空间移动性。

另一方面，我们应该明白全域旅游并不是在我国全部地理空间范围内发展旅游，也不是旅游发展的空间大跃进，更不是旅游发展的空间全覆盖。缪尔达尔的“地理二元经济结构”理论告诉我们，空间均衡发展不符合区域经济发展的实际情况，均衡和非均衡是区域经济发展的内在动力。全域旅游的空间性界定了发展的区域空间边界，这就保证了旅游业发展不会突破区域经济发展的地理范围，避免了盲目追求空间绝对均衡化而导致区域经济增长无效的后果。

在全域旅游发展理念中的全地域与全领域，已经阐述清楚地域的整体打造理念与各领域的旅游渗透思路。全产业与全社会的发展理念已经明确表达了产业的带动作用和各领域的参与作用。从物质客观存在形式的角度来看全空间的发展理念，可以详尽地包括以上十全理念。而如果仅仅从地理空间的角度去考量，该理念是指旅游产品布局的全面性和覆盖性。

“一步一盛景，回头变万千”，全空间的发展理念在十全理念中，除了强调旅游产品的全方位开发外，更加注重对于这些旅游产品的良好布局，保证旅游产品的吸引力与有序供给。另外，在真正实现布局良好的愿望时，更应关注旅游交通、旅游信息网络平台以及自驾车营地灯设施的建设规划，使其真正做到设计合理化、便捷化。以吸引游客眼球，提高游客舒适度，减少游客与各方主体矛盾冲突为目的，实现旅游产品布局全面并且人性化的合理设计。

第三节　全域旅游的评价标准

一、经济发展指标

（一）旅游业对地区经济社会发展的直接贡献

我们一再强调，全域旅游是我国经济社会发展转型的必然产物，也是目前我国供给侧改革的主要抓手，更是我国旅游业升级转型的具体要求。旨在通过整合资源，提高生产效率、促进产业融合发展，进而达到区域经济增长有效提高的目标。除此以外，对于缓解城乡矛盾、推行新型城镇化以及落地扶贫的政策推动是否实现，全域旅游也是有力之道。所以在对全域旅游模式打造的考核标准中，最重要的一项指标就是看旅游业对地区经济社会发展所做出的贡献，具体来说，包括 5 个要点：①旅游业对当地 GDP 的综合贡献比重（旅游业增加值对 GDP 综合贡献比例）；②对当地就业和新增就业的贡献（旅游从业人数占对就业总数的综合贡献比例）；③旅游对农民居民增收的综合贡献（当地农民年纯收入的部分比例来源于旅游收入的比例）；④旅游业对财政税收的综合贡献（旅游税收占地方财政税收的比例）；⑤旅游业对脱贫的综合贡献。

（二）旅游业本身的质量提升标准

从我国经济社会转型的发展来看，全域旅游要对经济增长和社会进步做出应有的贡献。而从旅游业的发展规律和游客的需求转变作为考虑依据，全域旅游是旅游业从小旅游走向大旅游的必然阶段，是从门票经济走向产业经济的路径，是由观光旅游走向体验旅游的结果。所以，为了符合旅游业的自身发展规律，满足游客的发展体验，相对于传统旅游，全域旅游必须在旅游产品的创新、服务质量的提高、市场行情的对接、配套体制的落实、消费能力的把握等多个要素上做文章。而把这些要素的实现看作是旅游业自身质量提升的主要结果，就成了衡量其自身发展的重要指标，具体包括：①有特色鲜明的旅游核心吸引物；②旅游产品业丰富、空间覆盖度高，形成空间时间的差异组合；③全域旅游品牌的品牌知名营销度；④旅游基础设施与公共服务体系完善程度；⑤旅游厕所卫生和便捷程度；⑥旅游咨询服务体系的完善程度；⑦旅游住宿配套完善程度；⑧旅游餐饮配套完善程度；⑨旅游购物配套完善程度；⑩旅游文化娱乐休闲及旅游交通服务配套完善程度。

二、社会共享指标

全域旅游的发展理念告诉我们，全域旅游是要发挥产业优势，通过对旅游资源、相关产业、生态环境、公共服务、体制机制、政策法规、文明素质等进行全方位、系统化的优化提升，实现区域资源有机整合、产业融合发展、社会共建共享。经济的共享是全域旅游的本质要求，而价值的共享是公民社会的价值诉求。所以，从旅游发展的角度来看，除了需要旅游产品体系创新、旅游产业结构优化、旅游市场水平提高、旅游资源开发活化、旅游业态创新之外，从旅游政策制度、旅游者的文明素质以及旅游社区居民包容性和参与性等方面都要有所提升。

换一个角度来看，旅游事业的终极发展目标，除了经济的带动增长以外，还要通过各种渠道让广大人民群众在发展中受益。而受益的展现状态就是以地区居民与游客的整体幸福指数是否有所提升，在旅游业以综合产业的身份出现在地区产业发展过程中时，尤其在居民与游客重叠空间部分，民众的舒适度与参与治理程度为标准进行衡量。具体来说，主要包括：①良好的旅游市场秩序的建设程度；②旅游综合治理工作格局的建设程度；③旅游市场监督长效机制的建设程度；④旅游诚信体系的建设程度；⑤地区公共资源的共享程度和便利程度；⑥地区公共服务体系的完善程度；⑦生态环境的保护程度和创新绿色旅游产品的建设程度；⑧良好的环卫体系建设和节能减排措施的建设程度；⑨良好的文化传承体系构建程度；⑩通过有效措施，考察全域旅游相关的调查评估指标，提供游客和当地居民的舒适满意程度。

全域旅游形成新型的目的地，要求是一个旅游相关要素配置完备和全面满足游客体验需求的综合性旅游目的地、开放式旅游目的地。旅游质量和形象由整个社会环境构成，这就要求全域旅游必须走共建共享道路。在景点旅游模式下，旅游从业者只是导游、服务员等，而在全域旅游模式下，整个区域的居民都是服务者，都是主人，他们由旁观者、局外人变为参与者和受益者。全域旅游既要让建设方、管理方参与其中，更需要广大游客、居民共同参与。既要考虑让游客游得顺心、放心、开心，也要让居民生活得方便、舒心、美好。要通过旅游发展成果为全民共享，增强居民的获得感和实际受益，来促进居民树立人人都是旅游形象的意识，自觉把自己作为旅游环境建设一分子，真正树立主人翁意识，提升整体旅游意识和文明素质。

总之，在全域旅游的实现过程中，安全、文明和市场规范有序以及游客和当地居民的满意是实现全域旅游的出发点和落脚点。要以提高游客满意度、增强当地居民幸福感为目标，实现其社会共享的价值属性。

三、体系构建指标

（一）治理体系指标

发展全域旅游，一定要重视其综合性的产业特征。在新的旅游发展视角状态下，旅游业不是一个独自发展的产业，而是作为优势产业，通过与其余产业的融合集约，成为“调结构、惠民生、稳增长”的优势综合性产业。既然是优势综合性产业，就要求对地域资源的合理配置、市场机构、组织运作、机制体制等各个方面全盘考虑。

那么，如果想要在资源整合和产业融合上发挥其应有的带动作用，就要突破单一管理的一般模式，发挥政府在社会管理中的引导作用，整合地域的社会管理资源，充分发挥党政统筹的引领作用、市场主动的调节作用、社会主体参与的民主作用。做到有全域综合统筹发展的领导体制，形成全域旅游的体制和工作格局，各部门联动的发展机制。进一步完善旅游公共服务体系以及旅游管理的综合协调机制，适应旅游业的综合性的产业特征，除此之外，还需要有旅游综合执法机制，为全域旅游发展提供保障。

在发展全域旅游过程中，还要把具体的评价体系变成地域内各级政府和相关部门的重要发展目标和考核内容，分工明确、治理得当，才能形成推动旅游综合产业和社会整体发展的合力。至于治理评价体系细化在各部门的分类标准，各个地区根据区域差异可以具体分化。统一完整的治理评价体系，主要体现在：①建立旅游领导协调机制，设立旅游委或类似综合协调管理机构；②党委或政府在全域旅游的创建和推动中发挥引领作用；③在旅游综合执法方面有针对全域旅游的执法综合创新，如旅游警察、旅游巡回法庭等各种方式；④推进或已经编制完成“多规合一”的全域旅游规划和实施方案；⑤将全域旅游发展纳入具体的相关部门考核，明确责任分工，加强考核督办；⑥专款专用，设立专项经费推动全域旅游发展。

（二）产业融合体系指标

从全域旅游的本质来说，全域旅游具有作为优势产业进行产业带动的本质属性。而产业的带动性首先就体现在旅游产业对经济社会发展的促进作用。在全域旅游的考核标准上，我们已经通过旅游业对当地经济发展的综合贡献的考核体系中有所显示。这些指标既能证明旅游产业是我国经济发展新常态的必然产物，也是旅游业的产业优势和综合实力的集中体现。然而，除了这些具体的经济指标的上升体现之外，在以旅游业作为引领和带动地域经济发展、转型升级的过程中，还需要有一些具体的产业融和体现。

另外，全域旅游的本质属性还体现在资源的整合方面。需要整合地域的生产要素资源，更需要整合地域的产业资源，才能发挥产业自身在发展过程中的融合性作用。所以，就还需要具体的产业融合表现形式作为考核指标，落实到该地域中，作为其全域旅游的发展考核指标。考察该地区是否充分发挥“旅游 +”的功能，使旅游与其他相关产业深度融合形成新业态、形成新的生产力和竞争力。以下指标，就是作为考核该地域产业整合发展的表现依据，可以通过这些业态的呈现，综合考虑。具体包括：①通过“旅游 + 新型城镇化”，促进发展特色旅游城镇；②通过“旅游 + 新型工业化”，促进发展工业旅游，创新企业文化建设；③通过“旅游 + 农业现代化”，促进发展乡村旅游、休闲农业旅游；④通过“旅游 + 信息化”，推进旅游互联网的实现，形成智慧旅游；⑤通过推进“旅游 + 生态化”，推进旅游生态化，形成生态旅游；⑥通过推进“旅游 + 商务化”，推进旅游的商务功能作用，形成商务旅游；⑦通过推进“旅游 + 休闲化”，推进旅游的休闲功能，形成休闲旅游；⑧其余通过“旅游 +”形成的新业态，如养生旅游、教育旅游、医疗旅游等。

（三）数据体系指标

在旅游业的发展道路上，我国一直非常重视全国旅游数据的建设完成，2015 年 1 月全国旅游工作会议提出要加速建立中国旅游数据中心。许多省市对于旅游数据中心的建设都做出了积极的努力。2015 年 12 月 3 日，依托中国旅游研究院组建的文化和旅游部数据中心成立。在切实反映我国整个旅游行业和各地方发展的现状和趋势以及对旅游产业的全局把握上，旅游大数据体系的构建具有重要意义。

全域旅游中的数据整合主要来源于政府数据、互联网数据／移动端数据、各景区／酒店／旅行社拥有的数据等。①政府数据。政府往往掌握着丰富的数据资源，与在线旅游企业、各景区、酒店、旅行社掌握的面向消费者的数据不同，其数据比较偏向于整个行业及目的地。另外，交通部、商务部、公安部等政府部门的数据与旅游局数据的整合，也是非常有必要的。②互联网数据／移动端数据。互联网数据是大数据的主要组成部分，主要来源于各大搜索引擎、社交网站及媒体以及手机。互联网数据总量大、获取相对容易，但相应的数据比较纷杂，需要进一步分析。③各景区／酒店／旅行社数据。这些运营方都有自己的管理系统，游客在景区或酒店的消费能力、消费次数、消费偏好、消费轨迹等，以及性别、年龄、籍贯、职业等基本信息都会有所记录，这些信息的记录都将成为未来旅游大数据的重要组成部分。基于互联网形成的大数据，结合旅游运营方、政府的数据，将形成一个庞大的旅游云信息库。挖掘、分析、利用这些数据，可进行游客属性分析、游客行为分析、旅游景区或目的地的偏好度分析，以及景区或目的地的流量预测等应用。互联网技术的融入，催生了旅游大数据获取与分析、定制旅游或私人顾问、旅游 O2O、虚拟旅游等新领域及形态的产生，并形成“互联网 +”时代下多形态的旅游服务，使全域旅游目的地由传统服务向信息智能化服务转变，有利于提升游客旅游体验，实现旅游企业与管理部门的管理智能化，实现部门之间信息共享、协作流动，实现旅游的针对性开发、精准性营销、智慧化服务、智慧化管理，助推旅游产业链的升级与变革。

总之，旅游业与其他产业的融合，也必然要求旅游统计数据和其他产业数据要接轨，才能建立良好的合作关系，也才能对旅游业在地区经济的发展中做出客观的评价。所以更加需要建立与相关产业统计体系的联动工作机制。无论从宏观角度来分析旅游大数据体系构建的重要意义，还是对于各个地区而言，地区全域旅游数据体系的构建、信息处理系统的完善，对于主动感知旅游信息、调整地域旅游布局、建立适应全域旅游特点的旅游服务质量评价体系、保证旅游目的地的可持续发展，也具有重大意义。

基于数据体系的建立意义，在全域旅游的考核标准中，数据体系的构建指标也是关键，具体内容主要有四点：①设立专门的旅游数据中心，建立全域旅游统计指标体系，构建数据统计体系；②旅游数据体系与其他数据体系接轨；③旅游数据的使用要方法科学、与时俱进、及时创新；④地域全域旅游数据体系的构建与国家旅游大数据体系的构建在指标设置的内涵和外延上统一。

第三章　乡村旅游的发展演进

乡村旅游作为生态文明建设的重要组成部分，是建设美丽中国，实现全面小康的必由之路。近几年，我国的乡村旅游正呈现出蓬勃发展的态势，但依然存在诸多问题。研究我国乡村旅游发展，不仅能够为我国乡村旅游提质升级提供理论支持，更能够为全面建设小康社会提供一条重要的途径。本章主要分为国内乡村旅游的发展、国外乡村旅游的发展、乡村旅游振兴发展存在的问题三部分。

第一节　国内乡村旅游的发展

一、国内乡村旅游发展历程

与国外比较而言，我国的乡村旅游发展起步比较晚，产业化程度低，参考借鉴欧美乡村旅游发达国家的一些经验，就产业发展的方向看，可以将乡村旅游划分为四个阶段。

（一）形成起步阶段

这一阶段的乡村旅游模式以农家乐为主，包括渔家乐、茶农家乐、林家乐、牧家乐等，主要表现为“住农家屋、吃农家饭、干农家活、享农家乐”。广大乡村地区农民以自家房屋和土地资源为资本，主要面向城市休闲人群，独立经营。农家乐的兴起源于农户的自发运作，在农村随着农村家居生活乐趣的发起，各级政府对乡村旅游的发展给予了较多的政策支持与规范引导。在 2006 年，国家旅游管理局把“中国乡村游”定为这一年中国旅游的主题年名称，2007 年，文化和旅游部与农业农村部合作出台了发展乡村旅游的指导意见。

最新的统计数据表明，中国已有农家乐 150 万家，农业企业已有 1.8 万家超过一般企业规模，每年大约接待 4 亿游客，每年营业额在 1200 亿元人民币以上，1500 万务工村民获得经济效益。农家乐已经成为城郊休闲的重要产业之一。在北京市，城市家庭中有 67.3% 每年到城市周边一些地区娱乐游玩，大约有 16.9% 的城镇居民每年到乡村农家乐游玩 3 ～ 5 次，有 15.3% 的城市居民前往农家乐游玩 5 次以上。在上海市，2013 年农业旅游接待的游客达 400 万人次。

（二）快速成长阶段

这一阶段的乡村旅游业态为“一村一品”，突出主题特色。“一村一品”以增加乡村风情的魅力，发现或者设计足以发展为该区域标志性的、足以令该地农户骄傲的产品或者工程，而且把它们迅速发展为中国和其他国家的产品与工程的乡村成长模式。这些模式将农村特有的产品，或者将该地的风土人情发展为当地的特色游览项目。

基于以人为本的“一村”发展理念，提升主要产业的发展，把“一品”的文章做充足，实现乡村经济社会的和谐发展。本书中的“一品”，是基于优胜农产品（或文化、旅游等项目）的规模、品种、品质（品位）和品牌。用另一句话说，“一村一品”的理念即依据区域化布局、专业化生产和规模化经营的要求，根据本地优势成长含有鲜明地域特征的主要产品和主要产业，进一步发展产业规模，最大规模地促进乡村务工子弟在其居住地的就业转移，提升农村居民的工作收入，加快进入新型农村的步伐。“一村一品”就是把每一个村落作为基本单位，将当地的特色资源完全利用，发展各自产业特色，力除不良的价格竞争和资源过度使用，使一个村（或几个村）拥有一个（或几个）市场发展前景大、区域优势鲜明、附加产值大的主要产品和产业，进一步提升乡村经济整体实力和综合竞争力。

（三）调整优化阶段

这一阶段出现了两种情况，一种向创意农园方向发展，突出文化创意，向专深发展；一种向大庄园方向发展，突出规模、综合性，向大而全方向发展。

“创意农园”包括许多产业链的汇集和农业发展规划的创新，该方向的明显特征是将多层次的全景产业链勾画出来，进而利用创意把文化艺术活动、农业技术、农副产品和农耕活动以及商业机会有机结合起来，构建一个优良的产业价值体系。在中国的实践当中，创意农园的发展主要将文化创意与农业相结合，是旅游与农业产业融合的升级形态，对带动乡村地区的发展也极具助益。

“休闲农庄”发展已经突破了传统意义上的乡村旅游业态，更多的是依托乡村的原生态资源，在此基础上进行大型综合项目的投资建设。旅游服务价值链既能满足高端市场的需求，亦有面向大众的经营产品，是旅游业融合升级的综合性代表。

（四）快速发展阶段

随着人民收入和生活水平的进一步提高，我国乡村旅游步入了“快车道”，进入了全面快速发展时期。近年来，中央政府对乡村旅游给予了高度重视与强力扶持，出台了许多政策文件。例如，2016 年中央一号文件明文规定，各地应根据自身实际情况，依托本地特色资源优势，采取多种方式和多种途径，合理规划、科学调控、全面引导乡村旅游发展，着重发展乡村旅游业；2017 年中央一号文件同样对乡村旅游发展给予了极大关注，明确提出乡村旅游发展应坚持同步发展、一体化发展的基本理念，遵循融合发展的基本思路，尝试开展“旅游 +”“生态 +”等多种运作模式，大力促进农林、教育与文旅等多种产业之间的深度融合与创新发展，丰富乡村旅游资源，大力发展乡村旅游产业；党的十九大提出了乡村振兴战略，再次明确乡村旅游在转变农业经营方式、优化农业结构、增加农民收入、重塑农村格局、实现农村繁荣等方面起着不可替代的作用，各级政府应高度重视和积极扶持本地乡村旅游。与此同时，乡村旅游市场不断繁荣。据文化和旅游部统计，2019 年上半年全国乡村旅游总人次超 15 亿，总收入 8600 亿元。

二、国内乡村旅游发展模式

（一）环境优良型乡村旅游

这种类型的乡村旅游主要是农村休闲和生态环境示范型两种模式。通常设在城乡接合部或自然条件和资源良好的、拥有赏心悦目的田园风光或人造空间和优良的生态环境的、设施齐全的农村，优美的乡村环境可以使人们休闲娱乐、学习、观光以及放松休息等。该地区的农村游乐休闲设备设施较完备，较好地满足人们需要，且该地区的规划科学合理，方便对外通信。例如，冶源镇回头村、嵩山生态旅游区北铜峪村、嵩山生态旅游区石峪村、龙池镇齐西村、青州市王坟镇、寒亭区寒亭街道、重庆市隆武县、四川丹巴藏寨、安徽黟县宏村、福建土楼村落、贵州从江县高增乡占里村、河南陕县地坑院村落。

（二）聚落景观型乡村旅游

这种类型的乡村主要有两种模式，即拥有旅游乡镇建设和原生态文化村寨。聚落景观型乡村的显著特征是自然环境优美、拥有特殊或较高的历史文化价值工程和文化习俗保存较好的居民点景观，可建设集观光、科考、文化旅游于一体的旅游城市，促进原生态文化传播和旅游业发展。前者主要分布于远离城市的地方或者城郊区，交通发达，空间布局差距大，产业集聚性强。例如，江西婺源县江湾镇、云南腾冲和顺乡、浙江桐乡乌镇、云南大理州喜州镇、江苏苏州市的周庄等。还有一些偏远的乡村，这里对外交通极其不便利，其内的游览景观天然而成，政府的规划干涉不多。例如，贵州省凯里市南花村、江西省婺源县李坑村、湘西凤凰古城。

（三）风土人情型乡村旅游

风土人情型乡村旅游包括民族风情依托和现代农村展示两种模式，前者将迷人的民族风情和民俗文化开发成一个“动态”系列旅游产品，吸引大批观光旅客到此处参观，亲身体验民族文化，一般在少数民族地区，这种地区的特点是远离城区，交通不发达，旅游业集聚发展。例如，吉林安图县红旗村、青海互助县民俗村、黑龙江齐齐哈尔市哈拉新村、黑龙江同江市赫哲族乡渔业村等。后者兼顾物质文明和精神文明建设，以具有吸引力的现代化建设做出了自己优异的成绩，作为旅游业发展的新方式给游客留下深刻印象。其大多位于近郊区，开放程度高，推广便利，经济发达，产业结构规划和布局合理，环境干净。例如，江苏江阴市华西村、黑龙江甘南县兴十四村、湖北潜江市幸福村。

（四）农业生产型乡村旅游

农业生产型乡村旅游包括观光农业和现代农业两种发展模式。这种发展方向是基于规模化、现代化的农业生产和独特的风景而构成的，可以使游客参观及参与相关活动，走访各地令其知识、技能、趣味、精神等各个方面获得极大改善。其一般位于城乡接合地区，通行方便，在农业园区发展的基础上，土地利用率高，公共设施健全，空间布局合理，功能齐全，边界明晰。例如，福建宁德市三都镇、秦皇岛市北戴河集发观光园、北京市大兴区庞各庄镇、山西阳城县皇城村、新疆生产建设兵团新天冰湖旅游园区。

（五）依托景区型乡村旅游

依托景区型乡村旅游依靠景区和红色旅游促进乡村旅游的成长，通过其著名的旅游景点推进景区周边乡村的快速发展，大力发展酒店、休闲、娱乐、购物等旅游产品，并逐步融入旅游景点体系。空间和一体化发展几乎与旅游景点关系密切，实行统一管理、统一规划。例如，吉林长春市四家乡、山东五莲县靴石村、海南博鳌镇南强村、北京市房山区十渡镇、安徽石台县大演乡、西藏定日县扎西宗乡。

以红色旅游发展迅速为导向，带动周边乡村旅游度假区，以满足游客休闲娱乐的相关住宿、休闲等设施和产品，成为红色旅游的成长要素。此处的显著特色就是支持红色旅游，空间分布类似，规划合理，管理有序。例如，河北邢台县前南峪村、湖南韶山市韶山冲、四川广安市牌坊村、江西井冈山市茨坪镇。

在我国乡村旅游近几年来的发展历程中，乡村旅游的经营管理模式在很大程度上与它的开发模式相同，这是因为乡村旅游的经营者绝大部分也是它的开发者，它们的经营主体都是村集体、当地政府、旅游企业、农户等。

三、国内乡村旅游的发展原则

（一）树立绿色发展理念

坚持绿色发展，走向生态文明，不仅是时代的要求，更是历史的必然。历届中央政府都高度重视环境保护与生态文明。发展农业与工业经济需要树立绿色发展理念，发展旅游经济更要将这一理念贯彻到底。乡村振兴一定要绿色振兴，乡村发展亦要可持续发展。乡村旅游作为乡村振兴的重要一环，只有树立绿色发展理念，才能获得源源不断的发展动力；只有保护好乡村自然生态环境，才能保护好乡村的生产力；只有不断改善乡村自然生态环境，才能更好地发展乡村生产力，更好地发展乡村旅游。绿水青山是农村的核心竞争力所在，是农村最为基础、最为重要的旅游资源，是吸引游客前来旅游的保障，是发展乡村旅游的基础和前提。长期以来，乡村旅游往往存在盲目发展、过度开发、污染环境、破坏生态等诸多问题，这种拿青山绿水换金山银山的做法无异于竭泽而渔，不可持续。当下，发展乡村旅游业，实现乡村旅游的绿色、生态、健康、可持续发展，离不开良好优美的自然生态环境。只有优先保障绿水青山，才能在乡村旅游中获取更多的金山银山。

（二）注重自然人文并存

在旅游学与地理学视域中，风光和风情内涵迥异。风光特指自然风光，常常用来形容原始的或保留完好的未被人为开发、破坏的自然景象，如高山峻岭、深沟险壑、湖光山色、悬河瀑布、溪水潺潺、大雨滂沱、细雨绵绵、阴云密布、风轻云淡、朗朗晴空、壮丽日出、夕阳西下、皓月当空等；风情则侧重于社会人文景象，在自然风光之中注入了人文因素，体现了人类积极作为、认识自然、改造自然的主观能动性。自然景观与人文景观共同构成了乡村旅游景观，是乡村旅游发展的宝贵资源。发展乡村旅游，离不开自然景观与人文景观的有效契合。然而，自然景观与人文景观孰轻孰重？对于乡村旅游而言，自然景观只能够满足游客最基本、最低层次的消费需要，而人文景观能够满足游客深层次、高级别的消费需要。乡村的自然景观是固有的、无法改变的，具有很大的限定性，使得乡村旅游发展表现出很大的局限性。而乡村的人文景观是人为的、容易改变的，具有很大的可控性，为乡村旅游提供了无限的发展空间。自然景观欠缺的乡村也能够充分发挥主观能动性，积极作为，通过打造人文景观，发展乡村旅游，从而契合全域旅游的发展理念。当下，乡村旅游仅凭良好的自然生态环境取胜的时代早已过去。面对激烈的旅游市场竞争，乡村旅游既要保护环境，维护生态，更要积极作为，努力开发能够体现本土人文气息的旅游产品（如山地运动、野外求生、摄影写生、修学悟道、赏花赏月、劳作竞赛、攀岩探险、水上漂流、健身养生等），才能创收致富，更好更快地发展乡村旅游。

（三）坚持融合发展原则

旅游是一种心灵的体验，旅游的灵魂和根基在于文化。离开文化发展旅游，犹如离开商品发展商业，灵魂不在，根基不存，发展必将无以为继。文化是旅游走向繁荣发展的关键，任何对优秀文化的保护与传承都是对旅游自身的保护与发展，反之，任何对优秀文化的遗弃与伤害都是对旅游自身的遗弃与削弱，乡村旅游亦不例外。因此，乡村旅游业应该改变长期以来的传统发展模式，从根本上重视文化建设，保护并深入挖掘本地优秀传统文化，创新开发出形式多样、内涵丰富、特色彰显的文化产品，形成“种文化”的发展模式。这要求乡村旅游坚持融合发展的基本原则，“推动更多资本、技术、人才等要素向农业农村流动，形成现代农业产业体系，促进一、二、三产业融合发展”，进而促使乡村由单一的农业经济向多种产业融合并存的多元化经济转化，拓宽并优化乡村产业结构，全面实现乡村振兴。乡村文化的种类有很多，既包括传统历史文化，如民俗风情、古村落（寨）、民居、古祠堂、古牌坊、古道路、古桥洞、古碑亭、古器具、传统民艺、传统戏曲、民族舞乐等；又包括现代新兴文化，如劳作竞赛、美食大赛、才艺比拼、欢庆丰收节等。从“种庄稼”到“种文化”的转化要求我们既保护与传承传统历史文化，又重视与发展现代新兴文化。一方面，挖掘优秀传统文化，注重文化传承创新，将那些濒临消失的风土人情、传统礼仪、老房子、旧村寨、破家具、传家宝、看家绝活等以活态方式保护起来，不断进行传承与创新；另一方面，拓宽农业附加值，注入“种庄稼”的过程体验，如举办插秧比赛、秋收比赛、大果实评比、美食文化节等，通过主题开发、文化展示、网络营销等方式将其推向市场，提高乡村知名度。

（四）遵循农村发展规律

农村是农民的村庄，农民是农村的乡民。农村是属于农民的，农民亦是归于农村的。农村与农民不能分离亦不可分离，两者戚戚相关、荣辱与共。实施乡村振兴，发展乡村旅游，必须走近农民、信任农民、依赖农民与服务农民，充分调动与发挥农民的积极主动性，遵循农村发展规律，融合多种产业，优化农业结构，始终把农民的利益置于首位。乡村旅游发展不能以任何理由与借口将农民拒之门外，更不能以规划、投资、开发为由损害农业、牺牲农民。在乡村旅游开发中，要坚决杜绝排斥农民、破坏农业等现象发生。农业、农村与农民融合统一于乡村文化之中，构成了一个三位一体、无法分割的系统。脱离了农民，乡村旅游必将变得空洞单调、矫揉造作，流于形式，丢失根基，失去持续发展的生力。农民在农村开展农业劳动的生活过程可以转化成旅游服务和开发经营过程，唯有将二者有机结合为发展共同体与利益共享体，才能充分激发农民参与旅游开发、传承乡土文化的主动性和积极性，从而实现乡村旅游发展的良性循环。

四、国内乡村旅游经营管理模式

（一）“个体农庄”模式

“个体农庄”模式是一种相对独立的乡村旅游形式，以“旅游个体户”的形式出现，并以规模农业个体户实现发展。这种模式填补了农村地区缺乏的现代土地管理、技术和资本，可以提高乡村收入，促进乡村土地的升值，所以农民和农场主能够达到双赢的局面。农民个人和企业为了使自己的农场业务成为一个完整的旅游景点，在旅游和服务中，会尽力做好所有的工作，特地对此进行改造和旅游项目建设。个体农庄的发展，能够拉动附近地区的就业，吸收的劳动力通过多种形式加入这个行业中来，如生产、表演、服务等，形成了以局部发展带动全面发展的经济发展模式。它可以把当地的土地和其他生产资料整合，在某种程度上进行扩大，同时运用现代企业管理的方法进行运作，实行企业管理科学化、生产专业化、经营一体化、竞争市场化，从而实现生产与市场的完美交接。

（二）“农户 + 农户”模式

“农户 + 农户”模式的乡村旅游模式是最初始形态的经营模式。在乡村旅游发展的初期，农民不信任企业，对他们参与乡村旅游的发展存在疑虑，因此不愿将资本和土地给企业管理，相比之下，农民更愿意相信“示范家庭”。“示范家庭”成功经营起乡村旅游业务之后，在“示范家庭”模式的引领下，农民开始加入旅游业。经过一段时间的学习，就逐渐形成了“农户＋农户”的乡村旅游开发模式。这种模式是最受欢迎的乡村旅游形式，因为其资金投入比较少，接待数量也少，但是能够保留最真实的乡村文化，顾客不需花太多的钱就能体验到最原始的本地习俗和文化。不过，因为管理机制不高，没有多少资本投入，这种模式很难促进旅游经济发展，不容易形成更大的规模，因此更适合小规模的乡村旅游。

（三）“公司＋农户”模式

“公司＋农户”的发展模式是通过和旅游公司的相互带动，刺激当地农民参与乡村旅游管理，发展农业活动，进而向游客展示真正的乡村文化。这就要求提高服务水平，避免出现不健康的竞争，保护游客的基本权益，并促进乡村旅游的健康发展规范。

（四）“公司＋社区＋农户”模式

“公司＋社区＋农户”模式是“公司＋农户”的扩展模式，公司通过当地的村委会与农户进行合作，村委会组织农户加入当地旅游业，和旅游公司一起进行专业服务培训和发展相关的规则，规范农民的行为，确保高水平的接待服务。一方面，公司要负责开发、营销、宣传和培训；另一方面，公司需要协调、选择农民，安排接待，定期检查委员会，处理事件，维护住宅、酒店。导游、村民负责打扫环境卫生。

（五）“政府＋公司＋旅游协会＋旅行社”模式

“政府＋公司＋旅游协会＋旅行社”模式是今天最常见的模式，主要特点是能够使旅游产业链突出各方面的优势，利益分配合理推进产业结构合理，从而促进旅游可持续发展。具体做法就是政府、乡村旅游公司、农民旅游协会和旅行社各司其职。政府要重视乡村旅游规划和基础设施建设；乡村旅游企业要提高管理能力进行商业操作；农民旅游协会要协调公司和农民的利益；旅行社做开发市场，努力赢得客人。在经济落后，市场发展尚未成熟的条件下，政府在整体中起着重要作用、企业和协会承担相应责任、农民积极参与的经营管理模式，对乡村旅游的发展更为有利。

总而言之，由于各地情况不同，乡村旅游管理模式是不一样的。分析具体问题时，要选择合适的管理模式，这在建立可持续发展的乡村旅游的过程中显得十分重要。

五、国内乡村旅游的营销模式

为了确保营销效果的针对性和持久性，需要不断创新营销理念，选择不同的营销模式，常见的乡村旅游营销模式有以下几种。

（一）体验旅游营销

体验营销是企业通过采用让目标客户观摩、聆听、尝试、试用等方式，使目标客户在心理、情绪、感受上亲身体验企业提供的产品或服务，让顾客实际感知产品或服务的品质或性能，从而使顾客认知、喜好并购买的一种营销模式。体验营销以满足顾客的体验需求为目标，以服务为平台，以有形产品为载体，生产、经营高质量产品，拉近企业和顾客之间的距离。产品、服务对顾客来说是外在的，体验是内在的、存于个人心中。其包括感官式营销、情感式营销、行动式营销三种营销方式。

（二）品牌营销

顶级的营销不是构建强大的营销网络，而是利用品牌符号，把无形的营销网络植入社会公众内心，把产品输送到客户手里。消费者进行消费时首选这个产品，投资商进行投资时首先考虑这家公司，这就是品牌营销。

（三）娱乐旅游营销

娱乐营销就是借助娱乐的元素或形式，将产品与消费者的情感建立联系，从而达到销售产品的营销模式。娱乐营销的关键目的在于让消费者潜移默化地接受品牌信息。例如，各大卫视相继推出的真人秀节目带火了一批景区。

（四）概念营销模式

所谓概念营销是指企业在市场调研和消费者洞察的基础上，将产品或服务的特点加以提炼，创造出某一具有核心价值理念的概念，通过这一概念向目标顾客传播，从而激发目标顾客的心理共鸣，最终促使购买的一种营销理念。概念营销有三个基本特征，表现为创造需求，引导消费；细分市场，主动定位；差异营销，个性营销。从消费者的心理需求出发，通过市场的细分来创造消费者的需求核心。

六、国内乡村旅游的特征

（一）乡村性

乡村性是乡村旅游的本质特征，表现在三个方面。

1. 乡村景观特有的丰富性

无论是清新质朴的自然风光，还是独具魅力的风土人情，抑或是风味独特的当地菜肴，古朴的村落民居，原始的劳作形态，传统的手工制作，都具有鲜明的地方特色、乡土气息与民族特色，都是乡村历经千年积淀和传承的生态文明与农耕文明，这些"古、始、真、土"的景观特质是乡村特有的资源禀赋，吸引着城市居民到乡村开展丰富多元的旅游活动，如风光摄影、古镇怀远、秘境探险等。

2. 地域的多样性及时间的可变性

乡村旅游资源主要分为自然风貌、劳作形态和传统习俗。顺应农业四时节令规律，中华大地从南向北、从东到西呈现出五彩斑斓的生态景观。"人间四月芳菲尽，山寺桃花始盛开。"当江西婺源的油菜花怒放时，河北顺平的桃花正含苞待放。每年十月上旬，当平原大地秋风四起时，内蒙古额济纳的胡杨林正渐入佳境。

3. 旅游活动的参与性与体验性

不同于传统的单一观光旅游，乡村旅游内容广博，集观光游览、康养保健、休闲度假、寻根访祖、科普研学、民俗体验于一体，适应了当前旅游消费结构的多元化、个性化需求。在观光农园中，游客可以参与农业生产的全过程，在果农的指导下，进行施肥、灌溉、除草、剪枝、套袋、采摘等务农体验。也能上山采果挖笋，下海捕鱼捞虾，学习当地传统食物如酿酒、传统工艺（剪纸）的制作技术，以此更好地深入体验乡村农户生活，了解农村真实生活状态，融入当地的乡情民意，而不是作为一个纯粹欣赏风景的匆匆过客。

（二）益贫性

乡村旅游目的地为广袤的乡村地区，而这也正是我国贫困多发地带。当前我国扶贫工作已进入"啃硬骨头"的关键时期，旅游覆盖面广、关联度高、具有"1+2+3"的叠加效应与"1 × 2 × 3"的乘数效应，能有效促进农村一、二、三产业融合，改善农村公共基础设施建设和公共服务；带动当地居民就业，是农村经济增长的新引擎；释放乡村旅游的富民效能有助于缩小城乡差距，加快城乡建设一体化步伐。

（三）可持续性

乡村旅游“三生（生产、生活、生态）一体”，既能保证农业生产功能，带动经济效益显著提高，还可以带动农村整体环境的明显改善、提高村民文明素质，促进新农村建设，因此是一种可持续旅游。尤其是近年来流行的休闲农业，依托于乡村原生资源，对其加以整合性开发利用，延伸农业传统生产功能到观光、休闲、采摘、加工等产业链条，特别是采摘项目，采摘为农户带来了可观、持续而稳定的收入，同时还节省了雇佣人力成本以及农产品运输、存贮、销售成本，成本低、投入少、见效快。由此可见，乡村旅游具有显著的社会效益、经济效益和生态效益，有利于实现人与自然、社会的和谐相处。

七、国内乡村旅游市场细分

（一）按出游季节划分

①春季赏花市场：以踏青赏花为主题，主要包括赏花、踏青、植树、挖野菜、果树认养等。②夏季避暑市场：以清凉世界为主题，包括垂钓烧烤、戏水游乐、瓜果采摘、乡村避暑、帐篷露营等。③秋季采摘市场：以硕果累累为主题，包括采摘果实、收获作物、赏金秋红叶等。④冬季玩雪市场：以银装素裹为主题，可开展踏雪、大棚采摘、民俗过大年等活动。

（二）按旅游目的细分

①乡村旅游市场：传统的乡村旅游市场仍需集中开发，美丽的乡村对住在城市里的人有一种不可抗拒的吸引力。②乡村体验市场：独特的乡村文化、原汁原味的乡村生活、可以参与的乡村农事活动、休闲娱乐活动，对城市居民、青少年、银发族等群体具有非常大的吸引力。③乡村度假市场：现代白领、高收入的家庭喜欢前往乡村休闲度假，享受乡村生活的恬静与惬意。④民俗旅游市场：乡村特有的民风民俗和风土人情、土特产品对希望体验城乡差异的城市旅游者具有很大的吸引力。⑤美食体验市场：以乡村的特色美食、风味小吃为主要吸引物形成美食旅游市场。⑥科普旅游市场：依托乡村观光农园、高科农园、乡村聚落开展科普旅游。

（三）按年龄职业划分

①青少年修学市场：旅游可以使青少年增加知识，开阔视野，缓解压力，家长和学校对此都很重视，所以青少年旅游市场有很大的发展潜力，依靠农村

农业资源，突出科技、环保等主题，阐述农业旅游知识，注重对学生兴趣的培养，利用春季和秋季出游来培育旅游市场。②中青年旅游市场：中青年是乡村旅游市场中的中坚分子，这类人群有较为稳定的收入，注重体验丰富人生，口碑效应明显，可以起到一定的示范和带动作用。③银发怀旧市场："银发市场"是一个很大的市场，退休的老人有足够的积蓄或者子女的关怀和闲暇时间，以追求健康、养生、怀旧为主，乡村旅游是一个不错的选择。④农民市场：观光农园因其高科技性和展示性对广大的农民来说也具有较大的吸引力。

（四）按照市场层次划分

①大众消费市场：以工薪阶层、学生族为主。②中等消费市场：以公务人员、商务人士、银发族中旅游经验较为丰富者为主。③高端消费市场：以白领阶层、银发族中旅游经验较为丰富者及海外人士为主。

八、国内乡村旅游发展的优势

（一）资源优势

1. 农业资源丰富多彩

我国版图辽阔，地貌多姿，气候多样，物种繁多，各地自然生态环境千差万别、丰富多彩，从南到北有热带林区、江南水乡、中原大地以及北国风光，从西到东有青藏高原、中部盆地、东部海滩，样样具备。在我国农村，农、林、牧、副、渔等与开发乡村旅游相关的资源十分丰富。

2. 资源地域差异性明显

一个旅游地要具有吸引力，就必须与客源地之间有较大的环境差异。我国国土所跨经纬度非常大，不同地区有不同的光、热、水、土等自然条件，导致农业生产地区差异性明显。

3. 乡村地区民俗文化丰富

我国不但乡村自然旅游资源丰富，地区差异大，而且农业历史悠久，农业生产源远流长，形成了十分丰富的具有民族特色的农业文化与民俗风情。此外，丰富多彩的农耕文化、充满情趣的乡土文化艺术与农业景观都为乡村旅游的发展提供了良好的支撑条件。

（二）客源优势

①近年来经济发展加快，居民收入增加，生活水平显著提高，国内节假日

增多。城市“上班族”有宽裕的休息时间，加上消费观念转变、休闲意识增强，他们需要周末到城市郊区去休闲旅游。

②从年龄结构来讲，目前城市居民中部分三四十岁的人有农村生活经验，在城市居住较长时间之后，往往会对当初农村的经历产生美好的回忆，萌生回农村观光旅游的意愿。城市中的青少年自小在城市环境中长大，对农村知之甚少，因此，他们认为农村既有陌生感也有神秘感。开发成型的乡村旅游产品不仅仅是农村现实生活的简单翻版，而是在充分考虑游客需求的基础上开发出来的旅游产品。精心的编排和设计能够吸引许多城市游客。

③纵观近年来西方发达国家游客来中国的旅游动机，可以发现，很多人都是仰慕中国悠久的游牧、农耕文明史以及围绕此而产生的不胜枚举的名胜古迹。在他们看来，最能诱发思古之幽情，散发泥土芬芳，体现诗意绵绵、古朴淳厚的田园之美，满足其返璞归真愿望的旅游目的地应以中国为首选。这就显示出中国乡村旅游有着巨大的潜在国际客源市场。

（三）经营优势

1. 对旅游产出要求不高

目前，作为游览接待地的农庄、果园、蔬菜基地等都把旅游作为一项副业来经营，主要收入来自产品销售，所以对旅游产出的要求不高。开发早期游客不多，旅游收入不至于影响到其生存和发展，其自身有较强的生存能力。这也是乡村旅游发展的一个有力支撑。

2. 现有农业结构亟待调整

自 20 世纪 70 年代末实行联产承包责任制后，我国农业发展速度迅速加快，并在较长的时间内表现出强劲的增长势头。随后，农业科学技术的普及带动了化肥、农药等的普遍使用，农作物产量保持了较高的增长速度。但近年来，由于发展基数增大和其他原因，在现有的体制和宏观环境下发展农业的空间日渐缩小，农业发展速度有所减缓。为使农业继续保持较快的发展速度，国家采取了一系列措施加速农业产业结构的调整。发展乡村旅游与当前产业结构调整的总体安排十分吻合。

3. 调整经营方式

目前我国乡村旅游开发大多是在原有农业生产条件和资源基础上调整经营方式，不破坏原有的生产形态，而使其精致化、特色化的过程。经营者大都为当地居民，他们对当地的资源状况及民俗风情等较熟悉，所以开发难度小、投资回报高、见效快，而且可增加当地居民的收入，促进当地经济的发展。

（四）假日优势

带薪休假、年假制度的颁布和执行成为国民休闲度假的有利保障，尤其是国庆长假、春节长假，各地景点均在一定程度上出现了超载现象。旅游开发者及游客纷纷把目光投向郊外乡村。人们发现，过热的城市景区要向外“散热”，发展乡村旅游是最佳策略。发展乡村旅游对减轻城市及景点压力具有一定的作用。

九、国内乡村旅游的发展趋势

（一）将更关注旅游活动的特色

乡村意象是乡村在长期的历史发展过程中在人们头脑里所形成的“共同的心理图像”。乡村意象具有极为丰富的内涵，主要表现为乡村景观意象和乡村文化意象。乡村意象具有“可印象性”和“可识别性”的特点，并且能够得到大多数人的普遍认可。乡村意象本身就是一幅极为优美的图画，反映了乡村秀丽的田园风光和淳朴的浓浓乡情，能够激发城市游客前往乡村寻找回归原始的梦，满足他们的“归属感”。由此可见，乡村意象对于城市游客具有极大的吸引力，是促使城市游客去乡村进行旅游的强大动力。乡土文化的神秘性和入境旅游者对乡土文化的好奇心必将吸引更多的国际客源流向乡村。

（二）将更注重对文化的挖掘

我国乡村除了美丽的自然旅游资源外，最能吸引旅游者的则是淳朴、神秘的人文旅游资源。它们包括乡村民俗文化、乡村文化遗迹以及乡村各行各业的行业文化。文化因素本来就是乡村旅游得以兴起的根基。乡村旅游也是保护原始生态环境和传统文化的最佳方式。乡村旅游正是在人们意识到环境的恶化将使人类失去栖息地及文化一体化将是人类最大的悲剧之后，成为城里人青睐、追求的新方向。未来，我国的乡村旅游必须走与文化旅游相结合的道路，挖掘拓展民族文化中丰富的内涵，以获得长久繁荣的发展。

（三）将紧密结合生态旅游和文化旅游

我国的国情决定了现阶段我国发展乡村旅游侧重于其带来的经济效益。但是，未来随着经济的发展和供需主体素质的提高，乡村旅游的生态内涵和文化内涵必然得到进一步发掘，乡村旅游也将更加注重合理地开发和规划，改变重设施建设轻环境营造的现象，进行产品的深层次开发，注重参与性，挖掘乡村旅游产品的生态和文化内涵，努力使农耕文化与现代文化和谐相融。

（四）将经营主体多元参与性发展

农家乐的开发模式由初期的精英带头向政府引导下的多元主体参与模式发展。通常，中国乡村旅游的发展与农村种植养殖大户、农村基层干部、乡镇企业回乡创业者等乡村精英的带头开发创业是分不开的。例如，我国农家乐在发展初期主要是农民利用自家农田果园、宅院等设施条件向城市居民提供的一种回归自然、放松身心、愉悦精神的休闲旅游项目，多由乡村中思想开放、经济基础较好的农民精英率先创办。

（五）互联网环境下的营销模式

随着网络技术的发展，农家乐经营者很快接受并引入网络营销手段，通过一些门户网站，尤其是农业网站和旅游专业网站进行宣传。一批休闲农业和乡村旅游专业网站逐渐创建出来，成为各地农家乐宣传营销的主要平台，更多的休闲农业企业或村落则建立自己的专业网站，农家乐的发展从单纯依赖口碑营销进入了网络化整合营销的新阶段。目前，互联网环境下的乡村旅游更进一步拓展到乡村旅游的产品设计、个性化定制、网上交易和大数据信息互通等前沿领域与新兴项目，呈现出不可估量的变革发展前景。

（六）管理更为规范化

最初，乡村精英自发性经营农家乐等旅游业务，此时既没有经营标准，又缺乏管理规范，导致出现了各种问题，这引起了各级政府部门和乡村旅游经营者的反思和探讨。国家和地方政府有关部门以休闲农业与乡村旅游示范县和示范点创建为主要抓手，提出农家乐等乡村旅游经营的规范标准和管理条例。各地在积极创建休闲农业与乡村旅游示范点、星级农家乐的同时，积极按照国家景区管理的标准建设乡村旅游景区，带动了乡村旅游从相关基础设施及其配套、服务标准和规范到政府旅游部门管理向标准化、规范化升级。

（七）整合资源

长期以来，因受各种条件的制约，我国乡村产业存在资源利用粗放原始、产业发展落后、新兴产业缺乏、生态破坏严重、农民生活水平低、生活环境面临威胁等问题。因此，乡村产业生态化和多功能化，加强乡村旅游基地建设，增加农民收入，改善农村环境，提高生活质量的新思路，具有重要的现实意义。由于乡村旅游目的地大都位于城市的周边郊区和经济发展水平相对较低的农村地区，那里许多基础设施都比较落后，其中食宿设施较差的问题尤其突出，这在很大程度上影响着游客对乡村旅游地的选择。因此，合理科学地建设乡村旅游设施，加强乡村旅游基地建设，使其既能满足乡村旅游者的需要，又能与乡村农业环境相协调就显得非常重要。

第二节　国外乡村旅游的发展

一、国外乡村旅游的发展历程

国外乡村旅游发源于法国，主要以“工人菜园”式的形式发展乡村旅游，让人们亲近自然，回归田园。19 世纪中叶工业化和城市化迅猛发展，给人们的生活和内心带来了极大压力和苦闷，人们向往轻松愉悦，期望回归乡村。此时就出现了以乡村或者社区为活动场所，把乡村独具特色的自然田园风光、农场生产形态和农民生活风俗作为主要内容的新兴旅游类型，即乡村旅游。

在德国、奥地利、意大利、荷兰、英国、法国、美国等欧美国家，乡村旅游通常依托当地特有的自然、人文资源，通过一系列的规划、开发，利用旅游业的经营推广，产生一定的经济与社会效益，促进当地的经济、社会、文化事业的进步。20 世纪 60 年代，西班牙受欧洲国家的影响，开始发展乡村旅游以吸引游客。20 世纪 80 年代后，欧美的发达国家普遍参与到大规模发展乡村旅游的思潮中，有些国家已将乡村旅游发展成集观光考察、休闲度假、学习教育和体验于一身的多功能、多元化和多层次的新产业，其规模和效益亦同步增长，有些地区甚至已经成为当地的支柱产业。

（一）起步阶段

国外乡村旅游在起步阶段都经历了一段较长的时期，英法等国甚至达 100 年以上。这个阶段表现出的共同特征有以下三个方面。

1. 以田园观光为主

城市人开始认识到农业旅游价值，并参与了乡村农业旅游，伴有野营、打猎、钓鱼、散步、骑马和草地游戏、参观历史与文化遗址等休闲方式，产品结构单一，产品档次较低。

2. 小规模经营

乡村旅游的初始阶段是在对现有房舍稍加改造的基础上发展起来的，以一家一户的家庭经营为主，经营规模较小，如西班牙的乡村旅馆。在以色列乡村旅游发展之初，农户为旅游者提供的服务主要是“床铺 + 早餐”，规模平均为每个农户8个床位。这种小规模经营,使乡村旅游收入只是农业收入的一种补充。

3. 游客以本地城市中等收入家庭为主

鉴于旅游者的可支付能力和对旅游的认知，初期的旅游者以本地城市中等收入家庭为主，他们大多以周末出游的方式到周边乡村旅游地亲近自然、放松身心，以释放来自城市生活的压力。乡村休闲仅局限在乡村聚落，特别集中在教堂、酒馆、市场、圣日、农产品等。同时，以家庭为基础的休闲行为与出生、婚嫁和丧葬等社会事件相联系。

（二）发展阶段

进入20世纪中后期，国外乡村旅游进入发展阶段，主要有欧洲国家、北美、日本等经济较发达的国家和地区。该阶段乡村旅游的主要特征表现在以下几个方面。

1. 产品类型多样化

社会经济发展水平的提高和乡村旅游的迅速普及，使旅游者对乡村旅游产品的多样化、内容的丰富性和体验的差异性要求提高，众多旅游者不再局限于乡村观光、农事参与。在欧洲，乡村旅游已有远足、骑马、狩猎、文艺节庆、乡间自驾、摄影、乡村度假等多种形式出现，不同程度上满足了旅游者求新求异的需求。尤其是乡间自驾、乡村度假，旅游者可根据自己的知识、兴趣制订旅游计划，成为人们越来越钟爱的乡村旅游方式。

2. 旅游者趋向大众化

乡村旅游的发展与社会经济发展水平密切相关，经济发展水平的迅速提高使旅游者不再局限于城市中等收入者，而是逐渐趋于大众化和平民化。

3. 乡村聚落与乡村旅游之间的关系

乡村聚落与、乡村旅游之间的关系发生了巨大的变化。在很多地区，乡村旅游与休闲娱乐从最初的被动发展到主动发展并成为改变和塑造乡村景观和乡村社区的主要因素。在匈牙利、西班牙、法国、美国、加拿大、日本等发达国家，开始了对乡村旅游主题的研究和乡村旅游对农民经济效益的分析，其中也包括对乡村旅游的负面影响研究。

（三）提高阶段

20世纪80年代以后，国外乡村旅游步入提高阶段。旅游者追求的是一种个性化和精神享受。此阶段的主要特征表现在以下四个方面。

1. 乡村旅游功能的改变

乡村旅游由观光功能向休闲、度假、体验、环保多功能扩展，项目更加专业性和个性化，人们在休闲上开始追求更高层次的享受。单一传统的乡村聚落不再适合于高度专业化、现代化旅游和休闲的发展。乡村旅游也具有了要求主动参与、竞争的需求特征。在传统旅游活动的基础上，也延伸到了如考古健身、滑雪、探险、滑翔、主题活动、商务活动、文化活动、野外生存、定向越野等，国际乡村旅游的概念与内涵发生了巨大变化。

2. 更加专业化和品牌化

需求的变化使供给相应变化，乡村旅游产品的经营开始注重专业化和品牌化。在德国、奥地利、英国、法国、西班牙、荷兰等欧洲国家乡村旅游已具有相当规模，开发出各具特色的乡村旅游主导产品，并已走上规范化发展的轨道。

3. 客源趋向多元化

随着经营规模的扩大和对品牌建设的重视，旅游目的地的客源开始趋向多元化，著名的乡村旅游目的地开始吸引中远程国内游客和境外游客，使乡村旅游走向国际化。

4. 研究成果更加丰富

在对乡村旅游的研究当中，分析乡村旅游对乡村社区的经济与社会影响的偏多，对乡村旅游市场营销和乡村旅游规划的研究、居民态度研究、政策研究、乡村旅游者和女性问题的研究更加深入等。

二、国外乡村旅游发展的特点

（一）乡村旅游在欧洲的发展

1. 意大利

目前，意大利比较成熟的乡村旅游项目主要有农场度假、农场观光、乡村户外运动、乡村美食旅游等。手工制作、古文化体验、乡村节日之旅、乡村美食、骑马等都是很受欢迎的项目。与其他国家相比，意大利的乡村旅游发展主要具有以下四个特点。

①乡村旅游规划十分科学。意大利乡村旅游并不是独立发展的，而是全国统一，根据不同的旅游资源来规划旅游专题线路，保证了游客能够最大限度地享受到乡村旅游的乐趣。②成立专门的旅游协会如“农业与旅游协会”等是意大利乡村旅游的另一大特色。③乡村旅游是农业部门而不是旅游部门的职责，

农业部门承担着对乡村旅游进行资助、管理、引导的责任。④政府在乡村旅游发展中发挥着极大的作用，而不是单纯地依靠市场经济来发展乡村旅游。

2. 西班牙

目前西班牙的乡村旅游项目主要有房屋出租、别墅出租、乡村观光、骑马、登山、漂流等。与其他国家相比，西班牙乡村旅游主要具有三个特点。①西班牙乡村旅游十分重视主客之间的交流和农村生活的体验。游客在进行乡村旅游时衣、食、住、行与农村居民并无区别，通过与主人共同生活来加强乡村旅游的体验感。②西班牙乡村旅游是单一与灵活性的结合，单一指的是乡村旅游多以农场为主，灵活性则指的是在农场中可以根据游客的需求开展各种旅游项目。③西班牙乡村旅游十分重视传统习俗的渗透，这也是其对国际游客有着强大吸引力的主要原因。

3. 法国

法国乡村旅游起步稍晚，但也算较早得到发展的国家。伴随工业化推进，法国农村人口急剧减少，大量青壮年进入城市，乡村有衰败迹象。同时，法国农业发展水平很好，具有发展乡村旅游的基础条件。正是在这样的背景下，法国乡村旅游起步发展。总结起来，影响起步的因素有四点。①议员建议支持。政府在 1955 年提出“领土整治”政策，有议员为落实政策，提出建议要发展乡村旅游，并得到支持。②休假制度支持。议员提出建议时，法国恰好做了假日制度改革，居民可以利用周末前去乡村旅游休闲，为满足旅游需求提供了政策保障。③政府支持。政府投入资金，对闲置房屋等加以改造，使其成为旅社或乡村宾馆，接待游客。④行业协会介入。在发动乡村居民参与旅游的同时，政府注重市场监管，组建各类行业协会组织，使产业走上了规范化、标准化之路。

（二）乡村旅游在北美的发展

1. 美国

美国乡村旅游的发展和英国、法国有所不同，主要是美国虽然有学者呼吁发展乡村旅游，但国家层面并不支持，高层重视度不大，但这并没有阻碍乡村旅游的发展，美国的乡村旅游仍取得了一定的成就。总结起来，美国乡村旅游兴起的原因要素有三点。①地方政府支持。和国家层面上更重视入境旅游不同，地方政府更加灵活，各自结合实际状况出台政策，通过税收立法、成立机构等途径对乡村旅游给予支持。这些政策的效果非常显著，很快就形成了影响力。②人口老龄化。美国是城市化较早完成的国家之一，同时由于经济发展和医药科技水平提高，老年人数量增多，这就形成了乡村体验和休闲康养的市场潜力。③注重旅游营销工作。美国善于通过营销手段激发市场消费活力。其中，最有效的手段是节日营销。例如，威斯康星州就通过烹制汉堡包申请吉尼斯纪录的方式，获得外界认知，形成了旅游宣传效应。

2. 加拿大

加拿大可以说是世界上第一个推出现代意义上乡村旅游的国家。加拿大的乡村旅游具体有四个特点。①合理规划规范管理。美国与加拿大的乡村旅游之所以能够取得巨大的成功，为当地经济的发展做出巨大的贡献，与这两个国家在乡村旅游发展初期就进行合理的规划有着十分密切的联系。②社区居民积极参与。作为乡村旅游的主体，农民的参与积极性对于乡村旅游的发展有着十分重要的影响。而加拿大乡村旅游之所以迅速发展成为现代乡村旅游的一个代表，与当地居民的支持有着密切关系。③游客具有较强的生态环境保护意识。游客的生态保护意识较强是加拿大乡村旅游的另一大特色。

三、国外乡村旅游发展的模式

（一）按成长的协调机制划分

1. 政府推动型

这种乡村旅游开发模式是在政府规划指导下，采取各种措施，给予乡村旅游开发积极的引导与支持。其典型特征就是政府参与规划、经营、管理与推销等活动。此模式是相当多的国家和地区发展乡村旅游初始阶段采取的主要模式，如爱尔兰和葡萄牙等国。

2. 市场驱动型

此类模式的主要特征是政府很少干预乡村旅游产业的成长和发展，而主要由市场自动调节乡村旅游经济的成长和变动趋势。这种发展模式往往要求具备较为完善的市场机制，各种民间团体、行业协会等非政府组织能起到行业自律和保护行业利益的作用。国外的协会相对成熟，如法国农会、罗马尼亚乡村、生态和文化旅游协会以及爱尔兰的农舍度假协会等，已经在乡村旅游的发展中发挥着不可替代的作用，除了为乡村旅游提供宣传促销之外，还包括制订标准、监督检查、进行评估等。

3. 混合成长型

混合成长型是指把政府的干预机制与市场经济相结合，以此发展乡村旅游的模式。在乡村旅游成长初期，政府往往把乡村旅游作为扶贫与促进乡村发展的手段，在资金、宣传、基础设施建设、培训、规划甚至管理方面普遍干预扶持。随着乡村旅游行业协会及其他民间组织的成立，行业自律行为也逐步产生作用，政府的管理职能弱化而监管职能加强。在法国，20 世纪 50 年代政府就开始支持一些农村的废弃房屋改造工程，这些改造的农舍主要提供给旅游者居住，成为农民发展乡村旅游增收的重要来源。而法国农会则专门成立了名为“欢迎莅临农场”的组织网络，大力促销法国的农业旅游。

（二）按经营管理类型划分

1. 联合开发模式

此类模式强调对乡村旅游目的地的各种旅游资源进行有效整合，以统一的形象、品牌向市场推出，其实质强调的是区域旅游合作。捷克的摩拉维亚利用遗产廊道这种方式来对乡村旅游进行联合开发。

2. 农旅结合的复合型开发模式

亦农亦旅、农旅结合，这种模式就是在发展乡村农业经济的同时，通过乡村旅游活动的开展来创造新的经济增长点。从经济学角度讲，理想化的乡村旅游业是旅游业与农业的一种结合，是第三产业在不影响第一产业基础上的一种附加，是农业向多样化经营转化的最佳形式。在国外，乡村旅游业被认为是传统农业的后续产业或替代产业。

3. 社区参与的管理模式

这种模式强调社区居民参与在乡村旅游中的重要作用，其基本原则是要充分体现“社区事务，社区参与”。当地人对本土文化的自豪与自信是保持乡村旅游魅力的关键，要让当地居民加强对自己文化价值的认识，成为自己文化的主动传承者和保护者。

（三）按项目开发和旅游动机划分

1. 休闲观光型

乡村旅游项目主要以欣赏田园风光、放松身心为主，也参与一定的农事活动。观光农园在城市近郊或风景区附近开辟特色果园、菜园、茶园、花圃等，让游客入内摘果、拔菜、赏花、采茶，除此之外，还可以品尝地方美食、骑马、垂钓、绘画等，享受田园乐趣。这是国外休闲农业最普遍的一种形式，其中以韩国、爱尔兰、新西兰等国为代表。

2. 务农参与型

此类型以参与各种农事活动为主的乡村旅游形式，乡村旅游项目以各种农事活动为主，其中以美国、日本为代表。美国农场、牧场旅游属于务农型，如西部的牧场务农旅游，旅游者放牧可以拿到牛仔一样的工资，以资助旅游费用，不仅解决了农场劳动力缺乏的问题，而且可以就近推销产品。日本的务农旅游最有代表性，每年举行两次，即以春天的播种和秋天收割为主，组织旅游者和农民一起到田间干活，体验乡村生活。

（四）按性质与定位等特色划分

1. 传统观光型

传统观光型主要以对城市人较陌生的农业生产过程为卖点，在城市近郊或景点附近开辟特色果园、菜园、茶园、花圃等，让游客入内摘果、拔菜、采茶、赏花，尽享田园乐趣。在法国和澳大利亚的葡萄园和酿酒作坊，游客不仅可以参观酿酒全过程，还可以品尝、带走自酿的葡萄酒，体验与在城市商场买成品酒大不一样的乐趣。

2. 都市科技型

都市科技型以高科技为重要特征，在城内小区和郊区建立小型的农、林、生产基地，为城市提供部分时鲜农产品的同时，又取得一部分观光收入，兼有农业生产和科普教育功能。德国柏林的大型农业科技公园不仅种植农作物、名贵蔬果及花卉，喂养观赏鱼和珍稀动物，并建有娱乐场所。

3. 休闲度假型

利用不同的农业资源，如森林、牧场、果园、湖滨等环境宜人的地方提供休闲度假服务。休闲农场是对传统农业的突破。法国行政当局采取多种策略鼓励建设新农场，鼓励农场推出新产品，提高农场竞争力。巴黎郊区是全国开展乡村游最好的地区之一。

四、国外乡村旅游发展的成功经验

（一）法国乡村旅游发展实践及经验

法国都市乡村旅游品牌化发展的经验做法包括以下几点。①加强宣传。法国出版了专门的宣传和指导手册，大力促销乡村旅游发展。②制订相关计划。法国推出的“农庄旅游计划”使1.6万户农家建立起了家庭旅馆。③围绕“乡村”特色进行产品开发。坚持乡村旅游的本质特性——乡村性。明确游客需求，注重旅游乐趣，开发如赶羊群、挤牛奶、蔬果采摘、园艺培训等引导游客参与的活动项目。④传统建筑、文物遗产烘托氛围，以人文情怀打造品牌。法国政府加强乡村旅游发展的措施就包括恢复、发展传统建筑文化遗产如富有特色的古老村舍，鼓励农民发展乡村旅馆，同时要求乡村旅游活动保有当地特色。

（二）英国乡村旅游发展实践及经验

英国开展真正意义上的乡村旅游始于 1970 年，一些已经在城市立足的中高层阶级开始热衷于回乡探亲，从而引发了这种全新的旅游方式。特别是在 1983 年英国政府的支援下，非政府组织“农场休假协会”的建立为英国乡村旅游的成长注入了新的活力。随着消费者需求的多样化，英国开始发展探索多样化形式的乡村旅游，如利用铁路旅游开展享受农村休闲慢节奏的乡村旅游等。

英国的乡村旅游政策强调农家经营多样化、地区活性化及观光振兴。政策主要涉及经营建议及评价、职业训练与教育、资本投资支援、市场支援 4 大方面的内容。中央政府、地方自治团体及相关非政府组织各尽其责，互相合作。观光协会、农民协会、教育委员会等地方组织负责经营及评价。政府和地方自治团体负责资本投资支援。

（三）美国乡村旅游发展实践及经验

美国有着悠久的乡村旅游传统，“二战”以后，乡村旅游成为中产阶级生活的一部分，乡村游主要包括农业旅游、森林旅游、民俗旅游、牧场旅游、渔村旅游和水乡旅游等。

美国乡村旅游品牌化发展的经验做法包括以下几点。①举办乡村旅游巡回展览和专题研讨会议，向全国的农牧业生产者提供乡村旅游知识培训，鼓励所有农牧业生产者加盟协会和组织，以高质量乡村旅游产品提升品牌声誉。②政府在资金和政策上给予大力扶持，向从事乡村旅游的个人和团体提供优惠贷款和补贴，提高经营水平和抗风险能力，同时也制订了严格的管理法规，确保品牌质量。③发挥非营利性组织的作用。1992 年美国出台正式的关于乡村旅游与小商业发展的国家政策，并建立非营利行业组织——国家乡村旅游基金，从事项目规划、募集、发放资助、提供宣传等工作。④切合实际，更多瞄准国内市场，特别是周边城市的居民。乡村游的发展主要是靠国内居民，特别是周边城市的居民所带动的。美国在选择乡村旅游目标市场上要着重打好“本地牌”。⑤注意突出地方特色。在市场定位和宣传上从本地资源特色和文化历史中挖掘题材，突出与众不同的“卖点”。⑥通过节会营销树立本地乡村旅游品牌，进一步拓展乡村旅游市场。

（四）日本乡村旅游发展实践及经验

日本的乡村旅游创始于20世纪70年代，近些年得到大规模发展，其乡村旅游的主要类型有观光农园、市民农园、农业公园、乡村休养、交流体验等，主要的活动有农业观光、农事参与、乡村度假、参观学习、品尝购物等。日本政府在乡村旅游发展中起着主导作用。日本旅游主管部门通过政府计划、规制、金融支持、国际合作等措施，促进乡村旅游的快速发展。日本还出台了一系列的法规、法律、政策，对乡村旅游进行宏观调控和规范管理。

日本都市乡村旅游品牌化发展经验做法包括：①农产品直接销售，不仅提高了乡村旅游对当地的带动效应，而且压缩了中间环节，直接提高了乡村旅游产品体验的时效性和高品质性；②日本各地乡村旅游经营者成立了协会，有利于行业自律和提高卫生、管理与服务水平，促进了品牌质量的稳定性；③注重活动的参与性，达到增长知识、亲近自然、修身养性的目的，也借助活动的开展提升了品牌知名度。

五、国外乡村旅游发展带来的启示

（一）对财政政策的扶持力度进行强化

各级政府需将在融资过程中的主导作用充分有效地展现出来。对多元化的投资机制进行构建，对全社会投资思路给予肯定与支持，以此促使具备多元化的投资格局能够有效形成。特别是对于有助于乡村旅游发展的基础设施的建设工作，需大力投资。政府有关部门需结合乡村旅游业的特点，制订相关政策，以旅游整体工作方案为依据，对乡村旅游发展工作计划加以制订，并进一步加以实施。

（二）充分重视乡村旅游品牌的塑造

需要具备塑造乡村旅游品牌的思想与积极性，在节庆活动中推荐一些具有乡村特色的旅游活动，如农家乐等，并做好相关组织工作，引导人们积极参与乡村旅游项目活动。对于乡村旅游目的地，需在取名字方面下足功夫，做到能够给游客留下深刻的印象，从而达到信息宣传的目的。结合乡村的民俗风情、当地特色以及当地文化等，做好乡村旅游品牌的信息宣传工作，以此使乡村旅游品牌的质量得到有效提升。

（三）展现乡村旅游产品的特色

国外乡村旅游发展经验表明：乡村旅游产品要想能够起到吸引消费者的作

用，需要让乡村旅游产品的特色化及多元化充分展现出来，这就需要对其进行培育。一方面，需以乡村旅游区所在地存在的环境、资源以及民俗风情为依据，进一步对各类乡村旅游项目进行开展，对乡村旅游产品的特色化及多元化给予充分重视，在保证自然资源与当地民俗风情有效融合的条件下，使乡村旅游产品的特色化得到有效实现。另一方面，需要做好各大旅游景点的宣传工作，让游客能够了解旅游景点的文化背景，同时做好民俗文化的宣传工作，让游客能够体验到乡村旅游的乐趣，从而让游客流连忘返、心驰神往。

（四）善乡村旅游管理体系

对国外乡村旅游发展经验中，其“农户、协会以及政府”三者融为一体的供给模式值得推广及应用。通过该项供给模式，能够使乡村旅游发展得更具规范性、更具规模化。需要对具有特色感的乡村旅游自然资源加以利用，同时利用乡村旅游人文资源景观，从而为游客提供更加优质的服务，且服务需融入观光、体验以及休闲等思路，充分满足顾客的服务需求。对于乡村旅游协会来说，需要为当地的农户供给相关的旅游知识及管理经验，做好农户的培训工作，使乡村旅游服务更加专业化，进一步使乡村旅游的质量得到有效提升。另外，还需要构建完善的乡村旅游管理体系。在这一点上，需要乡村旅游有关部门加大管理力度，制定乡村旅游发展的准则，对乡村旅游管理进行强化，努力提升服务质量，做好环境保护工作，并做好安全管理方面的工作，以此促进乡村旅游全面发展。

六、国外乡村旅游的发展趋势

纵观其 100 多年的发展历程，国外乡村旅游未来的发展呈现如下趋势：政府的作用加强、专业化发展、乡村文化内涵的深入挖掘、乡村旅游与其他产业的高度融合、注重可持续发展等。

（一）政府作用加强

由于农场具有小规模的特点，政府在培训、资金支持、统一品牌和联合营销等方面将会发挥越来越重要的作用。例如，政府可以要求相关人员必须出去学习，参加培训，提高技能；加强对农村环境事务的管理应对，对外来资本投资有一定限制，对建筑环境和风格进行控制，以保证乡村感；发放专项资金推动乡村旅游发展，对乡村基础设施进行改善等。这些都是政府在促进乡村旅游发展中的作用。

（二）专业化的发展

随着乡村旅游发展的成熟与规范发展，为吸引更多的城市旅游者，乡村旅游在策划、规划、筹备、建设、市场营销和运营管理等环节都呈现出日益专业化的特点，乡村旅游的整体形象定位、产品设计、旅游服务设施的建设、有针对性的市场宣传和企业专业化的管理等都不同于以往的自发和随意的特点。

（三）注重可持续发展

人口居住密集的城市环境污染较为严重，人均资源的消耗也很高，一方面，旅游者到乡村旅游寻找洁净、自然、原生态的乡村环境，回归传统原生态低耗能的乡村生活方式，旅游环保的乡村旅游有助于促进乡村的可持续发展；另一方面，可持续发展强调本地化，即开发的目的主要是满足本地社区发展的需要，建设本地产品供应链，鼓励地方工艺品生产，保证收益最大程度地保留在本地，确保开发力度在环境与社会承载力之内。

（四）乡村文化内涵的深入挖掘

乡村文化是乡村旅游的核心所在，也是乡村旅游的灵魂和持久生命力。对区域历史文化和地域特色民俗文化的挖掘要体现出不同区域乡村旅游的差异化特色。东欧的波兰和奥地利在乡村旅游中的乡村文化挖掘方面已经取得了相当成功的经验。

（五）乡村旅游与其他产业的高度融合

乡村旅游基于乡村地域和农业的特点，使其一开始就具有三产融合的特质。随着世界各地乡村旅游的快速发展，其与第一产业、第二产业和第三产业内部的融合态势进一步加强，高科技也逐步渗透到乡村旅游的各个服务层面。

第三节　乡村旅游振兴发展存在的问题

一、对乡村旅游认识不足

（一）对乡村旅游内涵的认识不足

部分学者将乡村旅游片面地理解为农业观光旅游，掩盖了乡村旅游所包含的其他类型。许多乡村旅游地以单纯的农业观光为主，多数乡村旅游产品未能真正体现乡村旅游的各个层面，有的甚至歪曲了乡村旅游的内涵，影响了产品的吸引力。

（二）对乡村旅游市场的认识不足

在对乡村旅游市场的认识上，多数乡村旅游经营者与开发商一厢情愿地把所有的城市居民统统纳入乡村旅游客源市场的范围，定位不准，在设计上有些偏颇，影响了乡村旅游的客流量。实际上，乡村旅游对居住在具有城乡一体化特征的小城镇难以产生足够的吸引力，因为小城镇的工业化和城市化程度较低，市民对城市附近的农村较为了解，一般的农村风景对他们缺乏强烈的吸引力，去乡村旅游的欲望不如大城市的居民那样强烈。乡村旅游的目标市场应该是那些高度商业化的大中城市。

（三）对开发乡村旅游所需条件认识不足

乡村旅游经营者和地方政府对本地资源状况分析不够、评价过高，对开发乡村旅游所需要的条件认识不足。他们往往简单地以为开放现有的农田、果园、牧场、养殖场便是乡村旅游区，对开发、建设乡村旅游所需要的其他资源条件，包括农业资源基础、农村自然景观及文化景观基础、区位条件、社会经济条件、旅游基础设施条件、投资条件等认识不足。许多乡村旅游经营者凭热情“摸着石头过河”办旅游，对最终会把乡村旅游办成什么样、能形成什么样的规模和影响，并没有把握。

二、对乡村旅游宏观调控不足

目前，国家对乡村旅游的宏观调控不足，这主要表现在三方面。首先，管理机制不健全。目前各地政府一般尚未建立一个健全的统一的乡村旅游管理机构，政府主导作用没有充分发挥，造成许多乡村旅游出现各自为政、多头管理或者无人管理的现象，经营者的利益、游客的权益无法得到充分保障。其次，缺乏整体规划控制。许多乡村旅游缺乏总体规划，一哄而上，重复建设、低层次开发、环境破坏的现象较为严重，导致乡村旅游产品生命周期短、品位不高，影响乡村旅游的可持续发展。最后，法律保障薄弱。各地政府大多没有制订相应的政策法规来保护和管理乡村旅游，在资金、税收、土地使用、道路建设、水电供应、门票收费等方面，没有较为优惠的扶持政策，制约了乡村旅游的进一步发展。

三、对乡村旅游的管理不规范

丰富乡村旅游发展背景下的农业生产和农村景观，其活动的形式更加多样。

由于这一特点，乡村旅游不同于其他旅游，它与以农业生产为核心的土地资源和生物资源直接相连，在市场运作中更是牵扯到各方的利益，需要农业、土地、生态环境以及当地政府与居民相互配合。从乡村旅游资源的所有权来看，大多数乡村资源和景观，如民居、农作物都是私人所有，很难统一管理，这就容易导致乡村旅游的开发过度和经营不善。从实践来看，村镇和农户发展起来的乡村旅游项目是由其自然经营和管理的，但他们的专业知识有限。因此，为我国乡村旅游提供科学的管理和优质的服务，使我国农村旅游业得到广泛的管理和照顾，这是很难的。

目前，乡村旅游经营管理不规范表现在：旅游项目开办审批不规范，很多项目没有申办报告，没有经专家论证，没有一定的审批手续，自发、盲目发展；旅游项目尚未纳入旅游部门的正式管理范围，其开业、停业都较随意，有的村、户根本不具备经营条件也开张营业；价格不合理，任意定价，价格过高，甚至有欺客、宰客现象；管理和导游人员素质差，服务水平低，不能满足游客的要求；对旅游项目没有严格的考察和动态跟踪管理，缺乏定期评估和淘汰制度；管理体制不健全，未纳入政府行政职能，农业部门和旅游部门管理不协调，扶持和支持力度不大。

四、缺乏特色和品牌化的旅游

从当前我国旅游品牌的现状来看，一线旅游品牌几乎都是著名景区或者城市文化旅游景点，而乡村旅游品牌却较为缺乏。在乡村旅游的发展过程中，一方面，政府的主导作用过于突出，乡村旅游的发展基本依靠政府的支持和扶助。其他乡村旅游的参与主体如旅游企业、旅行社、旅游从业人员的作用和积极性发挥不足，很难为培育乡村旅游品牌做努力。另一方面，缺乏完整的乡村旅游产业规划，使我国乡村旅游产业的公共财政投入机制不健全，影响着乡村旅游的基础设施建设，各种旅游资源难以有效地整合起来，自然就难以形成乡村旅游品牌。

由于片面理解乡村旅游的内涵，乡村旅游发展过程中急功近利，导致我国乡村旅游产品长期处于初级阶段。乡村旅游活动的许多部分仅停留在观光农业的水平，农业活动水平较低，没有意识到探索地方特色。目前，我国乡村旅游的形式已经不能满足游客多层次的、较高的需求，我国乡村旅游发展畸形。

乡村旅游需求的本质体现了现代人精神的追求。而我国乡村旅游市场需求仍处于初级阶段，乡村旅游主要是由家庭和朋友主导的独立旅游，选择一个相对较近的地区旅游，时间短，消费少；大多数游客选择乡村旅游仅用于观光旅游，或花费较少的费用得到精神体验和享受。因此，我国农村旅游市场还不成熟，也制约着我国乡村旅游产品档次和质量的提高。

五、乡村旅游的无序盲目发展

由于乡村旅游的经营者大部分没有受过专业的经营管理教育，因此，不少地方存在无序盲目的发展，带来了负面影响，这主要表现在两个方面。

（一）污染了生态环境

首先，在空气品质方面，随着乡村旅游的发展，游客的进入量越来越大，游客乘坐的交通工具也出现得越来越频繁，汽车排放的大量尾气、扬起的尘埃、旅游区内的饭店等生活锅炉排放的废气，污染了乡村原有的清新、自然、带有泥土气息的空气。其次，固体垃圾污染严重。大量的人群往来，游客遗弃的饮料瓶、食品袋，经营者遗留的生活垃圾，污染了旅游地的环境卫生，影响了旅游地的生活品质。最后，植被破坏严重。乡村旅游地的植被面积正在减少。不合理的开发建设，破坏性的建设，无规划的道路、餐馆、娱乐场所建设，游客的随意采摘与践踏，禁而不止。

（二）文化环境遭受破坏与同化

1. 农村朴实的民风和生活秩序受到破坏

由于受到部分高消费、讲时髦的城市游客的影响，一部分农村居民开始对自己的传统生活感到不满，先是在装束打扮和娱乐方式方面盲目模仿，继而发展到有意识地追求，一些地区的不良社会现象增多，影响了农村社区秩序的稳定。

2. 农村文化被城市文化所同化

乡村旅游者大都来自经济相对发达的中心城市，经济发达的城市孕育产生的强势文化对经济欠发达的乡村旅游地的弱势文化具有很强的影响力，城市游客的大量进入使农村的弱势文化向城市的强势文化靠拢，最后被同化，其结果将使农村失去对都市旅游者的吸引力。

六、城市工商资本过度介入

农民参与乡村旅游是乡村旅游的一项重要标志。只有让农民参与乡村旅游，才能从根本上增加农民收入，增加农民就业机会，解决严峻的“三农”问题。乡村旅游发展中当地村民比较关注的问题是自己能否参与其中，主要体现在就业、经营及收益方面。目前大部分农民无法从旅游开发中获得利益，甚至有的时候，大部分收益都被外来投资者拿走，这导致农民参与的热情不高，甚至还有强烈抵触情绪。目前乡村旅游中，还存在利益分配不公的问题，广大村民利益得不到充分保障。有些地方的“农家乐”，实际只是城市娱乐休闲设施向农村的整体外迁，与农业、农民几乎没有关系。

七、缺乏高水平的管理人才

我国乡村旅游的服务人员大都是当地农民，没有经过专门系统地培训而直接经营管理，缺乏长远的发展意识和现代经营管理意识，更缺少对服务的管理和监督，服务意识、服务技能、服务质量差，导致餐饮、住宿、娱乐、安全、卫生等还不够规范，往往游客游览的愉悦难掩精神上的遗憾，造成彼此心理上的隔阂，距离渐趋渐远，严重制约了中国乡村旅游业的发展。目前乡村旅游的经营管理人员相对较少，对乡村旅游从业人员缺乏系统有效的培训。

八、安全问题比较突出

在安全问题上，我国乡村旅游也比较突出。住宿不太安全，不少农家房间配备的是最普通的家庭式木房门。防盗措施不到位，无任何防盗门、防盗窗，游客财产被盗现象时有发生。房间内没有任何防火设施设备。餐饮不安全，服务人员卫生意识不强，在食物准备、制作过程中，服务人员不注意自身的卫生。游览不安全，不少景区内的游览道路非常狭窄加之旅游线路有限，如遇旅游旺季，因拥挤而撞伤的事故频频发生。社会公共安全存在问题，受经济利益驱动，一些乡村旅游目的地出现了欺行霸市、打骂、抢劫游客的黑社会暴力现象，给游客生命财产安全造成巨大的威胁。

九、旅游基础设施落后

在基础设施建设方面，大部分乡村也处于较低的水平，很多地方的基础设施还不能满足游客的基本需求，道路坑坑洼洼，停车场、洗手间简陋，有些地方未通网络，甚至没有信号，客房、餐厅等食宿条件较差，卫生条件堪忧，难以留住游客。

十、村民参与度和生态意识不强

目前，在我国乡村旅游发展中，大部分村民参与度不高、缺乏生态意识。他们往往只能从事较为简单的经营活动，对于层次较高的规划和管理无法参与其中。在对待外地游客的时候，有时存在欺诈的行为；在乡村旅游点内，存在抢夺客源、内部争利的行为等，使得游客的体验性下降，回头率底下，极大阻碍了乡村旅游的发展。同时，村民由于缺乏生态意识，违背乡村旅游资源开发规律，在经营和管理中对自然资源和原生态传统文化造成了不可逆的损害。

第四章　乡村旅游的规划与建设

乡村旅游产业是中国未来产业发展中的一片蓝海，因而受到了社会各界的普遍关注。乡村旅游作为一种新型的旅游模式及载体，有利于推动乡村经济发展、调整产业结构、提高农民收入和改善乡村面貌，因此，正确的乡村旅游规划与建设显得尤为重要。本章分为乡村旅游规划建设的类型、全域旅游规划建设的类型两部分。

第一节　乡村旅游规划建设的类型

一、休闲农业园

（一）休闲农业园发展概况

随着社会的发展，农业与乡村旅游迎来发展的大机遇。近些年，国家先后从不同角度强调支持发展乡村旅游，这进一步说明，经过近年来的实践探索，乡村旅游在促进保护农业生态和乡土文化、农民增收、扶贫攻坚、农业转型升级、农民就地就业和丰富旅游产品等诸多方面的积极效应已经得到了多方面的检验，取得的综合效应引起了社会各界的瞩目，引导全国乡村旅游健康有序发展的时机已经成熟。

休闲农业园发展涉及一、二、三产业，既有提高农民收入的潜力，也能够为保护乡村生态、加强文化建设提供便利，由最初的农田发展到统一规划的集观光、休闲、娱乐、教育为一体的有组织的园区发展的高级形态。休闲农业园区将生态、休闲、科普有机地结合在一起。同时，生态型、科普型休闲型的观光休闲农业园区的出现和存在，改变了传统农业仅专注于土地本身的大耕作农业的单一经营思想，客观地促进了旅游业和服务业的开发，有效地促进了城乡经济的快速发展。

目前一些大中城市，如北京、上海、广州、深圳、武汉、珠海、南京等，已相继开展了观光休闲活动，并取得了一定效益，展示了农业观光的强大生命力。如北京的锦绣大地、上海孙桥现代农业开发区、无锡马山观光农园、山东的枣庄万亩石榴园、平度大泽山葡萄基地、栖霞苹果基地、莱阳梨基地等都取得了很好的经济效益。

（二）休闲农业园的类型

由于休闲农业园坐落的地域不同，经济条件、民俗习惯、区域环境都有很大差异，休闲农业的建设模式和内容出现了不同风格，分类的方式也多种多样，可按开发内容、旅游者活动方式、地域分布等划分如下。

1. 依据开发内容划分

（1）观光农园

观光农园主要是指在城市近郊或风景点附近开辟特色果园、花园、茶园、菜园、渔场等，供旅游者观光游览及自行采购新鲜农产品以增加游兴。

我国的观光农园是在农业、生态、旅游三方面和谐发展和融合的情况下发展起来的，既具有农业生产方面的特点，同时也具备生态特点和第三产业的服务性质。因此，我国的观光农园具有农业、生态、旅游这三个方面的特性。

目前，观光农园的分类方法很多，如按照农业属性、功能类型、经营模式、所依托的对象、园区内涵等划分。按照第一产业属性划分，可把观光农园划分为以下六种类型。

①观光种植园。观光种植园是利用现代农业技术，开发具有较高观赏价值的农作物品种园地，或是利用现代化农业栽培手段，向游客展示农业最新成果的园地。例如，引进高品质蔬菜、高产瓜果、绿色食品、观赏花卉等，组建丰富多彩的观光农园、采摘果园、农果品尝中心等。

②观光林业园。观光林业园是开发人工森林与自然森林，为游客观光、野营、科考、探险、避暑、森林浴等提供空间场所的园地，其具有多种旅游功能和观光价值。例如，具有观光功能的天然林地、人工林场、林果园、绿色造型公园等。

③观光牧业园。观光牧业园是指为游客提供观光和参与牧业生活的农业园地，拥有奶牛观光、马场比赛、猎场狩猎、草原放牧等各项牧业活动。例如，具有观光性的牧场狩猎场、养殖场、森林动物园等。

④观光渔业园。观光渔业园是利用湖、水库、池塘等水体，开展具有观光、参与功能的旅游园地。例如，参观捕鱼、水中垂钓、驾驶渔船、品尝水鲜、参与捕捞活动等，还可以让游客学习养殖技术。例如，南通市的世外桃源休闲农庄，

经营的项目大多与渔业有关，包括钓鱼大赛、捕鱼、鱼鹰表演、品尝江鲜野味等，每年都吸引大量游客前去观光游玩。

⑤观光副业园。观光副业园是指将与农业相关的具有地方特色的工艺品及其加工制作过程，都作为观光副业项目进行开发的园地。例如，利用椰子壳制作兼有实用和纪念用途的茶具，云南利用棕榈纺织的小人、脸谱及玩具等，可以让游客观看艺人的精湛工艺或组织游客自己参加编制活动。

⑥观光生态农园。观光生态农园是指建立农林牧渔综合利用的生态模式，为游客提供观赏和体验的场所，形成林果粮间作、农林牧结合、桑基鱼塘等农业生态景观。

（2）休闲农业园

休闲农业园是一种以规划区域资源状况或者地方特色为主要观光要点的综合性休闲农业区，旅游者不仅可以享受到特色园区的观光体验，还可以进行如鲜果采摘等体验，了解农民生活、享受乡土情趣，更可住宿、度假、游乐。农场内提供的休闲活动内容一般有田园景观欣赏、农业体验、自然生态解说、垂钓、野味品尝等。

（3）农业科技园

农业科技园是农业旅游与科技旅游的结合产物，它把农业与现代科技相结合，在科技引导生产的同时，向旅游者展示现代科技的魅力。如上海孙桥农业开发区等。

（4）租赁农园

租赁农园是指农民将土地出租给市民种植粮食、花草、瓜果、蔬菜等园地，让市民体验农业生产过程，享受耕作乐趣，以休闲体验为主，而不以生产经营为目标。租用者只是节假日到农园作业，平时由农地提供者代管。

（5）田园化农业

田园化农业以园艺农业为主，种植蔬菜、花卉、果树，利用池塘进行水产养殖，结合村镇改造美化环境，集农田、菜地、花草、水面、果园、农舍于一体，辅以实验、实习、游览服务设施，创造出田园化景观，让游客饱览田园风光，便于非农者进行调剂性劳动，体验农业生活，提供学生实习劳动场所。田园化农业主要在城市近郊发展。

（6）教育农园

教育农园是兼顾农业生产与教育功能的农业经营形态，农园中所栽植的作物、饲养的动物以及配套的设施极具教育内涵。例如，法国的教育农场、日本的学童农园、美国的“园艺家的摇篮”，我国的台湾的自然生态教室、北京的少儿农庄等。

（7）花卉植物园

花卉植物园汇集多种奇花异卉、经济植物和观赏植物，引进国外重要植物种类合理配置，结合林草等优美景观的相间布局，使之成为物种资源丰富，园林景观优美，集观赏游览、科研、科普教育功能为一体的场所。

（8）森林公园

森林公园是一个以林木为主的大农业复合生态群体。在树种结构上，应使针叶树、阔叶树与果树树种相结合；在土地资源利用和空间布局上，要林、果、渔、菜、花相结合，实行立体绿化，并以森林风光与其他自然景观为主体，配备一定的服务设施、必要的景观建筑、合理的旅游路线。此外，为丰富娱乐内容和调节旅游淡季，可在适当位置建设狩猎场、游泳池、垂钓区、野营地、野炊区等；还可驯养野生动物供游人参观，以增加森林的原始情调；结合房地产开发，建别墅、度假村，使森林公园成为可供观光、娱乐、游览、休息、度假的多功能场所。

2. 依据旅游者活动方式划分

（1）旅游农场

旅游农场把旅游景点寓于其中，使旅游者不但享受自然景色、人文历史、风土人情，还可使旅游者在观光中了解农业，品尝特产风味食品。这样就把单纯的风景旅游变为经济、文化、科学技术、贸易洽谈的活动。

（2）自助式农场

在这种开放式的农场中，旅游者可根据自己的意愿采摘喜爱的蔬菜、花卉、果品，按价付款。在瓜果成熟季节，旅游者亲自采摘，体验丰收的喜悦。

（3）休闲式农场

休闲式农场是旅游者到农场租种少量土地，种植自己喜爱的农作物和饲养小家畜。出租者提供日常管理，供应种苗、农药、肥料、小型农具并进行技术指导。休闲日，租种者来此参加种植劳动，享受田园自然风光，体验农业劳动的乐趣，并从中学到农业知识。

3. 依据地域分布划分

休闲农业园依据地域分布可划分为两种类型：一是依托自然型，距大中城市 30 千米以外，交通便利，以多个大中型城市为目标，农业基础较好，地貌类型齐全，能以独立完整的农业自然景观为依托，范围广阔；二是依托城市型，距大中城市 30 千米以内，主要以一个大中城市为目标市场，通过人工构造农业景观，园区内建设用地所占比例较高，园区规模较小。

（三）休闲农业园规划设计的原则

1. 生态性原则

休闲农业园对生态环境的依赖性很强。休闲农业园的主题围绕着绿色休闲，而旅游必然会带来大量的污染，这样的项目属于生态旅游的范畴，生态环境的保护显得极为重要，规划时必须注意杜绝对生态环境与景观的破坏。在开发游览性旅游项目时，应该注重保持“农”味、“土”味、“野”味及“鲜”味，做到保护与开发并重，农业旅游与生态旅游相结合，实现休闲农业园的可持续发展。例如，在设计游憩项目时应当注重生态设计原则，所有的活动项目不应产生噪音和污染。休闲农业园一定要严禁污染物流入水体，严格控制废弃物的排放。其排放的废弃物可以通过沼气、微生物发酵等生物再利用技术实现重复利用，这样既节约资源，还可以提供新的清洁能源。生态原则既是创造园区恬静、舒适、自然的生产生活环境的基本原则，也是提高园区景观环境质量的基本依据。

2. 兼顾季节因素原则

季节因素对休闲农业园的建设形式、景观营造、经济收益等方面都有着很大的影响，尤其在冬季寒冷的北方，季节因素造成的淡季是影响其发展的不利因素之一。如果能够充分利用季节变化而产生的不同景观特色，营造出体现季节变化的园林景观，组织应季应景的活动内容，将能进一步发挥出观光农园的潜在吸引力。如可以将冰雪文化主题与观光农业文化主题结合在一起，让游客通过观赏北国冬季的田园风光，领略北方乡村的广阔风貌，使休闲农业园塑造出北方独有的冬季农业观光项目。

3. 整体性与开放性原则

规划过程中应考虑休闲农业园的整体布局。从其内部结构来看，尽管各个功能区有各自的特点，但并不能将这些功能区看作是一个个无机的、分散的结构。并且，在进行园林和旅游的规划后，应使其与周边环境的结合以及自身的整体性更加趋于完整、合理。

休闲农业园从旅游观光方面来讲，需要与周边环境有良好的衔接，并与整个大的社会环境相融合。从其自身来讲，需要游客的进入性，以及一定的开发空间。

4. 因地制宜原则

由于农业生产具有比较固定的地域性和季节性，发展观光农业必须根据各地区的农业资源、农业生产条件以及当地的季节特点，充分考虑区位和交通条件。要求休闲农业园充分利用原有地形，将休闲农业在原有的生产基地上，进一步开发而成，因地制宜，突出地域特色，要求休闲农业园的规划必须与园区的实际结合，根据园区的基础资源现状条件、地形地貌特征，以现有的种植、养殖基地为基础，挖掘当地的农业生产历史及特点，营造出其特有的地方特色，明确资源特点，选准突破口，使整个观光农园的特色更加鲜明。越有特色的观光农园，其竞争力和发展潜力就越强。只有做到别具一格，才能吸引游客观光游玩。在具体的休闲农业园规划方面，除了要体现农业特色、突出农村生活风貌和展现乡土文化内涵，还要注意在项目安排上不断创新，能给未来的发展留有一定的余地，让游客每次来都有一种“新鲜”的感受。

5. 生态美学原则

生态美学是生态学与美学的有机结合，实际上是从生态学的方向来研究美学的，将生态学的重要观点吸收到美学之中，从而形成一种新的美学理论形态。它体现了人对自然的依存和人与自然的密切关系。生态美学促使人们保护生态环境，实现人与自然的和谐发展。在休闲农业园的规划设计中应以生态美学作为审美导向，利用各生态系统之间、生物之间、生物与非生物之间的生态关系进行提炼与概括，形成体现生态和谐美观的园区景观。

6. 多样性原则

在对休闲农业园进行规划设计的时候，要考虑到为游客提供各种选择的机会。在景观设计方面，也要注意多样化，如不要使一种优势土地成为园内唯一的土地类型，尽量避免同一种土地大面积的连片。应该通过增加景观的异质性来提高休闲农业园内景观的稳定性和可观赏性。景观设计内容和游览项目上也应丰富多样，以农业观光、乡情体验为主导，并以此为基础，加以丰富和提升，形成形式多样化、立体化的游览体系，绝不可局限于某一种形式或某一项活动。

提到农业，大多数人想到的就是它的生产功能，很少有人想到农业的文化内涵。如果景观缺乏文化内涵，就如同人缺少灵魂一样。休闲农业园的景观设计中，应该充分挖掘当地的历史人文、民族传统、宗教文化、生活习俗以及饮食文化等，将这些文化与观光农业结合起来，这样营造出来的景观更具内涵。通过深入挖掘文化特色，开阔视野，寻求差异，满足游客的好奇心理，使游客从中获得知识和美好的享受。对这些内在的文化资源的开发利用，能够提升整个休闲农业园的文化品位。利用自然风景和民俗文化来设计景观项目，对于农业观光和农业旅游是一种丰富与补充，不应墨守老套路和旧形式。

7. 以人为本原则

休闲农业园的设计要做到以人为本，重视游客的需求。一方面体现在让游客自己动手亲自参与其中，体验采摘、种植等劳动的乐趣。休闲农业园具有空间开阔、内容丰富、参与性强的特点。多设置一些让游客参与体验类的项目，可以大大地提高吸引力，如可以让游客参与采摘、喂养、钓鱼、划船、野炊、捕鱼、露营、制作等体验型活动。城市游客通过参与到休闲农业园内的生产和生活，能够更深层次地体验农村生活，也可以加深对休闲农业园的印象。另一方面体现在休闲农业园的基础设施建设上，应该提供舒适便捷的休息、餐饮设施，方便游客。

（四）休闲农业园发展规划内容

1. 休闲农业园规划策略

（1）品牌策略：一园一品，突出主题特色

民族的，才是世界的。一园一品，优化主题形象设计是休闲农业园品牌发展的核心策略。休闲农业园区一定要有自己的特色。休闲农业园区应该有自己的特色主题农业。我国农业种类繁多，在不同的地方有不同的农业特色，如平原地区适合种植业、江南水乡适合渔业等。而在同一个地方也可以有不同的主题农业，比如，在平原地区，可以种植农作物，也可以搞特色的花卉等。所以，休闲农业在开始的定位上有很多种选择，一定要根据自己的优势来选择特色产品。此外，特色还体现在休闲农业园区的服务、风格、设置的活动等方面。

（2）产业策略：四季搭配，延伸产业链条

休闲农业园的季节性强，以度假休闲、游憩教育为主营方向的休闲农业园活动项目较单一，如园区的采摘、农耕体验、垂钓等，都是传统农业链的边界延伸，旅游者滞留时间有限，并且受季节限制较多，不能形成长期、定向的供给线。单纯的旅游消费通常让园区经营无以为继。同时由于农产品的季节性，单一的经营模式会导致旅游淡旺季分明，再加上蔬果等作物成熟的时间短而且集中，更使淡季长、旺季短的情况加剧。因此休闲农业园规划设计需关注园区四季发展，形成一年四季无论哪一天都能够在园内欣赏到奇花异果、体验采摘和观赏游览乐趣的局面。

休闲农业园要培育可持续的产业链条，需要优化产业结构，将农业生产作为基础产业，依托农业优势资源，进一步开发延伸产业和支撑产业，将农业从第一产业向第三产业延伸，即在农业的生产、供应、销售等全程中建立良好的市场关系，打造“共生产业链”。根据各地的资源、区位和市场条件，因地制宜地对农业资源进行整合和综合开发，围绕农业发展旅游业、餐饮业、加工业、配送服务业等。农产品的观光、体验和度假是支撑产业，是维持整个休闲农业园休闲产业合理运转的核心，它们将园区的农业资源有效地转化为商品优势，吸引人流和资金。发展农产品精加工、订单农业、生鲜农产品作为延伸产业，可拉长园区的产业链条，形成园区稳定、持续的经济收入。三种产业的协调合作、资源互补，既能满足观光旅游需求，也能促进农业自身产业结构的升级。

（3）游憩策略：满足市场，融入市民生活

产业规划是以市场的需求为导向的，市场的需求决定了产业的发展方向。休闲农业园在结合区位优势和资源优势的基础上，通过前期市场分析，可以选择适宜的产业来发展，选择重点行业、重点领域、重点产品专业化开发，从而避免休闲农业园产业的同质化，基于市场需求出发的产业定位也更有发展力和竞争力。

休闲农业园具有综合性的特点，由观光、体验、科普、运动、品尝、住宿等元素构成。规划应系统考虑不同景点的特色，根据旅游者不同的旅游心理，设立不同的景点主题，并在游线组织中大力强调旅游感受的差异性和旅游活动的连续性，注重整体旅游线路的节奏感和景点间的连续性，同时强化旅游线路和交通方式的选择性组合。同时，应依据景观特征、游赏方式、游人结构、游人体力等因素，精心组织多样化的游线，还可以结合当地传统文化节日策划相关主题活动。

（4）景观策略：乡土文化，维护田园生态

休闲农业园规划设计中，应充分考虑场所中各种地形、地貌和地物的特点，尽可能利用建设基地原有的山川、树木等自然资源，创造出建筑、人类活动与自然环境和谐一致、相互依存且富有当地特色的农园环境。

具体来讲，可以采取以下几方面的措施。

①种植当地乡土植物。乡村非常宝贵的财富就是它所蕴含的朴素之美、地域之美，植物作为提升乡村风貌的重要元素，在其选择上以当地本土物种为先，进行合理配植，达到烘托乡村氛围、改善乡村环境的目的。乡村造景元素取材当地，经济实用。营造乡村意境，具有造价低、周期短、生态效益高、养护管理粗放、景观品质高的特点。还要对具有乡土文化意义的古树等进行重点保护。

②使用本土生态材料。在乡村生态景观的营建过程中，采用该村随处可得

的毛石、青砖、灰瓦、枯木、竹篾等材料进行组合搭配，不仅可以降低生态影响，而且该材料的自然肌理和周围自然环境更加协调，加强了乡村的质朴之感。

③处理好保护开发的关系。在乡村生态景观改造的同时，尽可能地保护乡村的原始面貌和布局。例如，对于修路等乡村开发活动，要统一规划，合理设计，尽可能地保护原有林地、水道和乡村的原始肌理等。

2. 休闲农业园发展规划主要内容

（1）总体定位

对园区项目进行总体定位，是休闲农业园规划设计的首要步骤，应从市场定位、发展模式定位、发展目标定位三个方面进行考虑。

①市场定位。市场定位是在资源综合评价的基础上，分析客源市场，从客源构成、客源流向、消费结构、消费水平等方面进行分析评估，从而确定休闲农业生态园的发展目标和建设规模。市场定位不仅要分析目前的市场状况，更要研究未来的市场变化，合理划分发展阶段，并选择适应不同阶段需求的建设项目。

②发展模式定位。确立合理的园区发展模式在休闲农业园规划设计过程中至关重要，应根据园区所在地的实际状况和发展需求，选择适当的发展模式。此外，发展模式不是一成不变的，需根据实际情况变化做出灵活调整，甚至可能立足于地区的特殊情况，在科学分析的基础上，创造出新的休闲农业发展模式。

③发展目标定位。根据确立的项目发展模式，结合本地区的经济社会状况，对项目发展前景做出预判，制定切实可行的发展目标，以保证项目建设的正确方向和检验规划设计效果。

（2）空间布局规划

根据所选择地址的地形、地貌，合理确定农业用地，园林绿化、道路、广场、农业生产用地、建筑物的合理布局，并与当地大环境相融合。在园区功能上确定展示区、采摘区、生产区、加工区等相关功能区，并在此基础上配以相应的品种类型与先进的生产设施和现代栽培模式。休闲农业园规划基本框架可因地制宜，多景点、多主题进行规划。在园区产业布局、功能布局及园区土地利用规划上，可在围绕农作物良种繁育、生物高新技术、蔬菜与花卉、农产品加工等产业进行规划的同时，加强观光旅游、休闲度假等第三产业在园区景观规划中的决定作用。

（3）分区规划

园区功能布局要与产业布局结合，充分考虑旅游者观光休闲的要求，确定功能区。本着因地制宜、节省投资的原则，可以现有的区内道路和基本水系为规划基准点，按照服从科学性、弘扬生态性、注重艺术性以及具有可能性的要求进行分区。典型的休闲农业园分区布局主要包括六个部分：农业生产加工区、农业科技展示区、农产品销售区、农业观光区、体验休闲区和综合管理服务区。

（4）基础设施建设布局

①园区设施建设。拟建设规模园区应建设现代化连栋温室、智能温室、工厂化育苗温室、蔬菜生产大棚及沼气池等，配以现代化喷滴灌系统。要根据当地气候特点，利用地形合理布局园区内作物，一般设施面积占园区面积的1/3。

②道路、水系的规划布局。道路是园区的动脉，道路的等级、布局关系到人流的畅通和休闲农业线路的导向，要根据农业生产和休闲活动的需要统筹规划。在规划设计中，要求标明一、二级干道及支道路的位置、走向、宽度、长度、建造等级和适宜的交通工具类型。给排水工程中的供水与污水处理及配套设备，水系要标明水面、河沟或暗管的位置、范围、宽度、长度、深度，要与自然山水的地面径流量和农业用水排灌体系相适应。同时合理布局供电通信系统及设备。

③服务设施的规划布局。园区的出入口、停车场、管理中心、商业网点、休憩地、餐饮部、洗手间、娱乐场所、农业参与性活动场所和住宿区等，其布局要以方便游园人士为原则。

④园区的绿化。园区的绿化应具有农业绿化的特色，一般采取经济绿化物种，使其既有造景和遮阳作用，又有生产和经济价值。基地开发后要注重植被保护，防止水土流失，显示生态农业美景。绿化安排应综合考虑、统一规划，形成丰富层次的观赏景观。主次道的行道树可选择既有观赏性又有经济价值的树种，还可利用部分果树的间隔种植中草药，既有原始山村风格，又可按生态要求还原自然。

⑤建筑设计。建筑设计应保持生态环境的农业生产模式，尽量保持与当地农家风格相似的设计形式。旅游观光设施就地取材，可用木材、土砖、青瓦、稻草和钢筋、水泥结合安排，显示出农村田园古朴、清新的风格，使之与自然融为一体。

（5）环境保护规划

旅游业的发展，可能造成一定程度的环境污染，而旅游资源并不是可再生资源，保护好环境就是保持正常的生态平衡，达到良性循环。保护风景资源不被破坏，使旅游具有持久生命力，保护好生物多样性，就是保护了我们人类自身和生存环境。旅游景区内的一切景物和自然环境必须严格保护，不得破坏和随意改变。建设时必须遵循保护为主、适当合理开发的原则，实行依法治园，切实保护好旅游资源。

二、古村落旅游

古村落是我国珍贵的历史文化遗产，是一笔亟待保护的文化资源。随着时代的发展，当今世界对古村落文化的价值认识越来越深刻，国内外专家学者和社会各界都对此给予了高度重视。中国古村落是一种典型的生态文化型聚落，融于自然的、和谐的人居环境，揭示了人与自然、人与人纯朴亲和的关系，具有多维文化意象和内涵，蕴含着中华民族文明之精神，是一笔珍贵的历史文化遗产。因此我国对古村落的保护已经提上了日程，并取得了一定的成效，尽最大努力保护现有古村落资源，使得各地域古村文化得以发展和延续。同时，古村落也需要进行经济建设，以保持社会、经济的持续发展。达到其目的的最有效的方法就是利用古村落文化价值科学地发展旅游，这样既能保护文化资源，又能给古村落带来新的发展机遇。

古村落旅游作为乡村旅游中知名度高、吸引力大的旅游类型，以其独特的建筑特色、浓厚的文化底蕴、重要的历史研究价值以及别具一格的民俗风情，逐渐引起都市旅游者的兴趣，成为乡村旅游中的重要部分。古村落的旅游发展既满足了现代人崇尚自然、回归自然的旅游需求，也给古村落的整体发展带来了很好的契机。例如，安徽黟县的西递、江西婺源县的李坑等都是著名的历史文化古村，吸引了无数游客争相前往。随着文化旅游的快速发展，古村落成为旅游的热点，但同时也将给古村落带来破坏性的危险。因此，保护好古村落风貌的真实性和完整性是可持续旅游的前提条件。

（一）古村落的旅游景观意象

我国古村落景观所具有的基本意象可概括为以下几个方面。

1. 山水意象

我国古村落从选址到布局都强调与自然山水融为一体，因而表现出明显的山水风光特色。中国传统哲学讲究“天人合一”的整体有机思想，把人看作大自然的一部分，因此人类居住的环境就特别注重因借自然山水。

2. 生态意象

中国古人对理想居住环境的追求包含对满意的生态环境的追求。中国古村落绝大多数都具有枕山面水、坐北朝南、土层深厚、植被茂盛等特点，有着显著的生态学价值，如枕山既可抵挡冬季北来的寒风，又可避免洪涝之灾，还能借助地势作用获得开阔的视野、良好的植被，既有利于涵养水源、保持水土，又可调节小气候和丰富村落景观。总之，中国绝大多数古村落环境都表现出鲜明的生态意象。

3. 宗族意象

中国古代社会是一个典型的以血缘关系为纽带的社会，表现出强烈的宗族意识。村落空间布局多表现为以宗祠等祭祀建筑为几何中心的"心理场"中心展开布局。宗祠成为村落景观的醒目标志，多数古村落都有着令人印象深刻的宗族意象。

4. 趋吉避凶意象

人类生存环境首先讲究的是一种趋吉避凶的理想环境。因此，中国传统村落与传统城市一样，特别注意选择和营造一个趋吉避凶的人居环境。中国古村落趋吉避凶意象有着独特的景观价值。

5. 地文意象

地文意象即地理文化意象，我国从南到北、从东到西，乡村和古村落都有明显的地理文化意象，如徽派建筑、干栏建筑、四合院、窑洞等无不代表着区域性的地理文化特征。

（二）古村落保护的主要内容

古村落文物古迹众多、内容丰富、形式多样、风格迥异，需保护的内容要充分考虑，其保护内容主要如下。

1. 保护古村落整体格局

古村落的存在是与其自身及周边的整体环境密不可分的。保护其整体格局及环境风貌，就是保护古村落本身，而历史文化遗产环境具有更加重要的地位，它的存在就是历史的无言描述，失之，那么一切将无从谈起；同时，与重要历史有关的地形地貌、山水田园、一花一木都要尽可能加以保护，使其保持原样。

2. 保护古村落脉络形态

重点保护古村落内历史街、巷的整体格局，道路骨架，平面布局，方位轴线关系，水系河道，等等；尽量尊重原始布局，不要破坏原始格局；尽量采用当地原材料，而不是用钢筋水泥来简易修补。

3. 保护古村落遗产资源

古村落遗产资源丰富，有自然地貌、文化遗迹遗址、古建筑、古树名木等。保护这些主要元素，才能做好古村落保护工作。

4. 保护特色民俗文化

古村落经数百千年的发展，已形成了各具特色的民俗文化，如地方方言、节庆礼仪、传统戏曲、传统工艺及宗教信仰等，只有保护好古村落的民俗文化，才能体现出古村落的乡土人文气息，古村落才能得以完好保存和传承下去。

（三）古村落规划的基本思路与内容

1. 古村落旅游规划原则

（1）明确主题

主题是旅游业的灵魂，特色是旅游产品生命力的体现。古村落旅游规划应努力做到科学性、知识性、观赏性、参与性的统一。古村落是以历史文化为主要内涵的景区。因此，景区的开发建设，应贯彻可持续发展的思想，应把保护旅游资源及生态环境，视为战略问题加以对待，它不仅关系到旅游资源的继承和保护，也关系到旅游业的前途和生命。

（2）建筑设计乡土化、生态化

结合乡村民俗文化观光、生活体验主题定位，整个旅游景点中每一个旅游吸引物的设计，都应作为整体景观的有机组成部分来对待，应该以“乡土化”“生态化”为主，体现古村落群山环抱，山清水秀，风光旖旎，小桥、流水、人家的美丽画卷。

（3）系统协调、综合配套

古村落景区规划中要注意旅游基础设施建设与自然环境的协调，植被绿化与景点内容相协调，建筑设施与整体自然生态景观相协调，力求将建筑物融于自然之中。还要注意景点内容与本地的文化主题的协调，服务设施与旅游区主题的协调，借景与造景相结合，美化整体生态景观。

（4）突出地方特色

突出特色、展示个性、凸显差异已经成为在现代激烈的旅游市场制胜的法宝。鲜明的特色能减弱与其他旅游产品的雷同与冲突，增加旅游者对旅游产品的深刻印象，因此更具有市场竞争力。古村落景区无论在旅游产品设计、基础设施建设还是在服务供给上，都必须以资源和环境利用为基础，突出积极鲜明的古村落文化主题和优美的田园风光，做到“人无我有、人有我精、人精我特、人特我奇”。

2. 古村落规划基本思路

（1）保护为主，兼顾发展

古村落的核心是“古”——“古建、古色、古风”，没有了这些元素，就没有了旅游的吸引物，也就没有了游客。因此，古村落旅游产品的开发要处理好保护与发展的关系，以旅游产品的升级完善为主，适当开发新的旅游产品。对有文化价值的产品要加以保护，对有破损的加以修缮，对那些风格与环境不协调的新建筑要加以取缔，使整个村庄和谐统一。“整旧如故，以存其真”才是古村落发展和保护的真谛，要把真东西留下来，将我们的优秀文化遗产留存，而不是让现代的旅游者看到虚假和充满着商业气息的“赝品”。

（2）动静结合，融入生活

古村落的旅游产品比较单调，缺乏动态的产品和生活元素，游客来此多以观光为主，景区与游客难以产生互动，游客无法更好地体会古村落的民俗风情和历史文化。因此，将动态元素、生活元素融入旅游产品，成为古村落旅游开发的方向之一。

（3）休闲时代，体验之旅

中国旅游市场正面临着由以观光旅游为主体向以观光旅游和度假旅游为主体的转变，而且单纯的观光旅游给旅游者留下的印象也比较浅，且存在停留时间短、重游率低、独特性少、吸引力差、竞争力较弱、经济效益不太好的缺点，因此，观光式旅游产品开发古村落的做法必将逐步让步于休闲体验式的产品综合开发模式。

（4）全局统一，突出个性

旅游产品的开发应统筹全局，注重整体性和连续性，充分考虑到地方的自然和文化特性；但也要注重特色的发掘，突出古村落的个性，将最能体现古村落旅游资源特色的东西展示出来。

3. 古村落规划编制基本内容

（1）文本部分

文本部分应包含十个要点：①村落概况，即区位环境、历史沿革、土地、人口、文物古迹等；②现状分析，即特色、存在问题；③历史文化价值概述，即资源普查、分析、评价、价值体系；④保护目标和原则；⑤保护性质与保护范围的层次划定，确定保护内容与保护工作的重点；⑥保护措施；⑦对重要历史文化遗存修整、利用和展示的规划意见；⑧重点保护、整治地区的详细规划意向方案；⑨保护规划实施的保障措施；⑩相关法规、政策、条例制定的参考意见。

（2）图纸部分

图纸部分应包含四个要点：①文物古迹、传统街区、风景名胜分布图；②古村落保护规划总图，即表现各类保护控制区域范围、各级重点保护单位、风景名胜、保护区的位置、范围和保护措施图；③保护区域界线图，标示出重点文物、历史文化保护区、风景名胜保护区的保护范围和控制地带的具体界线；④重点保护整治地区的详细规划意向方案图。

（3）附件部分

附件部分包括规划说明书（分析现状、论证规划意图、解释规划文本等）和基础资料汇编。

三、智慧乡村旅游

（一）智慧旅游的概念与内涵

智慧旅游，就是利用移动云计算、互联网等新技术，借助便携的终端上网设备，主动搜索旅游相关信息，并及时安排和调整旅游计划。简单地说，就是游客与网络实时互动，尤其是利用智能手机为代表的移动终端，让游程安排进入触摸时代。

智慧旅游是旅游信息化发展的高级阶段，是将前沿信息技术变革及前沿成果积极融入旅游产业发展的产物。信息技术及其应用的进步是智慧旅游发展的基础，它不断改变着旅游行业的服务质量、经营方式和管理手段。

学者在对智慧旅游的概念进行界定的同时，也对其内涵进行研究。张凌云认为，智慧旅游是旅游行业的现代化工程，以智能技术应用为支撑，为旅游者、公共服务管理机构、旅游企业提供信息服务。智慧旅游建设的目标是满足海量游客的个性化需求，实现旅游公共服务与公共管理的无缝整合，为企业提供服务。李云鹏将智慧旅游的内涵界定为三个方面：旅游信息服务、泛在化、旅游者个体。他认为信息服务智慧旅游改变了传统的信息提供方式，借助信息技术提供更加丰富、及时、满足个性化需求的信息。旅游者获取信息的渠道和手段不受时间、地域的限制，具有泛在化的基本特征。智慧旅游服务的对象是旅游者个体、经营者和监管机构，旅游经营企业通过为自助游客提供服务来获取旅游者全部旅游活动的信息数据，旅游数据库成为能够更好地为游客服务的、有价值的资源，通过数据挖掘可以进一步提升为自助游客提供个性化服务的能力。

（二）智慧乡村旅游规划建设的内容

智慧乡村旅游规划建设的内容主要包括以下几点。①建立乡村旅游数据库。②建立区域性的乡村旅游网站平台，尤其是手机网站，建立和完善在线查询、导航、预订、支付功能。能够支持游客在网上购买电子票。能够扫描识别二维码电子票或其他形式的电子票。③建立新媒体营销平台，充分利用微信、微博、手机客户端发布、推送信息，有专人维护。④加强银农合作，在乡村旅游消费区域加大刷卡支付能力建设，应可以提供借记卡、信用卡刷卡服务，方便游客消费，POS 终端应符合国家相关标准。⑤加大乡村旅游区域网络覆盖。全村民俗旅游接待户客房、休闲渔场、观光果园和观光农园等各乡村旅游接待单位应实现室内有线网络的无线覆盖，并免费向游客提供无线上网服务。全村民俗旅游接待户客房、休闲渔场、观光果园和观光农园等 10 兆及以上光纤接入覆盖率应超过 80%，20 兆及以上光纤接入覆盖率应超过 20%。村内的游客服务中心、小广场等游客聚集地点应实现无线网络热点覆盖，能够与室内无线网络无缝切换、双点畅游。⑥在旅游乡村出入口、重点旅游项目等位置利用位置服务的技术手段能够向游客手机提供各类旅游信息，包括民俗村介绍、周边餐饮、周边住宿、周边游玩项目等自助导览、导游信息。⑦在游客服务中心、重点旅游项目等位置应设置信息触摸屏，提供自助导游、自助导览、旅游资讯、地图交通、天气预报等信息查询，还应提供语音公用电话服务和免费上网服务。⑧能够实现网络在线监控、实时远程控制与调度，在保障乡村、景区安全的前提下，便于管理部门统计了解人流、车流情况，方便管理。能够通过视频监控系统实现对人员、车辆进行识别、统计，实现对旅游景区、民俗旅游户的人员安全监控、人车流量统计等功能，对安全风险服务进行提示，包括人车流信息情况通报、气象交通信息提示、安全信息提示等。⑨能够管理旅游乡村中休闲渔场、观光果园、观光农园等高端农产品的种植、养殖、生产等环节，采用先进的通信技术、物联网技术、视频技术等实现对农作物生长环境的监控，并集中展现，保障农产品有良好的生长环境，吸引城镇居民消费。

第二节　全域旅游规划建设的类型

一、景区依托型全域旅游

（一）概念

景区依托型的全域旅游即全域旅游范围内由龙头景区做强最大，从而联动周边区域旅游业发展，最终带动周边形成全域旅游区。这种全域旅游范围内旅游的发展，先是依靠景区做大，以市场消费带动周边景点、乡村、城镇配套旅游产品和旅游服务，形成大规模综合性目的地型旅游景区，逐步优化形成全域旅游区。典型的例子有重庆市梁平县（现梁平区）、河南云台山、四川九寨沟、贵州荔波、四川峨眉山、贵州黄果树、重庆武隆等。

（二）发展对策

1. 遵循市场规律

具体来讲，遵循市场规律就是指以市场化的理念去创造旅游产品，因地制宜地经营景区。创造市场接受、游客向往的各类景区旅游产品。一方面，可以通过不断完善旅游地各项基础设施，努力提高整个旅游地的接待能力和服务水平。或者在该基础服务打牢的基础上，形成跨区域、跨界限的旅游产品，以此来形成更强的竞争力吸引客源。另一方面，整合旅游景区以及食、住、行、游、购、娱等各类旅游要素资源为区域旅游经济服务，全方位地发展旅游产业，以形成一个完整的旅游产品体系。除此之外，市场化的思路还要求我们既要立足当地经济发展特点，充分挖掘多样化的旅游产品，还要有开放意识、用国际眼光开发景区。

2. 合理分析景区依托程度

（1）协同效应原理分析

协同效应原理是指在复杂系统内存在很多子系统，各子系统之间会发生自发的运动，相互作用彼此影响，发生协同行为，在统一作用下形成新的有序整体，整体的功能超越各个部分功能的总和。此原理应用到全域旅游中是分析旅游系统内部各子系统之间的相互作用的，以此来说明全域旅游系统的协同运动，从以前传统旅游无序系统变为有序的整体，从混乱状态变为稳定状态，“协同中产生有序”是此原理的精髓。景区和全域范围内其他区域同属于旅游产业这个大系统，它们之间会产生相互作用、相互影响，要通过合理的规划使这两个子系统发生协同效用，实现龙头景区带动全域旅游协同发展的效应，发挥全域旅游系统的整体功能。

（2）利益共享机制

在共生系统中，利益共享是利益相关者之间形成合作关系的目标，对于景区依托型全域旅游目的地而言，利益共享是龙头景区和依托型边缘区之间进行合作的动力，共同收益来源于它们互补性资源的共享。共享的资源包括自然资源共享、交通运输共享、游客资源共享、信息共享等。该机制的目的是基于共同的利益，这样通过利益共享机制能够使全域旅游目的地整体发展起来，实现双赢的局面：一方面，龙头景区给边缘区提供了庞大的游客基础，营造了良好的旅游环境；另一方面，边缘区也为龙头景区提供了更多的服务内容，延长了旅游产业链，带来更多的经济效益。

3. 制定发展全域旅游总体发展规划

旅游开发，规划先行。只有在科学合理的规划指导下，全域旅游才能有效、成功开发。首先，要综合考虑分析当前的旅游业发展情况及实施可行性，只有在调查分析清楚当前的资源禀赋、发展情况后才能制定出有目标、有针对性的，契合实际的规划。其次，全域旅游涉及生产结构调整，还包括对各种资源的整合，因此，全域旅游规划的制定一定要与当地各种现有规划相协调，只有在综合考虑各个因素的条件下才能制定出可行、科学的旅游规划。例如，旅游发展总体规划、水利风景区规划纲要、土地规划、林业发展规划、扶贫发展规划以及景区旅游发展规划等。最后，全域旅游规划设计要针对当前旅游发展形势，根据自己的特色，开发形式多样的旅游产品，采用形式多样的管理方式，实行不同的开发组织模式。总之，全域旅游规划内容是否有效，就要看规划是否符合现实情况与发展的要求。

4. 打造特色旅游品牌

古人云“三里不同乡，五里不同俗”，每个地方都有各自的风俗习惯和文化特征。地方文化代表着一个地方的特色，是一个地方的标签，文化是旅游开发的核心内容之一，是其保持生命力的源泉。

每个旅游景点都有自身的文化价值和魅力，旅游业作为当地文化的载体和表现形式，在发展中要结合景区当地的文化特征与民风民俗，同时，在景区建设过程中，突出旅游产业链条功能，打造出精品，实现景区的品牌效应。在实现景区的品牌化道路的过程中，还要注意景区所谓的“热点”效应，一般规律认为，一个景区知名度显现的“热点”如果较低的话，热起来很快，冷下去也很快。这就需要一个地方基于某“热点”而变为景区之后，还需要相应的配套产品。因此，在景区开发的过程中，就应及时配置出符合实际、体现文化遗产特征，或自然遗产特征，或休闲度假特色的旅游产品体系。深入发掘景区文化旅游资源，打造特色文化旅游品牌，紧紧围绕文化旅游的品牌形象，开展全方位的宣传营销活动。

从另外一个角度来说，品牌化思路也是全域旅游目标实现的重要抓手。我们之前说过，全域旅游是一种“跳出景区看旅游，跳出旅游看区域发展”的新理念，是一种以“共享经济”思维进行区域内资源配置的新模式。从它的目的入手，就是要促进区域目的地旅游的均衡发展和目的地的经济增长。为了实现该目标，也需要在景区与景区之间、景区与所在地之间、景区与相关产业之间实现平衡发展。这就需要通过实施区域品牌战略，来提升整体形象，增强吸引力，形成积极的市场动力。换一句话说，区域品牌的建立本质上是建立一种良性的集群效应，除了对消费能力的积极释放起到良好的带动作用之外，同时还能对区域内其他产业的发展起到带动作用。

5. 助推全域智慧旅游

坚持开放共享，以开明的态度、开放的精神，将旅游作为互联网深入融合的重要领域，将互联网作为旅游创新发展的重要动力，积极营造旅游与互联网相互开放、相互包容、融合发展的良好环境，最大限度地优化资源配置，形成以开放共享为特征的“旅游＋互联网”运行模式。坚持引领变革，发挥互联网对旅游产业创新升级的平台作用，以旅游与互联网融合创新为突破口，推动大众创业、万众创新，引导要素资源向旅游实体经济集聚，推动旅游生产方式和发展模式变革。坚持安全有序，完善旅游与互联网融合发展的标准规范和规章制度，增强安全意识，强化安全管理，防范安全风险，保障网络安全。建立科学有效的旅游与互联网融合发展的市场监管方式，促进旅游市场公平竞争、有序发展。例如，全域旅游目的地可利用互联网技术全面实行网上景区门票预订、酒店预订、旅游产品购买、景区二维码进入识别、手机自动导游等服务。

（三）典型案例——梁平县

1. 梁平县旅游概况

梁平县地处四川省盆地东部平行峡谷区，位于重庆市东北部，是重庆市东北旅游线的重要节点，位于“大三峡旅游经济圈”内，是长江三峡陆路旅游线的必经之地。梁平县内自然、人文旅游资源十分丰富，有西南禅宗祖庭“双桂堂”、东山国家森林公园、百里竹海、蟠龙溶洞群、文峰塔等极具特色和发展潜力的自然与人文资源。梁平县文化底蕴厚重，文化资源极为丰富，有禅宗文化、古驿道文化、山寨文化、易学文化、抗战文化、红色文化、地方民俗文化等地方特色文化资源。梁山灯戏、梁平木版年画、梁平竹帘、抬儿调、癞子锣鼓等被评为国家级非物质文化遗产，是汉族地区国家级非物质文化遗产项目最多的行政县。梁平县旅游发展的资源基底较好，具有发展全域旅游的潜力。

2. 梁平县全域旅游发展核心思路

（1）项目定位

通过对梁平县资源现状、客源市场等进行分析，梁平县全域旅游发展规划可做如下定位：以建设国内一流旅游目的地为总体目标，充分发挥梁平县生态、文化、民俗及相关产业资源优势，构建以文化体验、生态休闲和养生度假为核心的多元化产品体系。通过“顶级品牌拉动、明星景区带动、辅助景区随动、全县整体联动”的“四动”发展道路，紧扣“禅宗双桂、竹海养生、生态涵养、非遗名县”特色，将梁平县打造成为中国禅宗文化体验旅游目的地与国内知名竹海生态休闲养生度假区，实现梁平县旅游产业的跨越式发展，最终实现全域旅游。

（2）核心思路

将梁平县定位为“竹海禅城，重庆梁平”的旅游形象，树立“全域旅游、全域景区、全面投入、全产业融合”的发展理念，全面融入全市“全域旅游经济”发展战略，坚持“文化＋旅游”融合发展，深度挖掘和充分发挥禅宗文化、易学文化、非遗文化、农耕文化等资源优势，以重点项目为带动，完善景区内基础设施、服务设施建设，大力推进百里竹海旅游度假区和重庆双桂禅修文化园建设，集中力量打造百里竹海、双桂堂两大核心景区；突出景区互动、景点串联，推进景区与景区、景区与城市相互融合，促进“文旅、商旅、农旅、休闲养老”多元化发展；加快建成百里竹海4A级旅游景区和双桂堂4A级旅游景区，并在中远期将两大核心景区进行整合，联合申报国家5A级景区。

另外，利用现有机场发展旅游航空产业，引导鼓励社会资本因地制宜发展乡村旅游，积极研发体验型、即时消费型文化旅游产品，开展文化旅游整体设计，开发设计多层次、多节点文化旅游线路，推进旅游联盟联网，积极发展“智慧旅游”，将梁平打造成为重庆市重要的生态休闲养生度假旅游目的地、中国西部禅文化旅游目的地和长江三峡国际黄金旅游经济带上的重要节点。

二、都市功能区依托型全域旅游

（一）理论概述

1. 概念

都市旅游就是指发生在城市中的各种旅游活动的总称。从产业经济的角度去分析，是指旅游者在城市的物质与精神消费的所有活动。随着后工业化的到来以及现代城镇化的演变，城市综合实力逐渐增强，良好的城市旅游资源、文化资源以及各类新型旅游产品的不断开发和各种配套服务设施的完善，形成了丰富的旅游吸引要素，使城市具有了旅游功能，并随着城市别具一格的旅游体验，使城市的旅游功能也逐渐成为城市的重要功能。

在此基础上发展起来的都市功能区依托型的全域旅游主要是指全域旅游区内都市功能显著，旅游区内城市与旅游融合发展、共生发展、相互促进的旅游区域。典型的例子有北京中轴线、后海等区域，以及上海新天地、杭州西湖、大连、成都春熙路—太古里区域、拉萨八角街、西安曲江旅游区、重庆朝天门码头区等，这些区域内休闲区、商业区、社区、文化区、产业集聚区、生态优化区等多区功能叠加，居民与旅游者共享，共同构成城市的地标和名片。

2. 主要特点

（1）开放性

都市一般都拥有较高的知名度，当都市的知名度成为一种吸引物的时候，都市旅游景观就不单是某几个景点的组合和纯粹的旅游要素堆集，整个都市成为一个游览景区，其中既包括实体部分，如都市建筑、都市风俗，也包括虚体部分，如都市情调、市民的好客性等。其主要的经济价值体现在都市旅游活动中的吃、住、行、游、购、娱等的经济外溢，社会价值体现在都市文化和民生状态的相互影响和吸引，因此，都市旅游吸引物是开放式的，只要旅游者能够到达的都市空间，作为要素的建筑绿化、街头雕塑、卫生状况、好客程度等都将直接影响都市旅游的体验价值。都市的开放性特点，也为都市发展全域旅游奠定了基础。

（2）统一性

都市旅游集自然风光、人文景观、古代遗迹、现代文明、民风民俗等多种旅游资源于一体，既可以发展国内旅游，也可以发展国际旅游；既可以大批量地接待外来旅游者，也可大规模地输出本地游客；旅游与休闲设施既可以为旅游者服务，也可以让都市居民充分享用。这些特点反映了都市旅游具有强大的粘连性和巨大的包容性，能够把一些看似矛盾的因素统一起来，同时兼顾各方利益，这主要表现在两个方面：一是旅游主体的统一性，即居民既是都市游憩者，又是都市旅游接待者；二是旅游客体的统一性，即作为旅游对象的都市既是都市旅游的目的地，又是其他旅游城市的重要客源产出地，还依托强大的交通、区位优势为游客提供中转、换乘功能，是旅游目的地、集散地和客源地的统一。

（3）后发性

都市旅游是建立在现代城市功能较为健全，城市魅力日渐凸显的基础之上的。这种新型旅游方式的出现，相对于漫长的城市史而言非常短暂；在千姿百态的旅游形式中，都市旅游甚至城市旅游也仅是一个后来者，确切地说，都市旅游距今也只有不到30年的历史。随着城市综合实力的增强，功能的不断拓展，环境的进一步美化，各种配套服务设施的逐步完善，给城市带来了更多的商务、会议、观光及其他类型的旅游者，城市在进一步行使国家对外交往门户和国家区域政治、经济、商贸、文化和信息中心职能外，还具有旅游管理、接待、集散和辐射中心的功能。

（二）发展对策

1. 加强旅游功能的复合叠加

都市功能区依托型全域旅游的关键在于旅游综合体的形成是基于旅游功能和城市功能的融合，因此，都市功能区依托型全域旅游不仅能满足游客的观光游览的基本旅游需求，还能满足其在城市中才能获得的各项旅行体验，是旅游功能与城市功能的复合叠加。所以从旅游的视角看，城市就是一种集合多种功能于一体的组合空间支撑。

在对城市型的功能性旅游进行规划打造时，就一定要将区域内的核心吸引物、自然生态资源、景观建筑、道路设施与文化习俗等方面全部融合在一起，形成多规合一，进行统一规划的设计，打造出一个各要素配合、资源与文化相映衬的统一城市形象。积极推动各个旅游功能相互依赖、彼此促进，带动相关泛旅游行业的利润增长，实现城市旅游利润综合性收益的增加。

2. 加强区域协作

旅游产业的竞争，已经从单个企业、城市的竞争，发展到区域一体化的联合竞争阶段，因此一个地区旅游业要想在激烈的市场竞争中取胜，就必须打破行政壁垒，走区域一体化发展之路。全域旅游区域联动发展就是一体化的运作，其关键在于强化联合意识，淡化行政区观念，强化经济联系，加强区域联合协作。

不能各自为政，自成一统，重复建设，要互相开放、互相依赖，从产业经济的微观层面融为一体，实现整体大于部分之和的效果。都市功能区依托型全域旅游目的地通过与国内旅游热点城市互补组合，联合开发、联合促销，谋求共同发展；搭建区域合作平台，设计各自特色产品组合，打造中国黄金海岸和历史文化名山名城旅游品牌。例如，青岛市形成的“二山二圣”游就把泰山、崂山、孔府、孟府串成了一个旅游线，形成联合宣传促销、相互输送客源的开放联动的格局：联合打造半岛城市群无障碍旅游区，推行“齐鲁金穗旅游卡”，将区域合作深入到经济层面的一体化。政府要出台相应区域联合政策加强区域合作，联合促销宣传，共同开拓旅游市场；建立整体旅游信息服务体系，扩大整体影响。

3. 科学规划开发

都市功能区依托型全域旅游目的地开发中要树立“大开放、大旅游、大产业、大市场”的全新理念，站在全国、全世界的角度来规划全域旅游，通过资金的奖励向全世界征集全域旅游规划设计方案，再邀请国际著名的旅游规划大师对方案进行评价分析，选出或综合制定出一个完善的全域旅游发展规划。要树立全域旅游的高起点规划，规划区内的所有建筑都要有独特风格、有特点，道路、小溪甚至一草一木都要精心规划，真正做到精品旅游。

另外，构建都市功能区依托型全域旅游目的地，必须有大投入。而要实现大投入，必须走市场化道路，实现开发机制的创新。在景区开发中，要坚持统一规划，分期开发，调动一切可投入的旅游吸引物。按照旅游资源所有权、管理权和项目经营权三权分离的原则，以特许、转让、承包等方式，广泛吸纳各种所有制形式的企业及个人参与到构建全域旅游目的地的开发、建设、经营中来，甚至农民个人也可按规划建设森林家庭旅馆、农家乐等。对国有企业实行股份制改造，积极推行“靠大联强”，组建跨产业、跨地区、跨所有制的旅游经营联合体，增强总体市场竞争力。通过建立新的景区开发机制，全方位地吸引资金来投资全域旅游目的地开发。

4. 创设城市的旅游特色

完善城市的旅游功能是城市型的功能性旅游最基本的要求，然而一个城市如果仅有丰富的旅游资源、完善的旅游功能而没有有别于其他城市的独特个性，对于游客来说仍然缺乏足够的吸引力，尤其对于中小型城市而言，塑造城市的整体形象、完善城市的整体接待环境就显得尤为重要。

今天，城市型功能性旅游是指不单纯依赖独立的旅游景点，而从城市旅游各种吸引要素的有机结合入手推出的城市整体的旅游形式。所以，构建城市的整体旅游形象，创设城市的旅游特色，就形成了旅游者对城市的综合认知。这就要求，首先，对城市整体旅游形象塑造的进行要科学有效，并且从满足客源市场的需求出发，在此基础上，城市的旅游基础设施、旅游活动等具体的吸引要素符合定位，彼此之间相互协作，密切联系、合理组合，形成统一整体。这一整体形象定位与塑造过程是体现旅游城市特色的基础。其次，要从特色入手，形成个性化差异。

对于功能性的旅游城市而言，一定要根据自身的资源与环境条件，提炼出有别于其他旅游城市的个性特色，并把形成形象鲜明、便于记忆的特色主题。

（三）典型案例——大连

大连市委很早就提出了把“全域城市化”战略作为推进城乡统筹、落实国家战略、优化城市功能的基本举措，它也是指导城市未来发展的最高战略。在国务院将旅游业定位为“战略性支柱产业和人民群众更加满意的现代服务业”后，大连市新一轮旅游总体规划明确提出“全域旅游”的新理念。

1. 以全域旅游助推全域城市化

不同于仅仅明确旅游发展目标、战略、方向和规模的传统旅游产业发展规划，大连“全域旅游”规划在传统旅游产业发展基础上，重点深化旅游产业目标、战略及规模体系在全域空间上的落实，加强全域旅游统筹的保障策略，保证下一层次区域旅游规划对整体发展理念、方向的贯彻落实。规划打破行政界限，将大连市 138 万平方千米的土地作为整体，充分发挥旅游业融合力、辐射力强的特点，通过“促城、造镇、兴村”，有效地推动大连市健康、绿色城市化进程。

2. 规划格局

（1）构建全域旅游体系结构

规划形成由 1 个旅游度假群岛、10 个旅游经济区、28 个旅游镇、120 个旅游村组成的旅游空间结构体系，通过旅游造城、旅游兴市，形成了沿黄渤海的滨海旅游带和北部山区温泉生态旅游带共同组成的环大连全域的旅游度假路线。西部风情海岸通过十大主题海岸建设，打造成为可与美国西海岸相媲美的国内顶级风情海岸；南部动感海岸通过十大主题海岸建设，打造最具都市时尚、活力、魅力的海岸；东部体验海岸重点开发参与性和人文性较强的体验产品，同时打造世界十大风情渔村；北部温泉走廊以龙门、安波和步云山三大温泉产业集聚区为重点，打造国际知名的温泉旅游度假带。

（2）形成四大空间功能区划

合理规划南部都市、沿黄海、沿渤海以及中北部等区域，形成特征鲜明的四大旅游板块。南部都市旅游片区打造大连旅游游客集散中心、服务功能集聚中心以及大连文化集中体验的中心；西部渤海旅游片区打造滨海度假、历史文化、乡村旅游、沙滩休闲、海鲜美食等旅游产品；东部黄海旅游片区通过海岛—水岸的互动开发，发展群岛度假、渔家体验、海岛高尔夫、海上运动、海洋牧场、海鲜美食等旅游产品；北部生态旅游片区重点打造温泉滑雪、都市农业、乡村旅游、森林旅游、宗教文化、历史文化等旅游产品。大连“全域旅游”规划明确了全域旅游新格局和发展路径，制定了旅游产业发展和旅游城市建设的双重目标，建立起城乡一体、覆盖全域的旅游交通、基础设施和信息服务体系，对于新时期统筹城乡旅游资源、构建战略性支柱产业、推动全域城市化进程及提升城市功能具有重要的指导和借鉴意义。

三、特色产业依托型全域旅游

（一）理论概述

特色产业依托型全域旅游是指景区依托特色产业，构建全产业链联动的全域旅游新模式，依靠特色产业的集聚和创意体验，构建新型的全域旅游区和新的产业功能区。典型的例子有河南洛阳嵩县、中山市黄圃镇特色工业区、山东烟台的葡萄酒旅游集聚区、云南罗平的油菜花旅游、北京海淀区的科教旅游区、深圳大芬村的油画村旅游区等。

总的来讲，这种全域旅游的规划类型可以形成多产业的资源整合，形成融合发展结构。例如，依托于特色工业的工业文创体验园、依托于特色科技的AR与VR虚拟体验园、依托于特色教育的研学旅游、依托于特色体育活动的体育旅游小镇与运动度假综合体等。下面就其中的几类进行具体介绍。

第一，依托于特色工业的全域旅游在激活传统经济、优化产业结构、延伸产业链条方面具有重要作用，是实现工业第二次腾飞的路径。它以工业文化、工业遗址、工业生产过程、特殊工艺、工人劳动生活场景为主要吸引物，形成集工艺流程观赏、工艺体验、主题文化体验（文化体验馆 / 博物馆、主题演艺、文化长廊）、主题景观观光等为一体的综合性发展结构。依托于特色工业的全域旅游受工业企业的影响较大，需要在更高层次上寻求多种要素的融合，同时强化创意，注重与游客的互动体验。

第二，对于依托于特色文化的全域旅游而言，旅游产业和文化产业产生了较强的关联性、高渗透性，文化为旅游产业提供丰富的内容依托，旅游则为文化消费创造巨大的市场空间，为文化保护传承提供有力支撑。一方面，可以以创意为引领，以文化为依托，以旅游为通道，衍生出艺术街区、文创产业园、旅游演艺等创新业态，同时形成附加价值较高的文创产品，提升当地文化品牌形象，增加旅游收入；另一方面，可以借助现代技术手段，加速文化与旅游的融合，形成可观赏、可体验的面向市场的旅游产品，从而放大文化资源的旅游价值，提升旅游产品的文化内涵。

第三，随着传统教育弊病的不断凸显以及人们教育理念的不断改观，亲近大自然、寓教于乐、户外探索等新型的泛教育活动成为很多人的追求。依托休闲农业、特色文化、户外运动、自然景观、宗教等资源，以旅游为手段，以获取成长及知识为目的，举办“亲子农场、青少年文化研学基地、智慧营地、智慧农场、户外探索基地、禅修基地”等创新业态，以及众多主题营、动漫艺术节、非遗体验周、“阅读＋旅行”等活动，成了旅游发展的热点。

第四，科技与旅游是相辅相成的关系，科技可以助推旅游的体验化发展及升级，旅游可以促进科技的产品转化及产业链延伸。首先，在人们对旅游的趣味性、体验性要求越来越高的现实需求下，科技的融入可以很好地解决这一问题，尤其是对于一些文化类旅游产品来说，科技的融入将大大提升旅游的价值。比如，故宫通过虚拟三维和 VR 等时下大热的技术的植入，使得游客可以更加形象、更加直观地了解历史。其次，科技通过旅游化的手段转化为旅游产品，将实现产业链的有效延伸以及科技的更广层面的快速推广。

（二）发展对策

1. 树立发展旅游就是发展经济的观念

要以新的精神面貌投入发展全域旅游事业中，要充分认识到发展旅游业就是发展经济，抓旅游工作就是抓经济工作，就是抓投资环境的改善。建立政府支持、市场运作、多元投资、高速发展的旅游开发新机制。政府在加大旅游基础设施建设投入的同时，制定优惠政策，积极吸引民间资本进入旅游领域，加快旅游产业的开发。如果要搞大规模、高档次的特色产业依托型全域旅游，要对外宣传促销，就必须有一定的资金保障。针对这个问题，应该在特色产业旅游上多投资一点，办大规模，办高档次，使特色产业旅游得到更好的发展；应该加强与旅游部门的联系，把特色旅游资源开发为旅游产品，并使产品通过促销为旅游者所接受，带动地方经济发展。

2.“点—轴”优势产业驱动

全域旅游必须运用全局观念，将全域范围作为一个整体的旅游景区来规划发展，确立重点发展区域，打造经济产业发展带，以点带线，以线带面形成优势产业。对于景区原有优势产业进行加强，重塑与宣传，通过“点—线—面”对旅游要素进行重组，将旅游资源优势转化为产业优势，并形成优势产业驱动型经济发展，最终带动整个区域内全域旅游发展。

3. 全面实行旅游产业要素和旅游资源整合战略

旅游产业要素主要是指资源、人才、资金、信息等，需从四方面进行推进。一是以人才为核心，营造产业优势。强调旅游资源与人才整合、资金财力与人才整合、旅游资源与人才机制整合、旅游人才自身整合等。二是以资金为依托，壮大产业实力。旅游资源与财力要素的整合，分外整合和内整合。外整合指出台优惠措施，吸引外来资金投资本地旅游业；内整合指鼓励本地旅游企业以资金、土地、技术、设备等方式入股，加盟区域全域旅游联合体。三是以信息化为平台，提升产业竞争力，建立信息交流平台，进一步加快网络信息管理、网络查询、网上预订、旅游企业智能化的建设步伐。四是以市场为导向，提升产业营销力，整合各种层面的市场，包括当前市场和潜在市场、细分市场和普通市场、区域市场的需求与旅游资源的关系，而不能人为地分割市场，以不断提升市场营销力。

4. 注重特色产业旅游的规划

遵照国家的法规和条例搞好全域旅游发展规划。规划的成败决定工作的成败。规划要本着高起点、高标准、高效率的原则，充分体现规划的科学性、战略性、前瞻性、创新性、指导性和可行性，突出全域旅游景区的特色。例如，可口可乐公司在设计生产厂房时，就安排了参观走廊，游客漫步其间，透过玻璃墙便可了解产品的整个生产过程；还专门开设了展览室，陈列各式最新产品，并通过图片、实物等介绍可口可乐公司的发展历史。针对这个问题，应该把特色产业旅游看作一种特殊的广告、公关活动，把特色产业旅游纳入企业形象塑造、企业文化建设的战略框架中，从这个立场出发，进行中长期的规划是非常必要的。

（三）典型案例——中山市黄圃镇

1. 黄圃镇特色产业优势

黄圃镇工业旅游资源丰富，如与腊味相关的工业旅游资源包含了集农户（基地）、质检、加工（制作）、包装、市场（销售）等产供销一条龙的发展体系。专业的腊味市场，著名腊味企业的腊味加工制作程序与现代工艺，占地 46 667 平方米、建筑面积达 12 000 平方米的会展中心场馆，近 5 000 平方米的中国食品工业示范基地研发中心大楼等旅游资源可以满足现代游客旅游动机和兴趣的多样化，增加旅游的吸引力因素，为旅游产品的创新提供了条件。

2. 黄圃镇特色产业依托型全域旅游的发展

首先，黄圃镇政府主导发展旅游业，在尊重客观经济规律的基础上，合理进行资源配置，保障黄圃镇旅游业的健康发展。在工业旅游发展过程中，加强硬环境和软环境的建设，完善公共服务设施的建设，并且加强对高级人才的引进，树立了良好的旅游品牌和形象。

其次，结合工业旅游的发展，加强城镇建设。黄圃镇历史悠久，文化丰富，应加强建设具有特色风貌的城镇，如在进入镇区道路入口处，规划建设广场空间体系，由若干与腊味主题相关的游憩广场和文化广场组成，一些反映特色产业镇旅游形象的宣传画更是为全域范围增添了颜色；在各大路口设置有关景点的路牌指示、标志，在游客经过的主要道路沿线，加强对景观的整治和建设，形成良好的视觉环境。通过对重要节点的打造，黄圃镇展现出了新型特色产业镇的形象。在特色产业发展过程中，构筑了以“腊味”为主题的，融生产参观、文化感知、学习观摩、购物娱乐为一体的多元化产品体系，将以生产加工为主导的腊味产业变成能吃、能看、能购、能体验的工业旅游，形成了工业旅游精品。建立腊味行业博物馆，定期举办腊味生产技术交流会，将腊味生产与旅游业融合发展，开辟出全域旅游发展新引擎。

最后，当地注重在发展全域旅游时对周边景点的联合发展，联合镇内的报恩禅寺、海蚀遗址、飘色艺术推出“黄圃腊味、飘色文化一日游”“魅力黄圃本色腊味”等多条旅游专线，满足市场多样化需求，并采用多种途径拓展旅游市场。在此基础上，促进镇内各种旅游资源的开发，全面促进黄圃镇的全域旅游发展。

四、特色城镇美丽乡村依托型全域旅游

（一）理论概述

1. 概念

特色城镇是相对独立于城市地区，具有明确产业定位、文化内涵、旅游功能和社区特征的发展空间载体，是实现生产、生活、生态融合的未来城市发展

方向。它既有特色产业，又是一个宜居宜业的大社区，既有现代化的办公环境，又有宜人的自然生态环境、丰富的人性化交流空间和高品质的公共化服务设施。它是地区发展过程中具有某类特色元素的聚集区（或居民点）试图用最小的空间资源达到生产力的最优化布局，是一个“产、城、人、文”四位一体、有机结合的功能平台，也是融合产业功能、文化功能、旅游功能和社区功能的城镇地区。在这样的地区，产业是支柱，文化是内核，旅游是生活，社区是归属。

特色城镇在管理方面是指以建制镇的行政区划分单元为基础，进行新型城镇化探索的一种特殊的空间。一般来说，特色城镇是小城镇的核心聚焦区，小城镇的其他地区是特色城镇的腹地。城镇化的具体实施进程是以特色城镇为起点的，逐步向外推进，最终促使整个建制镇地区实现美丽小城镇的发展目标。

在此基础上发展起来的特色城镇、美丽乡村依托型的全域旅游主要是指有特色文化、特色风貌、特色业态等支撑，旅游引领风情小镇发展，是就地现代化、就地城镇化的全域旅游新模式。典型的例子有乌镇、周庄、琼海等依托小镇的全域旅游，五莲县、西峡、郫县（现郫都区）、湖州、婺源、安吉等美丽乡村依托的全域旅游。

2. 主要特点

（1）资源独特性

特色城镇美丽乡村依托型旅游目的地拥有独特的乡村环境和乡村生活，对城市旅游者来说，乡村中所依托的山、水、田、林，人为配以的野趣浓郁的建筑设施和活动项目（如草舍、篱笆、戏水、攀岩、狩猎等）构成了一幅悠悠古韵、浓浓乡情的田园画卷，这些都是具有极强吸引力的独特的旅游资源。其实，这些旅游资源也就是村民的生活和环境，旅游者需要通过在当地生活，观察和参与来感受城市与乡村的不同。因此，旅游者在当地是短暂生活的村民身份，与一般旅游活动中旅游者始终是以一种外人的身份和姿态出现在当地社会和居民生活中有所不同。传统旅游在追求经济效益时一直把注意力放在旅游景观吸引力的挖掘上，而乡村旅游提供给旅游者的就是一种完全的乡村的生活。

（2）旅游产品的体验性与文化性

体验性是乡村旅游的一个重要特征，也是全域旅游发展的要求，特色城镇美丽乡村依托型全域旅游在发展过程中需要增加游客参与乡村生活、生产的某一过程，通过观察、模仿、习作获得成就感、满足感、自豪感。根据体验活动融入的内容和方式不同，特色城镇美丽乡村依托型全域旅游的体验型产品可划分为无酬型体验、有偿型体验、品尝型体验、农业夏令营式体验、娱乐型体验和健身型体验。打造此类旅游目的地时，要体现出城乡之间在自然景观、自然环境、社会经济、生活方式、文化特征等方面的差异性，在旅游产品中注重对传统乡村文化的融入。另外，乡村中所具有的浓浓乡愁、返璞归真、天人合一等特色旅游精神，都可以在打造全域旅游美丽乡村时大做文章，从而造就此种全域旅游目的地的旅游吸引力。可以说，自然原生性的乡村传统文化将是特色城镇美丽乡村依托型全域旅游活动的最大特点和卖点。

（二）发展对策

1. 充分发挥政府的引领作用

特色城镇美丽乡村依托型全域旅游目的地一般拥有特色文化，特色风貌支撑，但经济一般不发达，处于远离城市的乡镇，纵观全域旅游发展较好的乡镇，地方领导都能够清楚地认识到旅游业的带动作用对城乡统筹发展，改变区域生态环境，促进地方经济收入有着巨大的推动作用，他们十分重视旅游的发展，积极为旅游发展创造各项便利条件，积极发展旅游业帮助当地农民就业，并帮助农民脱贫致富。

政府的主导方式较以前要有所转变，从重视旅游项目开发到重视旅游产业培育；从主导旅游招商引资到主导社会环境和公共设施的旅游化改造，旅游设施的配套化建设和特色化、人性化提升；引导相关产业向旅游产业集聚和融合，打造完善的旅游产业链和多业交融的综合性旅游产业体。协调全域旅游管理体制，拓展旅游业态、延长旅游产业链。政府成立全域旅游指导委员会，理顺多头管理的机制，指导旅游地旅游协调、规划、开发，指导旅游、建设、农业、环保、国土、文化、科技、民族、教育等部门的协同发展。

2. 旅游相关设施的完善

乡镇内远离闹市，基础设施、公共服务设施相对落后，要做到全域旅游中游客满意度的提升，就要狠抓乡镇内旅游相关设施的服务质量，旅游相关的设施包括饭店宾馆、旅游交通、旅游标识、景区厕所等，这些设施直接关系到游客对旅行安全、方便、舒适的体验，是特色城镇美丽乡村依托型全域旅游发展中最基本的部分。公共服务体系建设是影响全域旅游质量的重要条件，创建全域式的旅游公共服务体系尤为重要，全域旅游的基本特征要求旅游目的地必须建立完善的公共服务体系，覆盖游客行前、行中和行后全过程，对全域内的旅游要素实现无边界整合。对交通、安全、营销及吃、住、行、游、购、娱乐、消费等各个环节、各个要素进行全网优化，实时更新，网络动态发布。全域旅游公共服务体系不仅是为了给游客提供优质服务，而且应充分考虑本地居民的休闲需求，能调动社会参与的积极性，全域旅游的公共服务体系更是当地居民与游客和谐共享的高品质生活空间。

3. 突出地方特色

全域旅游的理念是，让“一村一舍”“一山一水”“一草一木”都成为风景，让“人在画中行，车在景中游”。因此，首先要求以环境保护为核心原则，以保留乡村的“原真性”为使命。规划单位应在“原乡”规划的理念下，规划景区景点；开发商在景区、景点建设时，应尽量保持当地资源的原有风貌，切忌大刀阔斧，乱砍滥伐；政府应注重对公众环保意识的培养，加强对企业的监督，加大对环境污染的惩治力度，提倡居民使用新能源。其次还要求对所有的服务设施进行旅游化功能改造。每一座建筑、工厂、学校等基础设施建设都要考虑它的景观性，尽力做到全景域。用“绿水青山”的理念打造特色城镇，用“乡村驿站”的理念打造美丽农村，尊重自然，挖掘特色。

（三）典型案例——浙江省安吉县

1. 浙江省安吉县概况

安吉县，地处浙江西北部，长三角经济圈的几何中心，是杭州都市经济圈重要的西北节点，同时是国家首个生态县、全国生态文明建设试点县、全国文明县城、国家卫生县城、国家园林县城和国家可持续发展实验区、全国联合国人居奖唯一获得县。安吉县生态环境优美宜居，境内“七山一水二分田”层峦叠嶂、翠竹绵延，被誉为气净、水净、土净的“三净之地”，植被覆盖率75%，森林覆盖率71%。安吉在全国率先提出“建设美丽乡村”的口号，并且以“村村优美、家家创业、处处和谐、人人幸福”为目标，成为全国乡村建设的典范。

2. 主要发展思路

（1）以美丽乡村建设带动全域旅游发展

在建设美丽乡村的实践中，安吉坚持四美原则，即尊重自然美，侧重现代美，注重个性美，构建整体美。强化全局战略思维，把全县当作一个大乡村来规划，把一个村当作一个景来设计，把一户人家当作一个小品来改造，大力发展以农家宾馆为主的专业村，搞好旅游配套服务建设，提高游客接待能力，让游客“吃农家饭、住农家屋、做农家活、看农家景”，致力于推进环境、空间、产业和文明相互支撑，加大树种培育，构筑春、夏、秋、冬特色各异、丰富多彩的森林季相景观，提出特色城镇美丽乡村依托型全域旅游目的地生态环境质量和观赏价值。一、二、三产整体联动、城乡一体有机链接，力求全县美丽、全县发展。

（2）大力推进全域景区化建设

安吉县根据“五化同步”的总体要求，在提质上苦下功夫、力促转型：全域化布局、一体化推进、标准化管理、生态化发展、国际化引领。大力推进全域景区化建设，提高旅游服务水平、丰富旅游产品构成、提高全县接待能力，全面促进全域旅游的建设进程。

第五章　贵州乡村旅游发展概述

贵州作为一个多民族的省份，有着得天独厚的自然环境资源和绚丽多彩的民族文化资源。过去，由于身处险要位置，贵州的优势得不到发挥，一直被冠以“穷山恶水”之名。近年，在政府的扶持和市场的引导下，推进休闲农业，贵州的乡村旅游得到了蓬勃的发展。本章分为贵州发展乡村旅游的资源优势及评价、贵州发展乡村旅游取得的成效以及贵州乡村旅游开发中存在的问题及对策建议三部分。

第一节　贵州发展乡村旅游的资源优势及评价

一、资源优势

贵州山川秀丽，气候宜人，民族众多，资源富集。独特的自然条件，丰富的民族文化，为发展乡村旅游业提供了宝贵资源。

贵州地处中国西南部云贵高原东端，东毗湖南，南邻广西，西连云南，北接四川和重庆，地势西高东低，由中部向北、东、南三面倾斜。全省东西长约595千米，南北相距约509千米，总面积为17.61万平方千米。地貌有高原山地、丘陵和盆地三种基本类型，其中92.5%的面积为山地和丘陵（喀斯特地形占61.9%）。山脉众多，重峦叠嶂，绵延纵横，山高谷深。东北有大娄山、武陵山，西北有乌蒙山，西南有老王山，中部有苗岭，构成了贵州高原地形的基本骨架。海拔最高点2900.6米（赫章县珠市乡韭菜坪），海拔最低点为147.8米（黎平县地坪乡水口河出省界处）。平均海拔约为1100米。贵州岩溶地貌发育非常典型。岩溶分布范围广泛，形态类型齐全，地域分异明显，构成一种特殊的岩溶生态系统。贵州的气候温暖湿润，属亚热带湿润季风气候区。气温变化小，冬暖夏凉，大部分地区年平均气温为15 ℃左右。全省水系顺地势由西部、中部向北、东、南三面分流。长度在10千米以上的河流有984条，河网密度大，河谷深切，水量大，水力资源丰富。贵州有野生动物资源1000余种，其中金丝猴、黑叶猴、华南虎、云豹、黑颈鹤等14种动物被列为国家一级保护动物。植物资源有森林、草地、农作物、药用植物、野生经济植物和珍稀植物等六类。

贵州有众多独具魅力的喀斯特自然风光、丹霞地貌景观和浓郁古朴、多姿多彩、神秘悠远积淀厚重的少数民族历史文化；乡村自然风光秀丽，气候温和，空气清新，植被覆盖率高，水源充足，水质良好，民风淳朴，乡土气息浓郁；农业生产历史悠久，农事活动与农业景观多样，农艺技术水平高，民间手工作坊遍布各地，传统劳作方式与现代化农业耕作并存，利于开发多种形式的观赏、参与性旅游项目。

贵州乡村旅游的资源多样化和客源市场需求的多样化，决定了乡村旅游产品是多层次的复合型产品体系。贵州乡村旅游是以贵州农村的民族村寨、文化遗产、自然环境和山地农业为资源依托，以多样化的客源市场需求为导向的复合型旅游产品。贵州乡村旅游的本质是以旅游地村民为主位的，与游客之间的互动性活动，在满足以上两个群体的合理需求的条件下，立足于村民的自主发展能力培育，实现村民的自主发展。乡村旅游开发需吸引广大农民共同推进，实现贵州从旅游资源大省到旅游产业大省的转变，使更多的农村富余劳动力通过发展旅游业，加大就业、增加收入，推进农村产业结构调整，建设社会主义新农村，实现贵州经济社会发展的历史性跨越。

（一）众多的特色民族村寨和古村镇

国内外专家组曾对全省已经开展乡村旅游或具有旅游潜力的600多个民族村寨进行调查，并按国际专家组所提供的标准对其进行评分划等，共分为A、B、C、D、E五个等级。将其中C级及C级以上的150多个村寨，编制成《贵州省主要旅游资源——民族村寨名录》。

贵州拥有5万多个自然村寨，约有2至3万个村寨（其中民族村寨约1万多个）具备发展乡村旅游的良好条件。贵州就单体村寨而言，规模较小，村寨空间容量有限；这些村寨处于优美的田园风光、秀丽的山水之间，传统文化内涵丰富。民族村寨的建筑，是民族村寨的标志和核心，是乡村旅游景点的重要景物。民族村寨的建筑包括私建私有私用的民居，公建公有公用的公共建筑物，私建私有公用的路边建筑物三种类型。第一类建筑物较有特点的是苗、布依、侗、水等族的吊脚楼、干栏式建筑等，部分布依族、仡佬族和汉族“屯堡人”的石板房，水族的石板、石刻墓，彝族的土司庄园，瑶族的歇山顶茅屋以及各具特色的水磨、水碾、水车、粮仓、晒台、晾衣架、柴草棚等附属建筑物。第二类建筑物较有特点的是苗族的龙船廓、木鼓房、铜鼓坪、芦笙堂、妹妹棚、跳花场，侗族的鼓楼、戏楼、风雨桥、祖母堂，布依族的凉亭、歌台，彝族、水族的跑马道等。第三类建筑物较有特点的是安置在山路两旁、古树底下的木凳、石凳，架设在溪流之上的部分板凳桥、独木桥、“保爷桥”，竖立在岔路口的指路碑、修建在田边地角的水井等。

贵州还有一些建筑和习俗都保存完好的移民村镇，这些村镇大多有着精彩的建城故事和光荣的拓荒史，它们也是贵州重要的发展乡村旅游的资源。贵州的古镇多沿历史上形成的陆上、水上古驿道分布，它作为最初的货物集散中心，逐渐发展成为一定区域经济、文化沟通的纽带和集聚地，而打上各民族文化影响的烙印。在贵州 19 个主要的古镇中，其文化特点各异，它们是乡村旅游开展的重要场所之一。

（二）优美的自然环境

贵州拥有约 17.6 万平方千米的土地，几千个自然村寨，因地质、地貌、气候、水文、植被等自然因素的不同，各村寨的自然环境既有局部面上的一致性，又有在点上的差异性。喀斯特地貌、丹霞地貌和常态地貌是贵州三大地貌类型，其中喀斯特地貌是贵州自然环境最为显著的特点。贵州生态环境良好，森林覆盖率达 57%，生物资源十分丰富。贵州的喀斯特地貌、常态地貌和丹霞地貌，特色鲜明，发展乡村旅游基础深厚。这些丰富多样、具有吸引力的自然资源和环境条件以及具有丰富内涵的少数民族文化，为贵州乡村旅游的发展提供了广阔的空间。

贵州是中国碳酸盐类岩石分布面积最广、喀斯特强烈发育的省区，处于世界喀斯特发育最复杂，类型最齐全，集中分布面积最大的东亚喀斯特区域的中心部位，碳酸盐类岩石出露面积约 13 万平方千米，约占全省总面积的 73.6%。一方面，喀斯特特殊的地球化学与生物特征决定了其生态环境异常脆弱，人地矛盾突出且不适宜现代农业发展，从而使贵州成为我国经济发展滞后区之一。另一方面，喀斯特环境的封闭性及其民族文化强烈的内聚力，使喀斯特自然风光同浓郁古朴的少数民族文化具有强烈的地域性，构建了“十里不同山，五里不同俗”的“文化千岛”的环境背景，使乡村旅游的开发独具魅力。喀斯特环境下的乡村，呈现出的景观特点是：以形态各异的喀斯特峰林峰丛、溶蚀低地、石柱及色彩斑斓的洞穴、峭壁为主，果园、农田和民族村寨星罗分布，构成充满宁静、闲适、朴素的田园情调。同时，民居建筑（石建材的房屋）、耕作方式、生活方式（喜酸、石木用具等）等都深深地打上了“喀斯特”的烙印。

贵州还存在大量溶洞（有的溶洞中有地下河），溶洞内有众多沉淀物，形态绚丽多彩，主要有石钟乳、石笋、石柱、石幔、石蘑菇等。洞穴往往与古代寺庙建筑、摩崖石刻等结合在一起，游览洞穴可增加对古代文化、艺术、宗教、建筑等方面的认识；洞穴还给人们提供了探险、科学考察、治疗某些慢性疾病的环境。贵州具有旅游价值的喀斯特溶洞有上千个，其中织金的织金洞、安顺龙宫、铜仁九龙洞、龙里莲花洞等最为典型。贵州的常态地貌约占全省总面积的23.6%，主要分布在天柱、三穗、锦屏、台江、剑河、黎平、雷山、榕江、从江、望谟和册亨等县及铜仁市的梵净山，岩石主要由变质岩或碎屑岩构成，土壤较厚，林木生长条件好。水源充沛，村庄星罗棋布，经济林木茂密，田园风光秀丽。

丹霞地貌是发育于侏罗纪至第三纪的红色地层，集中分布在贵州北部的赤水市和习水县，两县市丹霞地貌面积为4928.9平方千米，约占全省总面积的2.8%。丹霞地貌奇峰林立，景色瑰丽，村落田园、溪流池塘散布其间。

贵州位于云贵高原东部，地势由西北向东南逐渐下降，最高海拔2900米，最低点海拔173米，平均为1000米。有87%的山地，10%的丘陵，河谷、坝子仅占3%，没有平原。省内河流水系发达，乌江干流由西向东横贯境内，流域面积大于100平方千米的河流有741条，乌江、红水河（包括南、北盘汀）、清水汀、都柳江、赤水河五大水系的流域面积均在10000平方千米以上，河网密度大，分布较均匀。河谷深切，地形破碎，是贵州自然环境最为显著的特征之一，是形成贵州农村聚落村寨小而散、民族文化千姿百态而又保存完整的环境条件，有数万个村寨散布其间，大多依山傍水，环境优美。

贵州气候温暖湿润，夏无酷暑，冬无严寒，四季如春，具备了在乡村中开发度假旅游的气候优势。

总之，贵州乡村清新的空气、安静的环境、空旷的田野和绿色环境组成的亦农亦旅、农旅结合的田园风光，让春之小麦、油菜花，夏之荷花、水稻，秋之瓜果构成的“色彩田”如同绘在大地上的美丽图画，再辅之麦场、荷塘、水车、石碾、牛背横笛、鸡鸣犬吠、门前小河、集庙、戏台等农耕文化意象和木楼、石屋、花桥、占楼，穿行其间忙于农事的村民的点缀，构成了一幅幅生动的贵州乡村风景。

（三）独特的山地农业

贵州是中国唯一没有平原支撑的省份，喀斯特山地占土地总面积的87%，丘陵山地占10%，平地仅占3%，是名副其实的“山之国”。在这种山多地少、石多土少的特殊地理环境下，世代居住于山区的居民因地制宜，沿高山深谷两岸建构村寨、开辟田地，村寨通常处于耕地中心，耕地围绕在村寨周围，形成了独具特色的贵州山地农耕文化。

贵州乡村的农业生产方式大体上为水田稻作农业和山地粗放式农业两种。梯田是贵州水稻种植的一大特色。由于坝区少，人们就利用山间土地围堰筑坎，开垦“梯田”，扩大水稻种植面积。“梯田”是贵州农田建设的一大创造，但凡有水源的地方都可以造田，在贵州大山的脊梁上到处可见壮观的梯田。传统的田地灌溉多种多样，利用溪涧或地下水进行灌溉，在河上筑坝、修建水库引水灌溉，利用水车提灌，积水为池引灌，利用山泉井眼灌溉等。新中国建立以后，政府利用贵州水利资源丰富的特点，建设了许多大、中型水利工程，如乌江水利工程、清水江水利工程、都柳江水利工程、红水河水利工程等。采用现代排灌技术，较大范围地解决了民族村寨地区农田水利灌溉问题。此外，在广大山区，主要种植玉米、小麦、油菜、红稗、荞子、土豆等旱地作物，在发展山地农业的大背景下，高科技的城郊农业和生态农业异军突起，贵阳、遵义等城市近郊有大片生态粮田、特色蔬菜、花卉水果、园艺场地、绿化地带、产业化农业园区和特种养殖业基地；威宁县的荞麦花开时节，大山变成了盛装的姑娘。这些皆是适合发展乡村旅游业的资源基础。贵州的乡村经济可概括为立体型“山地经济”。由于贵州山地和丘陵面积占 97%，且出露的石灰岩面积占 74%，这样的地形地貌决定了山地农耕占有十分突出和重要的地位。

以改善乡村道路、清洁能源、房屋改造、绿化美化、环境卫生、饮水等为目标的生态环境建设，以推进农民增收、调整农业产业结构发展特色或支撑产业为目标的生态经济建设，以及促进村民自治、完善文化设施、普及科技知识等生态文化建设，对于改善农村生产生活条件，促进农民增收、农业增效、农村稳定，发展农村经济等具有十分重要的意义。同时，生态文化的培育、农民素质和农村生活质量的提高，也利于新型农村的建设。例如，乌当区永乐乡（离贵阳市 18 千米），在环城林带建设中，乡政府发动群众在荒山坡上培土植林，发展了连片水果基地 5.3 平方千米、无公害蔬菜基地 2.4 平方千米，全乡共建沼气池 900 多口，逐步推广“猪→沼→菜（果）”的生态农业模式，成为农业农村部定点监测的无公害农产品基地。生态经济示范村和无公害农产品基地，供人们参观学习，生态经济村的建设，能为乡村旅游提供许多条件较好的乡村旅舍、旅游景点和旅游环境等，必将为乡村生态农业旅游的发展奠定良好的基础。

农事活动也是贵州乡村旅游中不可缺少的参与性乡村旅游资源，其类型多样，主要包括耕作、挑肥、踏水车、收割、扬谷、打年糕、舂糍粑、磨豆腐、喂养畜牧、垂钓、捕捞、采摘、挖春笋、采茶、织布、剪纸等，可以设计出多种参与性乡村旅游项目。目前，依托农事活动和农家生活场所，为城市居民创造农事活动的参与机会、提供餐饮服务和住宿服务等的“农家乐”式旅游产品普遍存在于贵州乡村中。其中，依托农耕活动中经济作物的生长特点，利用其花季举办各种赏花节（如荔波梅花节、乌当永乐桃园节、毕节杜鹃花节、安顺油菜花节等）、摘果节（如贵阳乌当阿栗杨梅节、榕江西瓜节、修文猕猴桃节等），有效地推动了贵州乡村旅游的发展，带来了明显的经济收益。

草地和牧场是贵州乡村旅游中十分重要的两种农业资源，可以设计畜牧喂养及休闲度假旅游等乡村旅游产品。

总之，农业景观的多样性决定了乡村旅游产品类型及功能的多样化特点。以农业景观特色和市场需求为基础，乡村旅游产品可以开发观赏型、参与型、购物型、科技型及情感型等多种产品类型及功能导向。以纯粹的农业景观为对象的旅游开发，主要选择在现有农业基础雄厚的乡村，如大规模或连片的农田带，多种类的经济果林、蔬菜园区，一定面积的天然或人工水面，新兴的农村面貌，乡镇企业等。实质上乡村旅游开发是农业综合化发展的副产品开发，现有农业基础的优劣是旅游开发的前提，故此类旅游区对农业规模、发展水平、农业景观类型等有较高的要求。

（四）红色文化

贵州的革命文物和遗址、会址等，构成了不可多得的红色旅游资源。从1930年4月至1936年4月的6年间，红七军、红八军、红三军、红四方面军、红二军团、红六军团、红九军团在贵州开展了轰轰烈烈的革命斗争，足迹遍及贵州68个县（市、区），建立了滇黔桂革命根据地、黔东革命根据地、黔北革命根据地和黔西北革命根据地，留下了多达454处的革命遗址，如“遵义会议”会址、王若飞故居、周逸群故居、邓恩铭故居以及盘州市、黎平、毕节等地的红军会议旧址。中央红军为期两年的长征，有近一年的时间在贵州境内活动，先后攻克了31座县城，经过了30多个县境。黎平会议遵义会议、突破乌江天险、娄山关战役、土城战役、四渡赤水、兵临贵阳、威逼昆明都是长征历史上最为辉煌的重大历史事件。贵州以“历史的转折，出奇制胜”为主题形象的“黔北黔西红色旅游区”已被列入全国十二个“重点红色旅游区”，遵义会议纪念馆等被列入全国红色旅游经典景区名录。

（五）民族文化遗产

贵州是一个多民族省份，除汉族以外，还生活着苗、布依、侗、土家、彝、水、回、仡佬、瑶等众多少数民族，少数民族人口数达 1 333.96 万人，占全省总人口的 37.85%。长久以来，人们和谐相处，共生共荣，完好地保存着古朴的文化传统和生活习惯，保存了一份原生态的文化遗产。

贵州乡村旅游民族文化资源主要包括五个方面：①村寨的建筑风格和建筑形式；②传统的日常生产、生活方式和服装；③村寨中传统的民族歌舞表演；④民族节日盛装及配饰；⑤刺绣、纺织、印染、银器加工、雕刻、编织、制陶等传统手工艺等等。

1. 物质文化遗产

（1）传统工艺品

贵州民族村寨中，民间传统工艺种类繁多，从纺织印染到挑花刺绣，从藤编、竹编到漆器、木器，从石雕、陶器到金银首饰，从生活用品到生产器具，可谓无所不包，大致可分为 27 大类，工艺品地域分布遍及全省。在各类传统工艺品中，又因民族、地区、制作工艺、文化内涵的不同而呈现多样化的特点。其中，在制作工艺中，丹寨苗族蜡染、石桥古法造纸，剑河锡绣制作工艺，雷山苗族服饰、银饰、芦笙工艺，思州石砚制作工艺，罗甸布依族土布制作、扎染工艺，三都水族马尾绣，平塘牙舟陶器制作技艺，玉屏箫笛制作工艺，贞丰小屯白棉造纸工艺，贵阳市乌当手工土纸制作工艺，花溪苗族挑花制作工艺，威宁彝族擀毡制作工艺，盘州市马场乡苗族大筒箫的制作，茅台酒传统酿造工艺，都是贵州最重要的文化遗产，是乡村旅游商品开发与参与式旅游产品的核心内容。

（2）民族传统建筑与服饰

①传统建筑。贵州各民族因生活习惯不同，创造出了不同风格的建筑，即使同一民族，因其生活环境不同，其建筑样式也有所不同。②民族服饰。各个民族的服饰及头饰各具特色，相同的民族又因地域不同，形成了不同风格的民族服饰。贵州民族服饰有其共同点，即喜尚青，重素雅，妇女多系裙，爱着银饰；男子服饰以对襟衣、宽脚裤、包头帕为主。

2. 非物质与口头文化遗产

（1）民族节日

贵州堪称民族节日之乡，有“大节三、六、九，小节天天有”之说。据粗略统计，每年的民族节日有近千个，可分为农事性、社交性和祭祀性三大类，其内容覆盖宗教、生产、社交、婚丧、欢娱等各个层面。其中，苗族节日有苗年、花山节、姊妹节、“四月八”、爬坡节、龙船节、芦笙节、吃新节等；布依族节日有“毛杉树”歌节、“四月八”“查白歌节、六月六”“九月九”等；侗族节日有侗年、“二月二”等；土家族节日有赶年、吃新节、春社节等；彝族节日有火把节、年节、赛马节、采茶节等。仡佬族节日有祭山、吃新节等；水族节日有端节、卯节和苏宁喜（娘娘节）等；回族节日有开斋节、古尔邦节等；白族节日有端午节、祖先受难节等；瑶族节日有陀螺节、盘王节、卯节等。节日期间举行丰富多彩的活动，是各个民族文化特点的集中展示。

（2）宗教信仰

贵州少数民族大多相信万物有灵，崇拜自然、祖先，有自然宗教的领袖人物，如彝族的“毕摩”、苗族的“鬼师”等。贵州各民族的信仰都会通过一定的祭祀活动表示出来，如榕江县侗族的祭萨玛、都匀市布依族扫寨、石阡县仡佬族毛龙节、盘州市地坪乡彝放毕摩祭祀文化等。有一些民族不同程度地受到外来宗教如道教、佛教及基督教、天主教的影响。

（3）民族歌舞及戏剧

贵州乡村是歌舞的海洋，每个民族都有自己代表性的传统歌舞，传统歌舞是各民族重要的文化遗产，包括榕江侗族琵琶歌、黎平侗族大歌、洪州琵琶歌、贞丰布依铜鼓十二则、关岭盘江小调、镇宁铜鼓十二调等民间音乐；荔波布依族“雯当姆”、瑶族打猎舞、松桃瓦窑四面花鼓、沿河莲花十八响、安龙苗族板凳舞、彝族铃铛舞等民间舞蹈；黎平侗戏、思南花灯、德江傩堂戏、石阡木偶戏、册亨布依戏、安顺地戏等戏曲。

（4）传统体育竞技与民间杂技

贵州的民族是崇尚体育竞技的民族，天柱“勾林”、天柱侗族月牙铛、黎平侗族摔跤是传统体育竞技活动的精品，德江土家舞龙等，都是贵州最有特色的民间杂技。有些民族还把体育竞技活动与歌舞结合起来，构建出奇特的歌舞类型，如黔西化屋苗寨的“芦笙拳舞”和“打鼓拳舞”等。

（5）口头文学与民间知识

施秉苗族“刻道”、黄平苗族“古歌古词”神话、台江苗族古歌与古歌文化是贵州省重要的口头文学遗产。水书，是古代水族先民用类似甲骨文和金文的一种古老文字符号，记载水族古代天文、地理、民俗、宗教、伦理、哲学、美学、法学、人类学等的古老文化典籍。专家、学者认为，“水书”相当于汉民族的《易经》，内容博大精深，是水族人民的百科全书，是中华民族文化宝库的重要组成部分。

（6）民族民间医药

贵州药用野生植物有 3 700 余种，占全国中草药品种的 80%。贵州各族群众在长期与疾病作斗争的过程中，积累了十分丰富的医疗经验，形成各具特色的本民族医药。各民族医均重视外治，方法多独特。1984 年以来整理及编写出版了《苗族药物集》《贵州少数民族药物集》《苗族医药学》《侗族医学》《水族医药》等十多种书籍。在贵州的乡村旅游开发中，应当充分挖掘、整理、保护和利用好这些文化遗产。

（7）特别说明

老人、妇女、技师、工匠、祭师、歌师等是非物质与口头文化的主要载体，在乡村旅游开发中，应通过专门的文化遗产保护机构整理、挖掘和保护这些文化遗产，并通过培训来传承他们的技术和技能。儿童是非物质与口头文化的传承者和学习者，应通过乡村旅游的开发，激发他们学习传统文化的热情，增强文化自豪感。

（六）丰富的人文资源

贵州是一个多民族聚居的省份，世居少数民族有苗族、布依族、侗族、土家族、彝族、仡佬族、水族、回族、白族、瑶族、壮族、畲族、毛南族、蒙古族、仫佬族、满族、羌族等 17 个。少数民族历史悠久，文化源远流长、底蕴深厚、特色鲜明。贵州乡村保存着古老的生产、生活方式，以及各种信仰、习俗、节庆、仪典、音乐、歌舞、语言、文字、建筑、雕塑。各民族古老的手工技艺更是几千年一贯地保存下来。

贵州苗绣、水族马尾绣、苗族蜡染技艺、玉屏箫笛制作技艺、苗族银饰锻制技艺、西江千户苗寨吊脚楼营造技艺、苗族芦笙制作技艺、皮纸制作技艺、侗族大歌、布依族八音坐唱等项目被列入国家非物质文化遗产名录；花溪区青岩镇、习水县土城镇被列为中国的历史文化名镇；西秀区七眼桥镇云山屯村被列为中国的历史文化名镇村。

二、乡村旅游资源评价

第一，贵州的乡村是以村寨为核心的多文化交汇地，是一座历史文化保存完好的、多样化的充满神秘气息、素朴自然的浪漫世界。

第二，贵州的乡村是人与自然和谐相处的宁静之地。山国养育了贵州人民，形成了山里人特有的生活方式与生产方式，殊异的山乡风俗、奇异的建筑风格，独特的风味食品，以及大山给予人们的灵感和大山之子的性格，是一种与众不同的山地文化。贵州乡村之旅，就是触摸山的骨骼、体验山野生活、寻访山中历史、了解山地文化、感知山的灵性的奇妙之旅。

第三，贵州乡村旅游资源是乡村环境和民族文化旅游资源的综合，景色秀丽的自然风光，宜人的气候，多样的农事活动与农业景观，丰富的民族文化，为乡村旅游的开展打下良好的基础。

第四，贵州村寨保存的原始文化大多处在封闭的环境下形成、发展、演化，是一种极脆弱的弱势文化，它们在外来文化的冲击下，更显露它的脆弱性，而且这种脆弱性随着旅游的发展会更加凸显。

第五，贵州为人类留下了一大笔珍贵、鲜活的乡村文化遗产，这些文化遗产是贵州独有的，是不可替代的，具有唯一性的特点。在世界的许多地方，现代化进程使许多古老文明消失殆尽，而贵州，至今仍鲜活地保存着许多令人惊异的文化遗产；这里是一方文化生态的净土，一座巨大的文化生态博物馆，这在世界多元化的文化格局中也是稀缺的。

第二节　贵州发展乡村旅游取得的成效

一、速度加快效益明显

乡村旅游作为旅游业的重要组成部分，在贵州得到了蓬勃发展。近年来，贵州省始终把发展乡村旅游作为农民增收致富的新途径、农村脱贫奔小康的新引擎，坚持“政府主导、特色引领、农旅互动、产业融合”，乡村旅游从点上探索到面上铺开，带来了山乡巨变，开创了城乡协调、互动发展的良好局面，取得了显著成效。乡村旅游有力地促进了产业结构调整、新农村建设、城乡统筹发展，愉悦了城乡居民，已成为贵州旅游“揽金”的重要增长极。

近年来，贵州在发展乡村旅游过程中，抓住环渤海、长三角、珠三角、周边省区市及港台、日韩、东南亚和欧美等目标市场，坚持旅游与宣传、文化结合，突出特色，以节造势，以会造势，全方位、多层次地向海内外宣传乡村旅游特色，成功打造了西江千户苗寨、天龙屯堡、安顺油菜花、金海雪山丹寨石桥、“爽爽的贵阳”、黔北“茶海”等品牌。坚持“农旅结合”，以笋竹、茶叶、高山花卉、葡萄等优势农产品进行区域化布局，重点围绕新型农业产业基地、特色农业、休闲农业等推进观光农业基地建设，成功推出了安顺、赤水、湄潭、凤冈、贵定、荔波等休闲观光农业基地。

二、产品体系逐步形成

（一）精特旅游产品初具雏形

贵州在发展乡村旅游时，注重以原生态的自然风光、民族民俗文化、生态文化以及优美的乡村环境等作为契合点，把乡村旅游与观光旅游、休闲旅游、民俗旅游、度假旅游等有机结合起来，形成了丰富多彩的贵州乡村旅游产品体系：以生态景观、乡村风光为依托的城郊休闲型，如贵阳温泉旅游、开阳十里画廊等；以特色农作物观光、采摘为依托的农业观光休闲型，如安顺油菜花，湄潭、凤冈茶海之心旅游；以自然气候为载体的避暑度假型，如贵阳、六盘水、遵义休闲度假避暑旅游；以特色资源为吸引物的乡村体验型，如余庆“四在农家”、丹寨石桥古法造纸等；以民族村寨和古镇为特色的文化体验型，如青岩古镇、西江苗寨、贵定音寨、肇兴侗寨、安顺屯堡等。一批民族节庆、民风民俗体验型旅游项目，受到城市游客海外游客的青睐。通过发展，贵州乡村旅游的内涵和外延不断得到充实和扩展，逐步朝着精品化、品牌化方向发展。

（二）精品旅游线路日益完善

近年来，贵州在发展乡村旅游中，注重各地间区域合作，推出了不同主题、合理组合的乡村旅游线路，实现资源共享、产品互补、市场互动、客源互送，促进了乡村旅游景区景点共同发展。目前，贵州已重点规划推出了覆盖全省的 12 条乡村旅游特色线路，并列入文化和旅游部对外宣传推广的重点线路。

（三）乡村旅游服务品质逐渐提升

把乡村旅游市场准入、组织管理、服务营销、信息管理作为乡村旅游规范化发展的重点，不断提高农家接待品质。先后编制出台了《贵州省乡村旅舍等级评定与管理》《以社区为单位的乡村旅游标准》《贵州省乡村旅游区质量等级的划分与评定》《贵州省乡村旅游标准体系》《贵州省旅游发展和改革领导小组办公室关于大力发展乡村旅游的实施意见》等，为乡村旅游的规范管理提供了依据，使得乡村旅游服务品质得到提升。紧紧围绕市场需求，依托当地资源特色，加快推进“五化”建设，实现乡村旅游环境生态化、居住文明化、餐饮当地化、服务标准化、管理规范化，让游客在原真和自然中，真正体验到“农之乐”，欣赏到“景之美”，感受到“家之暖”，引领农家接待和乡村旅游服务管理水平向更高形态健康发展。

三、产业集聚取得突破

乡村旅游集吃、住、行、游、购、娱于一体，其发展背后是一个不断发育成长的产业拓展链和服务延伸链。贵州以乡村旅游发展为载体，切实做好相关产业的配套，既有效丰富了乡村旅游的内容，又以乡村旅游带动了相关产业的发展。在发展乡村旅游过程中，注重与一、二产业的融合，积极促进产业链的外延和内引，形成了以休闲农业、观光农业生态旅游、农家乐为主要内容的乡村旅游业态。

（一）立足特色，以旅促农

坚持“农旅结合”，不断优化农业产业区域布局，抓好笋竹、茶叶、花卉、葡萄等优势农产品的区域化布局，重点围绕新型农业产业基地、特色农业、休闲农业等推进观光农业基地建设，成功推出了安顺、赤水、湄潭、凤冈、贵定、荔波等休闲观光农业基地。

（二）面向市场，以工助旅

立足资源优势，建立了政府投入为引导、企业为主体、市场化运作的发展机制，积极引导农业龙头企业、旅游企业和其他经济实体投资建设农副产品加工、特色旅游商品开发等农业和加工业项目，带动了休闲农业向集约型、规模化方向发展。统筹安排、稳步推进六大旅游要素的发展，延伸产业功能、拉长产业链条、扩大产业效益。同时，积极在产业结合处寻找发展的突破点，与文化、林业、渔业、环保等相关产业联动发展，促进乡村旅游产业加快集聚。

第三节　贵州乡村旅游开发中存在的问题及对策建议

一、贵州乡村旅游开发中存在的问题

（一）基础设施滞后

当前制约贵州乡村旅游发展的最大问题之一是基础设施建设滞后。由于乡村旅游融资难，开发资金匮乏及观念落后，吃、住、行、游、购、娱等相关旅游设施不健全。对于大多数乡村旅游点来说，游乐设施、餐饮设施、住宿设施等都有待提高和改善，缺少整洁的住宿环境、干净的洗漱环境、卫生的饮食环境等。一些乡村旅游点还存在缺水电、通信设施不配套、缺少游客服务中心、没有固定停车场等情况，甚至存在着较大的安全隐患，缺乏相应的突发事件安

全应急机制。由于硬件欠缺，功能单调，大部分乡村旅游经营者只能提供农家饭菜、棋牌等，不能提供其他较高层次和品位的服务，难以更好地满足广大游客的需求。

（二）内容挖掘不足

在城市化进程中，乡村旅游是乡村城市化的推动力。当前我国的乡村旅游尚处于初级阶段。由于乡村经营者对市场认知度不足，对游客需求了解不够深入，导致乡村旅游产品偏重于田园风光类、农家乐、民俗等。产品较为单一、创新度不足，同质化现象非常严重。当前的贵州乡村旅游现状可以看出贵州旅游资源开发处于较低层次，缺乏深度，特别是独特资源的开发深度不够，旅游产品创新乏力，没有凸显出特色。例如，苗寨的拦门酒是多地少数民族都有的习俗，游客的旅游经历使其认为拦门酒形式雷同，缺乏新意。长期以来贵州旅游只注重对自然景观的新奇特点进行渲染，从旅游产品结构来看，旅游产品结构过于单一，旅游产品局限于观光型，而休闲度假产品、有特色的文化旅游产品、满足新的市场需求的特种旅游产品偏少。贵州吸引国内外游客的主要产品仍然是传统的观光型产品，这其实并不完全符合当前游客不断变化升级的需求。据全国“假日办”发布的信息表明，自然生态度假旅游对短程客源市场具有较大的吸引力，而远程客源市场的兴趣更关注文化旅游经历。因此，贵州应更多地考虑历史文化的开发、宣传。其实贵州拥有独特的地域文化，如苗寨、青岩古镇为代表的文化遗址，黔东南少数民族风情等。这些文化资源是贵州旅游产品长久的优势，具有较强的国际竞争力，必须加以深度发掘。

在乡村旅游小商品中，民族旅游产品同质化现象更为严重，导致商品销售额低。贵州全省旅游资源富集、禀赋高，拥有神秘壮美的自然景观、多姿多彩的民族风情、舒适宜人的气候条件以及悠久厚重的历史文化。但是在旅游资源开发中，偏重于自然旅游资源，而忽视对文化资源的挖掘。从旅游活动的内容来看，全省旅游项目偏重于休闲观光，而游客参与体验的、提升游客满意度的旅游项目较少。虽然贵州旅游资源极其丰富，但目前实际开发利用的只占其中很少的一部分，大多数资源还处在待开发状态。旅游产业与文化衔接不够，贵州独特的文化资源，如苗族、布依族、侗族等少数民族文化、屯堡文化、饮食文化、红色文化等挖掘处于浅层次，文化资源优势未能充分地转化为经济优势。贵州特有的民族风情与民俗文化吸引着众多外来游客，但是许多地方政府在开发游资源的过程中对特色文化的挖掘不够重视，只是参照其他地方旅游资源开发的经验与模式，忽略了自身资源的特色，导致开发的旅游产品雷同十分严重。

因此缺乏特色，游客的期望值降低。

而对于乡村旅游的文化资源利用方面，城镇化建设使得乡村文化生存空间不足，并且由于缺乏文化自信心和文化保护力不足，出现盲目跟风建设的情况，毁坏传统建筑风貌，导致建筑文化流失。并且由于科技手段落后，乡村文化资源的挖掘不足、开发利用不够科学合理，导致游客参与度不高、体验感差，乡村旅游形象不佳的问题，难以满足现代游客对于心灵栖息放松、精神享受的追求，造成游客对于旅游目的地有着极大的落差感。

（三）开发模式单一

乡村旅游内涵丰富，应具有旅游观光、度假休闲、参与体验、增长知识、增强体质等多种功能。但目前贵州多数乡村旅游还主要停留在观光层面上，乡村度假、民间手工艺品制作、民俗文化研讨等内涵丰富的活动开展不够，乡村旅游缺乏层次、品味不高，主要还停留在春天赏花、秋天采果、品尝农家饭、棋牌、钓鱼等传统模式上，难以让游客感受和体验到淳朴、质美的乡村气息。

（四）项目单一

贵州乡村旅游的产品内容单一，缺乏层次性。目前由于农村地区经济实力弱、基础设施差、科技水平低等多种因素制约，乡村旅游产品数量较少，类型、功能较单一。现阶段乡村旅游的主体方式是观光旅游，主要采用农家乐、农业观光等形式，丰富的农业旅游资源未能得到充分的开发与利用。对乡村旅游产品的深度挖掘不够，活动形式过于单调，无法满足游客欣赏农业景观和乡土文化，以及购物休闲体验等多种需求。

乡村旅游受环境和气候限制，经营时间短，经营季节性强。在旺季，游客太过集中，给旅游地带来设施容量、环境容量上的压力。在淡季，游客稀少，又造成了大量资源和设施的闲置浪费，使经济效益大幅度降低。例如，多数观光果园在夏秋季挂果期间，游人过度集中，管理又跟不上，造成乱采、乱丢现象，环境压力较大，而在冬季则门庭冷落，效益低下。许多地方一年中淡季有6个月，客源不足全年的20%。城郊型观光农业的季节性很强，存在着明显的淡旺季差别，近一半项目为季节性开放，季节性已成为园区发展的瓶颈。

在乡村旅游的主客交流互动关系中，一方面存在着主客在物质消费水平方面的差距悬殊；另一方面参加乡村旅游的游客一般来自经济相对发达的中心城市，由发达经济孕育产生的强势文化对乡村的弱势文化具有很强的影响力，促使其向强势文化靠拢。使主人在生活方式方面全面效仿客人，造成旅游文化资源所在地区的本位文化产生变异，与外来的客体文化发生趋同性。如此一来，城乡文化方面的差别便会日趋缩小，甚至消失，失去对都市游客的吸引力。

（五）缺乏规划和策划

贵州乡村旅游虽然有省级规划，一些地方也制定了相应的规划。但不少乡村旅游目的地仍存在没有规划或规划不科学的问题，而且同一地区内因联系不够紧密，落实规划的力度很有限。不少景点不经规划，就盲目上马，修了拆，拆了修，造成很大浪费。乡村旅游经营者不少是当地村民，虽有自身的优势，但资金有限，许多地方没有对旅游资源进行分类、调查与评价就匆忙动工建设，布局分散，规模狭小，急功近利思想严重。此外，部分乡村在开发乡村旅游时，人工痕迹明显，农村旅社建成了楼房，与当地民居形成较大差距，影响乡村景观，脱离了乡村旅游的本意。

（六）管理体制的障碍

贵州近年来将旅游业确定为大力培育和发展的支柱产业，乡村旅游蓬勃兴起。旅游基础设施明显改善，交通的发展逐步缓解了旅游业发展的瓶颈，为旅游业的发展奠定了坚实的基础。由于我国乡村旅游处于初级阶段，乡村旅游开发与管理涉及的部门较多，难免出现管理机构混乱的问题，导致乡村旅游难以形成区域合作，打造整体品牌形象。乡村旅游涉及农业部门、社区、文化部门、环境管理、旅游部门等多个管理机构，多头管理导致在具体的管理过程中出现了一些利益相争、责任推诿的现象，部分管理部门以各自经济利益为重，在问题处理上缺乏责任感。在贵州，旅游发展也难以避免此类问题，如我国铜仁市的梵净山。

梵净山保护区为国家级自然保护区，吸引众多游客欣然前往。而梵净山自然保护区管理局为发挥管理职能，围绕保护区的边界设置了 3 个管理总站、3 个林业公安派出所、9 个基层护林站、1 个试验场，管理局机关共设 10 个科室。管理局属事业单位，业务及工资由林业厅管理，人事由地方管理的双重管理体制。管理体制不顺，导致保护区的多头管理，各自为政，条块分割，治理结构不合理，产权不清，不能形成有效的激励与约束机，管理程序不科学，使许多有效的措施不能落到实处。管理体制机制的障碍，导致在贵州旅游发展过程中，没有进行合理科学有效的管理，旅游发展困难重重，对齐力打造贵州旅游整体品牌形象造成阻碍。

并且由于行政区域划分以及政绩目标的限制，导致出现拥有同质资源的地区难以形成有效的合作机制，反而在同质竞争中产生利益冲突，导致出现资源品质好的地区获得经济效益好，资源品质差的地区经济效益差的现象，难以达成区域协同合作，而贵州由于经济、人才等原因的限制，旅游品牌的打造需要进行区域合作以打响知名度，不合理的行政区域划分导致区域间合作的可能性极小。

（七）品牌意识淡薄

乡村旅游品牌是乡村旅游目的地的无形资产，是乡村旅游持久的、稳定可靠的形象，对外有重要的宣传作用，是旅游消费者认知、选择旅游目的地的主要标准。但不少地方乡村旅游经营者品牌经营、品牌塑造意识淡薄，忽视了“乡村性”和“地方性”的法宝，不注意学习别人的先进管理经验，不能满足多层次游客的需要。旅游接待如果不成规模、不上档次，就形不成品牌。

贵州的乡村旅游项目大多起点较低，市场定位不高，特色不够鲜明，配套改施不完善。特别是一些采摘、垂钓项目，基本处于原始状态。乡村旅游地卫生条件差、服务不规范、设施简陋，许多地方交通、通讯条件差，特别是古镇、古村落的基础设施问题严重。乡村旅社数量少，普遍档次较低，特色不突出，服务不能规范，给游人带来诸多不便，直接影响到乡村旅游的发展。

主动宣传和促销不够，没有很好地利用现代化的信息传播手段。对乡村旅游目的地吸引游客至关重要的一些因素，如地方特色、乡村环境、服务水平与质量等往往不够重视，开发中无视自然生态和人文活动的价值。多数乡村在开展乡村旅游时，不顾对环境造成的污染和破坏，大兴土木，失去了乡村特色，影响了竞争力。很多地方则因资金缺乏，无力改造乡村道路、停车场、公共厕所和通信设施，住宿和饮食卫生达不到要求。

（八）忽视历史和文化内涵的价值

贵州的一些乡村旅游景点忽视特有的文化内涵和价值，普遍缺乏对当地文化、民俗、历史的挖掘和开发。乡村旅游赖以生存和发展的基础是城乡和地域文化的差异性，经营者如果不去开发那些具有传统特色的地方民俗文化与民族风情，就会导致乡村旅游目的地的吸引力下降。

贵州的乡村旅游资源是丰富的，但生态环境却十分脆弱，少数民族物质和非物质文化遗产正在经受着巨大的冲击，旅游开发中的急功近利、盲目开发，造成了民族文化的破坏和损毁，使民族文化品牌的创建和知识产权的保护受到严重影响。譬如，原生态的民族文化个性突出，而现在的一些所谓的民族文化开发，并没有进行深入的调查和认真研究，实际上是东拼西凑，民俗表演与民族的原生文化差距大，民族工艺品没有体现民族特色。旅游点表演相互抄袭的情况严重，景点与景点之间的节目大同小异，形式内容、动律队形、音乐服装等基本相同。

在旅游商品生产销售方面，乡村旅游目的地生产和出售的美术工艺品、土特产品、文化用品等品种很少，难以满足旅游者的购物需求。乡村旅游商品雷同严重，各旅游点旅游商品的品种、形式、内容等基本相同。旅游商品设计缺乏创意，模仿、抄袭很严重，很少有人愿意投资新产品开发。旅游商品生产中为节约开支，所使用的原材料质量差、工艺粗糙，缺乏文化内涵。旅游商品管理上缺乏有效的市场准入制度，生产、销售自由度高，致使假冒伪劣商品充斥市场。

（九）保护文化遗产的观念淡薄

1. 资源保护、利用与旅游发展关系不协调

资金投入、管理体制、人才、技术等要素对旅游资源的保护和利用都直接相关。乡村旅游活动会对自然生态和人类自身发展造成不利影响与后果，开发常常伴随着人为破坏。村民是乡村旅游的主要受益者，但许多人不注意保护生态环境。一些村寨承载力很有限，开发前又没有进行认真论证，没有建立妥善的保护措施；开发建设中，大兴土木，改变和破坏自然景观。开始运营后，游客大量进入，超过村寨的承载能力，给环境、建筑等造成损害，水土流失，各类废弃物大量增加，超过了环境自净能力，生态环境退化，环境受到污染，部分乡村旅游项目不注重生态环境保护，破坏了当地的生态环境。例如，贵州少数民族传统民居均为木楼，造型美观，风格别致，工艺高超，做工考究，无论从历史、建筑、民俗等方面看，都有重要的价值。但近十多年来改建、新建的一些房屋使用的是钢筋、水泥、砖等建筑材料，建筑风格也有很大改变，破坏了村寨的整体形象。

2. 片面追求短期的经济利益，破坏了自然生态系统的平衡

商业化和民族文化真实性的矛盾，为了迎合游客需要设计的节庆和表演活动等，脱离了他们原本的时间和场所，完全成为一种设计好的商业性活动。例如，村寨的开发中由公司在各个景点（村寨）建立旅游接待站，公司从县内招聘青年男女建立歌舞队，让他们学习各种歌舞，根据需要歌舞队往返于各景点进行表演服务，他们与民族村寨的实际生活相脱离。长此以往，必然会失去本色。

多数经营者对乡村旅游的内涵和本质的属性不了解，片面追求短期的经济效益，造成对环境的污染和破坏。居民保护意识淡薄和法制制度不完善，有的景点投资者就是当地的居民，为了降低成本，许多人省略前期的可行性研究、

评估审查，由于缺少科学规划及市场定位，造成经营和管理的困难，难以进行深度开发。乡村旅游在资源保护和环境保护方面存在体制方面的缺陷，现有的管理基本上依赖强制手段，由于管理部门多，执法渠道不畅，执法手段不严，环境和资源遭到破坏的现象时有发生，因旅游开发而破坏环境的问题仍时有发生。

（十）人才匮乏

贵州乡村旅游人才匮乏，经营方式单一。贵州乡村旅游从业人员素质不高，专门的经营管理团队和具有专业知识的高层次经营管理人才缺乏，难以满足发展需求。

首先，乡村旅游业从业人员总量上不能满足需要。一定数量的人力资源是乡村旅游业发展的先决条件。由于乡村旅游具有地域性和乡村性的特点，主要在农村进行，对包括城里人和农村人在内的适龄劳动力吸引力相对较弱，愿意在农村扎根下来从事乡村旅游业的人员少，难以满足乡村旅游对人力资源量的需要。

其次，乡村旅游业从业人员综合素质有待提高。由于乡村旅游的顾客群体主要是城市居民，文化程度总体上偏高，需求层次总体上偏高，而乡村旅游的从业人员主要是当地村民，文化程度总体上偏低，对乡村旅游内涵的认识不够，部分从业人员没有经过系统的专门的旅游专业知识培训，难以准确地将丰富的乡村景观、生态、文化、民俗等宣传推介给游客。由于专业人才匮乏，从而制约了乡村旅游业的快速发展。

最后，乡村旅游经营者也缺乏相关知识，管理水平低。由于乡村旅游的开发和研究还处于较低的层次，乡村旅游的经营管理人员相对较少，对乡村旅游从业人员也缺乏系统有效的培训。并且，在实际的乡村旅游操作中，由于季节性和经营成本等问题，很多乡村旅游企业不敢招揽太多外来员工，大多是由亲戚朋友帮助管理，许多乡村旅游区的管理人员由村干部兼任或由当地农民担任。乡村旅游管理人员和从业人员素质普遍低下，乡村旅游的迅速发展与低素质乡村旅游经营管理水平之间的矛盾，制约了乡村旅游业的发展。

贵州少数民族艺人具有丰富的感性知识和娴熟的基本技能，在乡村旅游中发挥着重要作用。但是，他们文化水平普遍较低，缺乏必要的理论修养，不进行必要的培养，他们就难以承担起弘扬民族文化的重任。有学者曾对贵州不同时期 199 位“有一定贡献和影响”的民族民间艺人做过统计和分析，他们成果丰硕，技艺精湛，但文化水平较低，高中以上文化程度和初中文化程度的各有

12人，占总人数的12%，其余88%为文盲、半文盲及小学文化程度。非物质文化大多凭借口传心授，传承渠道很重要，一旦没有继承人，就会失传。例如，贵州民间产漆器的地区原有10余个，现在仅有大方还保存该项技术。此外，雷山的石印、黎平的树皮布、安龙的龙溪砚、铜仁的葛布和麻布等制作技艺都已消失。要扩大贵州乡村旅游产品的开发，必须大力培养人才。

（十一）乡村旅游利益矛盾冲突

乡村旅游的开发，是众多主体共同参与的结果，因而在此过程中，难免引发多方利益冲突，其中包括政府与当地居民、政府与企业、企业与当地居民之间的矛盾。其中最突出的问题就是利益分配不均。在乡村旅游开发中，作为主要吸引物的是乡村优美的天然环境以及独特且富有底蕴的民族文化。然而在贵州长期的旅游发展中可以看到，作为文化持有者本身的乡村当地居民并没有真正获益，乡村旅游开发中缺乏合理的规划导致乡村生态环境破坏。由于乡村文化资源难以计量，文化资源的所有权、使用权、收益权等界定不明晰，没有相关的法律和制度保障，没有公平公正的环境氛围，导致在乡村旅游开发中，当地居民世代相传的宝贵文化资源被加以利用产生经济效益，但其作为文化主体却未获得应有的经济收益，因而引发多方利益相关者之间的矛盾，阻碍乡村旅游的可持续发展。在传统乡村旅游开发中，旅行社作为旅游产品开发的主体，将旅游地和游客勾连起来，在一定时期为旅游者提供旅游服务，为旅游地带来经济收益。然而不可忽视的是，旅行社是以经济收益为目的的营利性组织，而不是旅游地文化持有者本身，因而在进行旅游产品设计时，只能对能够转化为经济收益的旅游资源进行开发，对于当地文化底蕴，旅游者如何能够深度体验别样文化带来的新感知并不能尽善尽美，这也就隔绝了游客与旅游地居民之间的情感联系，使得文化持有者本身的文化空间难以保障。当前，旅游者对于旅游的深度体验要求越来越高。

然而如何能够达到深度体验，建立与当地居民的情感联系，促使文化交流，提升旅游者体验感与参与感，弘扬文化传承，成为乡村旅游转型升级的难题。乡村旅游开发为当地带来许多就业机会，在提高经济收入的同时，改善了乡村就业问题。然而，由于乡村居民受技术、教育水平的限制，在经营管理上并不具有优势，在旅游开发中，从事的就业活动只能是较为底层的、技术含量低、收益不高的基础性工作，如从事民宿、餐饮店服务员、出售旅游小商品等，抑或是将自家房屋进行出租或者出售给外地经营者以获取报酬，而在乡村旅游规划、管理等层面的工作，多由政府或旅游企业引进外来人才，乡村居民只能在旅游开发中获得较少的收益。并且由于乡村居民未能参与到乡村旅游的规划和管理工作中，导致乡村旅游开发中对于其文化保护、生态环境保护以及其真正的诉求并没有着重关注，导致乡村居民对于旅游开发的主体参与意识不强。

（十二）各利益主体间责权利不相协调

贵州乡村旅游开发中旅游发展与社区发展的联系不紧密，不同的开发模式造成当地社区不同的参与程度以及当地农民的不同受益情况，许多地方由于忽视当地农民利益，遭到了农民的反对。各利益主体间责权利分配不均。旅行社凭借客源垄断地位和市场化运作的经验，在利益分配格局中起到了决定性的作用，并借此获得了超额垄断利润，使乡村旅游地、乡村旅社等相关经营主体利益受到损害。很多开发模式中没有能够协调好各利益主体之间的责权利关系。有的地方将资源经营权承包给外来经营者，没有相应机制的激励与约束，他们为追求自身利益很少关注当地居民参与旅游业发展与收益的要求，乡村社区一年只收很少的承包费用，分到每个人手中不过几十元。但是居民的生活却受到很大干扰。不少地方旅游开发公司与村寨分配的比例不是通过对民族村寨的文化资源价值进行评估而确定的，也没有得到当地村民的认可。民族村寨的文化（资源）产权仍处于不明晰状态。另一方面，由于社区居民旅游从业的技能和素质偏低并缺乏对乡村旅游的认识，在乡村旅游开发中，为了追求自身利益而搞恶性降价竞争，甚至欺骗游客，破坏了当地的整体形象和旅游氛围，影响了其他村民的利益。

二、对策建议

（一）科学规划布局

1. 科学规划，合理布局

乡村旅游作为农村地区第一产业与第三产业结合的切入点，是农村地区产业结构调整，大力发展第三产业的重要渠道。各级政府及相关行业主管部门应结合实际，对农村地区发展乡村旅游进行科学规划、合理布局。一方面，乡村旅游规划要从“规模化、规范化、特色化、国际化”的角度去审视，要针对旅游市场的需求，从方便游客的角度，建立健全吃、住、行、游、购、娱六要素齐备的旅游产业链。另一方面，要做优生态环境，把生态文明理念融入规划建设全过程，切忌把景区建成城区，搞过度商业开发，更要避免将房地产建设等项目引入景区。出台政策支持。各级政府及相关部门要坚持“多予少取放活”

方针，出台政府补贴、项目捆绑、建设用地、市场准入、贷款贴息、干部领办、税费减免等优惠政策，鼓励企业、能人、干部带头领办或参与乡村旅游发展。各地各部门要结合实际抓好贯彻落实，真正用足、用活、用好这些政策。

2. 完善基础设施建设

（1）基础设施便利化

注重古村寨旅游配套服务和环境建设，按照整体规划，以城市道路、污水处理、天然气等生活设施标准，完善村寨基础设施建设。优先完善村寨的道路、水利、照明、通信、住宿、餐饮、购物、娱乐、卫生、体育等基础设施建设，实现乡村旅游公路升级，提高特色村寨旅游可进入性，改善村寨旅游环境。

（2）配套设施现代化

完善旅游公共服务体系，提高综合服务水平。推广安全饮水工程，推广太阳能、生物质能、风能、地热能在村寨的使用；实现户户通光纤，村村有卫生服务中心；健全村寨旅游游客服务中心网络，建立省—市、县—乡（镇）、村三级游客服务中心；分阶段、分批次实现游客服务网络的全面铺设。

（3）景观打造生态化

政府应该积极整治村寨生态环境，推广垃圾无害化处理技术，实现垃圾分类收集、定期集中处理；扩建新建停车场，改造村内公路、公厕，配备路灯、户外招牌；打造湿地、绿地，建成防治水土流失工程、微水治旱工程，传承文化的人文自然景观，保证特色村寨旅游可持续发展。

3. 整合资源，集团化发展

认真总结推广我省乡村旅游典型发展经验，广泛学习借鉴四川、北京等地先进发展模式和做法，用现代企业管理制度将分散经营的农户组织起来，明晰股东产权、明确经营主体、完善经营体制，促进乡村旅游向市场化、规模化、品牌化、集团化发展。

4. 引导乡村旅游走差异化、特色化发展之路

从贵州全省来看，乡村旅游产品同质化现象严重，如“农家乐”形式，主要是吃吃饭、打打牌、钓钓鱼，利用丰富的乡村景观、生态、文化、民俗等资源，向差异化、特色化发展提升的较少。这一点应该借鉴北京市的成功做法。北京市旅游局出台了《乡村旅游特色业态标准及评定》，总结推出乡村酒店、国际驿站、采摘篱园、生态渔村、休闲农庄、山水人家、养生山吧、民族风苑八种全新旅游业态，引导乡村旅游走差异化、特色化发展之路。

5. 引导乡村旅游乡土、乡风、乡情相融合

乡村的风貌、乡民的质朴、乡里的情结是发展乡村旅游的主要主题。发展乡村旅游主题一定要鲜活，主题鲜活了才能引起游客的思想共振、情感共鸣、心灵互通。尽量坚持内容要原真、形式要新颖、风格要传统、技术要现代，尽力做到乡土、乡风、乡情相互融合。要立足乡村的自然味和原真性，营造浓郁的乡风氛围，使游客感受到难忘的体验。

（二）完善法律法规

乡村的文化、产品创意等被广泛应用于旅游等各个方面，旅游的发展对于知识产权的应用是广泛的、深刻的。大数据时代，伴随着云计算等新技术的出现，使得乡村文化的表现形式和传播方式更加多样化，因此，商业模式和利益格局也发生了新的变化。知识产权的可再生性进一步增强，而剽窃和盗版更加隐蔽，给规模化和重复侵权提供便利。在网络环境中，文化、创造力等智力成果以字节流的形式存在，并以信号的形式传递。网络的虚拟性使得知识产权的再生产和传递更加方便、成本更低。在网络环境下，数字作品的易复制性得到进一步加强，这使得网络知识产权的保护过程变得更加复杂和困难。因此，应建立完善的法律法规，保护知识产权，维护文化持有者的权益，增强文化自信，规范知识产权的使用。

现阶段，互联网发展迅速，用户数量庞大。并且由于互联网的开放性与互动性，用户的信息安全、各类交易、支付、金融服务等，都还缺乏相应的全面、细致的法律法规。网上第三方支付掀起了“金融风暴”，使得竞争格局已经发生了很大变化，但相关法律并没有做出调整，财产安全需要强大的安全技术保护，并且要对相关的犯罪分子进行打击。然而，互联网技术的发展态势、更新速度和变化速度非常快，由此引发的问题会更多、更复杂。而乡村旅游的转型升级要依托互联网，必须完善相关法律法规建设，营造良好、安全的网络环境，为游客提供更好的产品和服务。相关法律法规的完善，还能够使市场更加规范，对于促进区域合作、产业联动具有重要的意义。

（三）加大资金投入

乡村旅游发展的一大难题就是资金问题，乡村旅游转型升级需要资金的大量投入，在基础设施建设及乡村旅游宣传、景点打造等方面资金缺口很大。政府要充分发挥主导作用，制定并积极推行有关旅游投资的优惠政策，积极地招商引资。联合一些经济实力和管理能力较强的企业或私人入股，鼓励国企、私

有经济单独或合作开发，也鼓励农民个人或联合开发。还可以利用互联网渠道通过众筹等形式进行资本市场融资，解决目前乡村旅游业发展资金不足的问题。政府投资主要用于交通运输等基础设施建设和重点风景名胜区的开发。更充分地吸引外资，在重点旅游项目的开发和旅游服务设施的建设上，可以采取承包、委托、租赁等方式，鼓励外来人员投资经营，实行优惠政策，形成多种形式的旅游产权结构。此外，金融部门应在信贷投放方面适当倾斜农村旅游项目，并提供一定的启动资金。当前精准扶贫正在大幅度推进，乡村旅游也是提高农民收入、助力贫困农民脱贫致富的重要渠道，应当加大对乡村旅游扶贫的资金投入，推动乡村经济发展。

（四）提升服务能力

强化规范化管理，提升服务能力。服务管理不规范是目前贵州乡村旅游发展存在的通病。当前应进一步完善乡村旅游标准化体系，编制系列乡村旅游服务指南和技术指导手册，通过加强组织领导，采取政府主导、各方支持的方式，加强乡村旅游发展的管理、协调、监督、指导和服务工作，从基础设施、资源特色、接待设施、安全标准、卫生标准、环境保护、服务质量、价格标准、游客反映等多方面进行跟踪管理，提高管理水平，增强服务意识，提升服务能力。

（五）提升旅游层次

1. 对文化旅游资源进行深层次开发

贵州乡村旅游资源文化内涵丰富，有着反映人与自然的依存和延续、形态独特的村落，有着反映我国数千年的传统文化、宗教理念、社会组织形式和家庭关系的古朴典雅的乡村建筑，有着浓厚文化底蕴的乡村节庆、农作方式、生活习惯、趣闻传说，但从总体上来看，这些资源的文化内涵挖掘得不够，还停留在表层开发上。当前应加强对以上资源的开发，注重文化内涵的挖掘，使乡村旅游不流于浅层次的观光游览，不局限于旅游资源的表面现象，而是更注重表象下的文化底蕴。要善于挖掘整合当地的生态资源与人文资源，挖掘利用当地的历史古迹、传统习俗、风土人情等，为乡村建设注入人文内涵，展现独特的魅力，凸显主题创意，提升旅游层次，推动乡村旅游转型升级。

2. 对特色民族传统文化进行保护和抢救

采取措施维护特色民族村镇和古村镇风貌，加强文化古迹保护。培养一批非物质文化遗产代表性传承人，建设一批非物质文化遗产专题展示馆，抢救保护非物质文化遗产的代表性项目，加强古村落保护。建立和完善民族特色文化遗产保护网络和非物质文化遗产保护体系。提高旅游活动的参与性和知识含量。在规划开发乡村旅游产品时，要根据资源的性质和游客的感知方式，增强内涵，使游客在欣赏自然风光的同时接受文化的熏陶，增长科学知识，达到求知和休闲度假的双重效果。同时应将现代科技有机地融入乡村旅游景点项目的建设中，丰富旅游产品的品种，增强乡村旅游活动的参与性，丰富乡村旅游活动的内涵。

（六）打造旅游精品

突出区域特色，避免同质化经营。就全省而言，安顺可以突出屯堡文化，黔东南可以突出苗侗文化，黔西南可以突出布依族文化，黔南可以突出水族文化，六盘水可以突出夜郎文化，毕节可以突出彝族文化，铜仁可以突出佛教文化和土家族文化，遵义可以突出红色文化、名酒文化和仡佬族文化，贵阳可以突出气候资源。加强主题建设，打造旅游精品。红色旅游主要以黔北遵义市为主，突出“历史转折，出奇制胜”的主题；民族风情游主要以黔东南、黔南、黔西南州为主，突出“民族风情、醉美贵州”的主题；生态休闲旅游可在全省适宜地方开展，突出“生态休闲、健康人生”的主题。

各市（州）可根据各地特色，对县（市、区）发展乡村旅游做出规划，形成“科学布局、注重特色、差异发展”的格局。当前发展乡村旅游要与城镇化建设结合起来，城镇规划不能贪大、求洋，不能“千城一面”“千村一面”“千篇一律”。建筑样式要“越土越好”，建筑材料要“就地取材”，始终保持县、乡、村的“原汁原味”。与农业产业化结合起来，围绕发展蔬菜、马铃薯、茶叶、干鲜果品、中药材、花卉种植等特色优势产业，开发观赏游、采摘游、品茗游、品尝游等乡村旅游产品，使蔬菜、禽畜变成餐桌上的美食或旅游商品，使农产品成为旅游产品，增加农产品的附加值。注重游客情感和生活的体验，根据不同主题，发展一些具有深度体验内容的休闲项目，以独特的生活体验吸引不同文化、年龄、层次、背景的游客。同时，依托民族文化资源，建设一批文化产业基地，培育一批有特色的骨干文化企业，推进区域特色文化产业集聚发展，形成民族民俗文化品牌。

（七）增强发展活力

1. 充分发挥政府职能部门在乡村旅游宣传促销中的主导作用

对全省乡村旅游进行整体策划、包装、推广，通过形式多样的宣传推广，吸引更多的游客体验乡村旅游。采取“请进来”“走出去”等方式，多方位、广覆盖地进行品牌形象宣传，全力提升贵州乡村旅游的客源市场占有率。以重要民俗文化活动、节庆和少数民族传统体育赛事等为平台，不断扩大乡村旅游景区（点）的影响。加强与报刊、电台、电视台、网站等媒体的合作，将乡村旅游宣传作为一项重要内容，开辟专题专栏，进行重点推介。机场、车站及其他重要公共场所和城市出入口等要设立乡村旅游宣传广告。城镇、重点旅游线路和景区（点）均要设立乡村旅游宣传推介窗口。加快乡村旅游目的地管理系统建设，积极开展网络营销、网络预订等旅游在线服务，指导乡村旅游景区（点）、农村家庭旅馆等建立网上预订系统，提高乡村旅游发展的信息化水平。

2. 加强乡村旅游营销渠道和客源地市场建设

不断开发省内外目标市场，强化联动集中宣传和重点宣传，与主流媒体合作，创新主题，全方位持续宣传推介贵州乡村旅游。深化省内省际乡村旅游重点领域合作，加快形成省际互为旅游目的地的市场合作机制，提高促销针对性和实效性。根据游客需求变化、分析游客结构，开展有针对性的宣传促销，抓好重要客源市场的开拓，如周边的重庆、四川、广西、湖南，以及较为富裕的长三角、珠三角、环渤海地区，都是贵州的重要客源市场。要改变乡村旅游经营户各自为政的状态，把农户联合起来，变偶然、零散、不定期的旅游宣传促销为系统持久、网络化的宣传促销。充分发挥旅游企业的作用，促进他们与客源地旅游企业建立利益链接机制，形成客源互享、城乡互动的宣传格局。现在已经进入全媒体时代。2019 年第一季度微信用户达到 11 亿，截至 2019 年底，微博月活跃用户达到 5.16 亿，相比 2018 年年底净增长约 5 400 万，其中移动端占比 94%，所以还要充分利用微博、微信、微电影、数字旅游、影视植入等新技术新媒体进行宣传营销，形成多渠道、高密度的叠加效应，实现营销网络的全覆盖。

3. 突显创意办好特色活动

融合地方民族文化特色，策划推出独具浓郁乡村文化、民族特色和地域风貌的乡村旅游文化节庆活动，形成一批参与性强、体验内容丰富和具有深厚民族文化内涵的乡村旅游产品。通过系列乡村旅游节庆活动的举办，全面激活乡村旅游的内生动力，进一步提升贵州乡村旅游的品牌知名度和市场吸引力。

（八）强化乡村居民的主导权

在乡村旅游发展中，乡村居民是乡村旅游发展的主体，由于乡村居民的知识、技术、资金受限，导致旅游发展过程只能被拥有较强实力的旅游企业以及政府等边缘化，少数的村民在旅游开发中少有话语权引发乡村矛盾，并且随着乡村旅游的发展，为提供更高效更全面的服务，也为实现乡村旅游的转型升级，增强乡村居民的文化自信以及维护乡村地方和谐是十分必要的，应当建立乡村旅游联席制度，将乡村旅游相关利益者进行联合，明确各自的职责，利用互联网平台将多方利益相关者进行联合。对旅游活动中的游客投诉、游客需求服务等进行及时有效的反应，利用网络平台的透明化特点，对乡村旅游进行公示，对文化持有者的权益进行公平分配，并且实行实时监督，对旅游决策进行网络公开投票，听取网民、游客、文化持有者等多方利益相关者的意见进行科学合理的旅游规划，增强乡村居民的参与感。政府应向乡村旅游经营者提供关于发展方向、宣传手段、经营策略等方面的建议，乡村旅游经营者根据实际经营情况自愿采纳。政府部门也可以在市场营销、广告宣传、人才培训等方面为旅游经营者提供帮助和建议，完善乡村地区基础设施建设，为旅游行业的发展提供便利。在尊重乡村旅游从业人员市场主体的条件下，最大限度地促进乡村旅游产业发展，为从业人员提供产业发展方面的便利，为乡村旅游产业的升级创造条件。

（九）加强人才队伍建设

多形式加强对乡村旅游从业人员的培训。把乡村旅游业人才队伍建设纳入全省干部培训计划和人才队伍建设规划，并适时举办各类专题培训班，多形式地对乡村旅游从业人员进行培训。依托各高校及职业学校，加快旅游专业人才的培养速度，为乡村旅游发展提供专业人才。积极探索政府学校、企业和社会公益组织，共同分担旅游教育培训费用的路子，鼓励、引导外资和民营资本参与乡村旅游人才培养。组织从业人员到省内外成熟的乡村旅游点进行现场培训。整合运用农村远程教育、农村图书室、文化活动室等教育培训资源，对旅游村寨的村民进行乡村旅游基本知识、基本技能、普通话等培训。旅游、劳动、教育、农业、扶贫、文化等部门将乡村旅游从业人员培训纳入培训计划，培训以乡村旅游干部、带头人、乡村旅游能工巧匠传承人、经营者为重点，对经营管理、食宿服务、接待礼仪传统技艺、文艺表演、食品卫生安全、餐饮和客房服务、乡土文化讲解等方面的素质和技能进行系统培训，培育一批守法纪、有文化、懂技术、会经营、讲诚信的乡村旅游实用人才队伍。通过多种形式的培训，为乡村旅游的加快发展提供门类全、数量足、质量高、用得上的旅游服务和经营管理人才。

同时，在实施“一村一名大学生工程”时，有意选派高校旅游专业的毕业生到基层工作，为基层发展乡村旅游提供智力支持。选派旅游部门的工作人员到旅游重点村镇挂职锻炼。选拔乡村旅游景区（点）优秀青年到大中专院校进行系统的旅游专业知识培训。充分利用国家和各级政府已有的相关扶持政策，实施乡村旅游就业创业工程，以创业带动就业，以就业促进乡村旅游的发展。

当“互联网 + 旅游”的理念逐步渗透到乡村旅游发展的各个环节，旅游企业开始运用互联网开展在线旅游业务从而引发对新时代背景下的旅游人才的需求，在互联网的背景下，乡村旅游的发展对新媒体营销、个性化定制、智能景区的建设与管理以及跨界复合型人才的需求日益凸显。随着大众旅游时代的到来，人们对公共服务的需求迅速提高，尤其是自助旅游者和游客的数量增多也伴随众多不同的需求，旅游个性化定制服务是为了满足旅游者的不同需求，借助大量的旅游供给信息为游客设计合适的产品。旅游企业只有赢得竞争日益激烈的旅游市场，才能招募到优秀的个性化服务人员，满足为顾客提供个性化的利益诉求。在“互联网 +”背景下，云计算、物联网等新一代信息技术已渗透到旅游业的各个领域，大数据分析、智能终端应用等对旅游从业人员提出了新要求，这就要求旅游人才掌握跨学科知识，成为跨界复合型人才。“互联网 +”时代下的乡村旅游转型升级需要的是新兴专业人才为其注入新的活力，且在新时代的背景下，新技术的发展与产业融合，需要高精尖人才的带领，对于技术的运用，维护等也需要专业技术人员的参与支持。因而，人才的教育培养、创新教育培养模式是乡村旅游转型升级的必要条件。国家应当激励和引导有条件的院校进行兼具新科学技术知识和旅游管理人才培养，建立乡村旅游实训基地，将理论知识与实践能力培养相结合，与之建立订单式人才培养模式，向蓬勃发展的乡村旅游输送专业知识扎实、综合能力强的专业旅游人才。乡村旅游政府应当制定相关优惠政策，主动吸引人才进驻乡村，提高乡村的人才素质。加强对旅游行政管理部门和乡村旅游企业职工的旅游信息化技能培训，以适应新时代下乡村旅游的发展，加大对社区居民特别是乡村旅游民俗户的信息化技能培训力度，提高其社区参与的能力。

（十）建立健全乡村旅游保障体系

乡村旅游的转型升级，需要完善的乡村旅游保障体系进行支撑。因此，应当建立完善的法律法规规范信息管理，以及对乡村居民文化知识产权交易的合法权益保护。并且通过大数据、互联网对交通状况进行实时监督，加强应急事件预警，在客流高峰期疏散游客。完善医疗保险制度，对于游客的人身安全以及救治做到及时有效的保障，实行异地医疗保险办理，保证游客的及时治疗。加强环境立法，对于生态环境破坏的行为加大惩治力度，在旅游开发中重视生态环境保护，改善污水、垃圾处理方式，加强环境监测，及时反馈信息并做出决策，维护乡村良好的旅游环境。

第六章　贵州乡村旅游资源开发的模式

贵州拥有丰富的自然景观与人文地理等旅游资源，乡村旅游发展迅速，成为贵州旅游业发展的新动力。要积极开发乡村旅游资源的新模式，从而实现贵州民族地区的乡村旅游产业振兴。本章分为乡村旅游开发的模式、贵州乡村旅游商品的开发、贵州乡村景观类旅游资源的开发、贵州乡村民俗活动类旅游资源的开发四个部分。

第一节　乡村旅游开发的模式

一、城郊旅游综合体模式

城郊旅游综合体是指位于城市郊区，有一个或多个旅游核心吸引物，围绕核心吸引物形成以旅游业为主体的多业态复合的生产空间和混合土地利用模式。城郊独特的区位优势为乡村旅游创造了原发优势，积聚了产业要素，乡村观光度假、现代农业和乡村商业三大产业集群中的众多要素都与旅游活动密切相关，产业部门之间相互融合，互为依赖，它们均以乡村景观的保护利用为前提。

二、景区依托型开发模式

景区依托型乡村旅游是指在成熟景区的边缘地带，以景区为核心，依托景区的客源和乡村特有的旅游资源发展起来的乡村旅游活动。成熟景区与其毗邻地区在文脉、地脉、文化传承以及社会经济等方面同宗同源，成熟景区为周边地区的乡村旅游开发提供了持续而稳定的客源，而周边乡村旅游既是对景区旅游的分流和疏解，也是对其的有益补充与提升。两者互相促进，携手共赢，带动区域旅游大发展。

（一）一般特征

1. 区位共享风景

成熟景区拥有相对较好的交通条件，旅游通达性是周边乡村旅游开发的前提条件。由于地缘关系，景区与周边地区在文化、环境、旅游线路上极为相似，便于两者旅游一体化发展。

2. 市场客流集聚

依托景区的人气和客流，乡村成为天然的游客集聚地，可以为景区承接部分服务接待功能，如当地农家乐、民宿可以作为景区旅游配套服务区，为游客提供餐饮、住宿服务，并在服务过程中逐渐发展自己的客户群体，为乡村旅游开发提供客源保障。

3. 资源互补发展

景区周边地区与景区在生态风光和文化渊源上具有一定的延续性，但两者的核心吸引力不同。乡村旅游主打田园风、民俗情、特色菜，形成对景区旅游产品功能的有机补偿，两者通过差异化开发，形成互补发展的旅游格局可以满足游客对景区和乡村旅游的双重旅游需求，强化游客旅游体验效果。

（二）模式开发要点

景区依托型乡村旅游开发，要依据景区客源市场及本身特点开发深度乡村体验产品，充分阐释乡村风俗风情，让开放的乡村体验与封闭的景区观光形成鲜明对比，走自己的特色乡村发展之路。

1. 明确目标群体

景区依托型乡村旅游开发，应深入了解景区客源来源与需求，通过游客规模预测、游客偏好分析、游客停留时间分析、需求分析等扎实的基础调研工作系统分析客流构成；在充分满足景区客源市场需求后，要适度地考虑临近城市居民的旅游意愿，形成以景区游客为主、市民游客为辅的旅游客源结构，为中远期乡村旅游的规划开发、提档升级等提供市场依据。

2. 塑造乡村意象

乡村旅游开发，要唤醒乡村的沉睡资源，激活最能反映乡村特质的元素与符号。首先，要梳理乡村各种文化资源，对其加以挖掘利用和整合开发；其次，结合市场需求和自身资源状况，将最能代表本地特色的要素剥离出来进行创意设计，实行差异开发和错位开发策略，凸显乡村文化意象；最后，做到一村一品、一村一特，增强乡村旅游产品的吸引力和竞争力。

三、产业依托型旅游发展模式

产业依托型乡村旅游以产业化程度极高的优势农业产业为依托，以旅游市场需求为导向，通过拓展农业观光、休闲、度假和体验等功能，开发“农业＋旅游”产品组合，带动农副产品加工、餐饮服务等相关产业发展，促使一、二、三产业融合，实现农业与旅游业的协同发展。其典型发展模式为特色庄园。

庄园经济历史悠久，15 世纪起源于英国，是一种以家庭为单位，生产经营农业的组织形式。它和传统农业的区别是专业性强、集约化生产、大规模作业。后来逐渐发展成为一种家庭式的产业，并多与休闲旅游度假相结合。20 世纪中期，在欧美等发达国家出现的现代庄园，成功地改变了美国荷兰、澳洲等国的农业经济状况，创造出诸如美国新奇士橙、荷兰花卉等经济奇迹，从而带动了庄园经济在世界各国的大力发展。庄园模式作为一种集约化经营管理，能够在短时间内聚集大量闲散资金用于农业开发的组织形式，若能规范管理和健康发展，的确能够成为一种迅速促进农业发展，同时带动旅游业、农产品加工业及其他行业发展的新的组织形式。庄园旅游以“1+3”产业模式，很好地结合了农业与旅游，为未来农业发展摸索到一条新路子。

四、旅游扶贫开发模式

旅游扶贫是利用乡村独特的自然特色和地理优势，开发乡村旅游业，刺激旅游经济，缓解当地旅游财政收入的缺口。多年的实践证明，乡村旅游是一条帮助农民摆脱贫困，走向富裕的好途径。我国在 20 世纪 90 年代提出旅游扶贫理念，“十二五”期间，通过发展乡村旅游，我国带动了约 10% 的贫困人口脱贫。预计到“十三五”末，可以带动约 1200 万贫困人口脱贫。可见，乡村旅游和旅游扶贫工作关乎国家战略与民生。无论是在我国西北的草原地区，青海西藏的高原地区，还是西南的云南贵州等地，都大力开展旅游扶贫理念下的乡村旅游建设，建成了依靠地区独特的自然环境和封闭环境下的人文特色为一体的扶贫乡村旅游。

旅游扶贫从乡村旅游项目构建初期至旅游项目投入运营，均采取“人—自然—旅游”三位一体的立体化开发思路，即人促进自然与旅游的结合，自然提供人和旅游建设的基础，旅游促进人与自然的和谐。这种模式具有很鲜明的特征，开发过程强调三者联动，其中任何环节出现问题都会影响开发进度及效果，强调旅游开发的整体性，保持人、自然和旅游关系的平衡，促进当地旅游开发的可持续发展。

2016年9月30日，文化和旅游部发布《关于实施旅游万企万村帮扶专项行动的通知》指出，5年内帮助100万左右的贫困人口脱贫。贵州省历年来是我国扶贫的主战场，扶贫任务相当艰巨。对此政府下发了《中共贵州省委、贵州省人民政府关于坚决打赢扶贫攻坚战确保同步全面建成小康社会的决定》，其中都匀市墨冲镇通过"农旅互助"模式，以蔬菜产业园为核心，在良亩村已有的果林及河流资源的基础上，将良亩村改造成"上山有花看、下山有菜吃及水里游鱼虾"的生态农业旅游形态，真正做到了以农促旅，以旅兴农，有效地提高了当地农民的收入。

（一）推进招商引资

乡村旅游既是当前也是未来旅游开发的中心和焦点。在我国旅游扶贫政策的推动下，乡村旅游的开发工作进入了崭新的阶段，迎来乡村旅游的黄金时期。旅游扶贫是贫困乡村发展的资源平台，但仅依靠理念无法给贫困乡村带来实质性的旅游项目，难以实现经济跨越。结合扶贫政策、开展招商引资，依靠现有的旅游设施和经济基础，吸引大企业进驻当地，不仅能为当地注入流动资金，而且能加快当地旅游业基础设施的建设。

（二）推动造血式扶贫机制的形成

发展乡村旅游的目的是建造稳定的具有经济再生能力的旅游设施，形成自给自足的乡村旅游体制。在贫困乡村旅游的建设初期，经常出现资金投入的现象，这样的经济漏洞很难由地方政府全部承担，因此乡村旅游应以旅游项目启动为根本落脚点，将造血式扶贫机制下的旅游项目参与到经济造血中，成为扶贫机制的主体构成。为了更好地提高乡村旅游的造血能力，应引进大量旅游方面的专家学者前往一线，帮助扶贫，号召旅游相关专业的学生和志愿者相继参与，为贫困乡村旅游提供可持续的帮助。同时提升当地农民的自身能力，更好地推动造血式扶贫机制的形成、发展和完善。

（三）提高当地农民的参与意识和管理能力

首先，调动当地农民对乡村旅游项目开发工作的积极性，使农民真正参与到旅游业的发展中，通过旅游技能培训，提高农民的旅游服务意识，将旅游工作与农民自身利益结合起来，增强其对乡村旅游的认识，理解参与的含义。其次，农民管理能力的提高可以更快更好地发展旅游，实现乡村旅游的可持续发展。

（四）将旅游扶贫计划纳入整个国家扶贫体系中

旅游扶贫计划是近十几年来新兴的扶贫政策，逐渐在基础旅游建设计划中成为乡村旅游发展的指导思想。旅游扶贫是我国扶贫政策在乡村贫困地区的大胆尝试，并在一些地区已经取得不可忽视的成效，在当前阶段，贫困地区的扶贫政策不能一味地依靠资金倾注，而应采取更生态更循环的旅游扶贫来解决贫困问题，因此对于贫困乡村的旅游扶贫计划应纳入整个国家扶贫体系当中，将乡村旅游扶贫作为城乡建设中不可分割的一部分。这样不仅有利于从宏观层面调节乡村旅游扶贫政策的运行姿态，而且在纳入国家扶贫体系后可以共享扶贫体系中的大量资源来推动乡村旅游建设更上一层楼。

五、历史文化依托型乡村旅游发展模式

古村古镇旅游是乡村旅游体系中比较独特的一种专项产品，以其别具特色的古建民居、广博厚重的文化底蕴、淳厚朴实的民俗风情等特点备受游客青睐。随着城市化进程的加快，越来越多的乡村被城市吞噬，“乡愁”日益成为人们一种抹不去的情怀，到古村镇寻找失去的家园便成为当前比较时尚的旅游。按照文化背景和行政区划，我国古村镇共分为八类，基本上反映了不同地域历史文化村镇的传统风貌：①富贵大气的北方大院建筑群，如山西晋中乔家大院、平遥古城；②朴实无华的西北古村落群，如陕西袁家村、党家村；③大家风范的徽派古村落群，如安徽西递、江西婺源；④小巧精致的水乡古村落群，如浙江南浔、江苏角直；⑤另类浪漫的西南古村落群，如四川黄龙溪、龚滩；⑥清秀灵逸的湘黔古村落群，如湖南凤凰古城、贵州天龙屯堡；⑦个性鲜明的岭南古村落群，如福建永定土楼、广东湛江赤坎；⑧各领风骚的南诏古村落群，如云南丽江大研古镇、云南腾冲和顺古镇。

目前我国的村镇旅游发展过程中存在不合理开发和破坏性开发、过度商业化倾向、旅游承载量过度饱和、旅游与居民生活的矛盾等问题。

六、民俗依托型乡村文化与社区发展模式

“十里不同风，百里不同俗。”乡村最令人怀念的地方，不仅仅是生态自然，还有淳朴的民风民俗，这种民风民俗往往凝聚着乡村发展的厚重历史，所以，对于乡村旅游游客来说，“吃农家饭、住农家院、干农家活、享农家乐”或许并不是乡村旅游的全部意义，因为这些只是外在行为，真正能够渗透到心灵的，唯有乡村的民风民俗。民俗内容广博，包罗万象，涵盖民族民俗、建筑风格、饮食习惯、服饰特色、农业景观和农事活动等诸多方面，为乡村旅游提供了很

大的开发空间，通过参与性与体验性的旅游活动让游客感悟当地浓郁质朴的民俗风情。下面以袁家村为例进行阐述。

自2007年开始，陕西袁家村利用物化民俗中的代表产品，如饮食、服饰、住宅、特产和田园牧场及生产交通工具，开始打造“关中文化体验地”为主题的旅游形象，以乡村休闲，文化体验作为旅游产品的定位。袁家村的旅游产品，并不是现有的街巷和民居，也不是原来村民居住的场所。但这些复建或者移植的建筑和展示活动，却真实地反映了关中农村在半个世纪前真实的生活场景，满足城市游客对于心目中乡村旅游的认知需求。袁家村正是把握住了乡村游游客的这种本质追求，将袁家村历史上积累的具有鲜明群体性、地域性特征的民俗文化挖掘并呈现出来，将民俗文化基因植入乡村旅游产品生产和消费的每个环节。由此形成了独特的民俗文化再创造模式——“建载体”“聚遗产”“搞活化”。

“建载体”就是在原有村落的风貌上修建了关中仿古民居建筑群，这些建筑群粗犷中不失细腻，平面和立体结合，彰显出追求平衡又不失情趣的关中民居特色，成为袁家村关中民俗文化的鲜活载体。这种载体成为袁家村吸引游客眼球的第一大法宝。

“聚遗产”就是召集本村和附近村庄面临失传的非物质文化遗产，包括“帕帕头上戴”“油泼辣子一道菜”、裤带面、大梁榨油、麦芽糖等关中美食和关中手工作坊等，使之成为关中民俗文化的聚集地。

“搞活化”是袁家村人最拿手的本领。表面看上去，袁家村里充满了“土得掉渣”的物和“土得掉渣”的人，但细细品味，那些“表面装扮得很土”的袁家村人实际上内心却充满了现代人的审美情趣。他们可以将一个车轮改装成吊灯，可以将一个马槽改装成茶几，可以将一个车架改装成桌子。这种现代情趣的融入正是袁家村对传统民俗文化再创造的秘诀，是一种崭新的民俗文化活化路径。

经过多年的探索实践，袁家村“关中文化体验地”形象已广为人知。目前袁家村正处于从传统向时尚转型的过渡阶段，做农民自己的品牌，以度假为导向，从美食导入、以乡村文化为体验、发展夜间消费及客栈文化，打造农民品牌的梦工厂，让游客可看、可感、可吃、可住、可游、可玩。

七、传统民间艺术助推乡村旅游发展

乡村地区人杰地灵，是艺术生发的源泉。传统民间艺术，如剪纸、雕刻、刺绣、皮影、泥塑、陶艺、曲艺、茶艺等，多数来自民间，其有天然的亲和性，构成了一个民族或地区的文化象征或区域符号。这些民间艺术可以被挖掘利用，创意开发乡村旅游，不仅可以提升乡村旅游文化品位，带给游客独特的精神享受，还能让日渐式微的艺术形式通过旅游得以复兴或光大，并且不断融入现代审美功能，实现艺术创新和产品重塑，强化地方文化特色，提升当地旅游目的地形象。同时，旅游催生民间艺术加工业的壮大，不断形成规模化和产业化经营，拓宽当地居民就业渠道，是农民增收致富的有效路径。

例如，南张庄依托古村堡传统手工点彩剪纸艺术及其初具规模的剪纸产业群，计划开发建设国际剪纸艺术风情小镇，本着产业培育、文化挖掘、展示营销、休闲体验、环境营造等理念，重点突出古代风貌、现代气息、原真体验、当地风味，建设宜居、宜游的文化产业聚集区和艺术聚集区，包括剪纸创意商业街、剪纸艺术展示区、明代古堡体验区、剪纸艺术研发区、度假休闲区、农家小苑休闲区、公共服务区、艺术家村、民俗商业街、美食街、风情酒吧街、迎宾区、接待区及停车场、艺术公园与街头公园等。剪纸艺术风情小镇将以其凝重的剪纸文化、民间文化艺术色彩，成为蔚县文化旅游的亮点，原汁原味的地域文化特色和淳厚朴实的民俗文化必将吸引大量游客光顾，为国内外艺术家和广大游客提供创作、交流、休闲、体验的理想目的地。

第二节　贵州乡村旅游商品的开发

一、开发乡村旅游商品的意义

开发乡村旅游商品的意义主要体现在两个方面：首先，开发乡村旅游商品对旅游者有意义，它提升了旅游者进行乡村旅游活动的内涵，满足了旅游者的购物需要；其次，它对旅游地有意义，它可以促进旅游地经济、文化、社会的发展。民俗旅游商品对旅游地的作用，即对地方政府的财政收入，旅游企业的利润，当地居民的就业与收入，旅游地的经济、社会、文化发展等方面的作用。

对旅游地的价值自不必多说，且来看它对旅游者的价值和意义。第一，各地区、各民族的饮食民俗各具特点。它们不仅能够满足旅游者的口腹之欲，还能够让旅游者获得对美食的享受。第二，我国不同地区的民族服饰种类繁多。目前，已经有相当多的服饰被开发成为具有一定知名度的民俗旅游商品。例如，藏族的藏靴和藏装、侗族的围腰、苗族的百褶裙和银饰、满族的旗袍、纳西族的羊皮披肩、彝族的钩尖绣花鞋、维吾尔族的小花帽、壮族的绣花鞋和绣花垫肩、江南的丝绸与锦绣唐装、东北的貂皮和狐狸皮服饰等。诸如此类的民俗旅游商品，不仅由于它们特定的产地、精妙的设计和精湛的工艺而具有审美与纪念意义，而且可以满足旅游者“穿”的需要，具有实用功能。第三，民俗旅游商品在旅途与日常生活中具有各自的用途。例如，景德镇出产各种陶瓷器具，宜兴的紫砂壶，云南保山的围棋子，文房四宝中的湖笔、徽墨、宣纸、端砚，新疆的地毯、挂毯，杭州的西湖折扇、雨伞，丽江的东巴文装饰的画框、钥匙扣、木制梳子等，这些形形色色的民俗旅游商品，不但令人赏心悦目，同时，也具有十分重要的实用价值。

由此，我们不难看出，实用性是旅游商品众多特性中最应该突出的特性，在开发贵州乡村旅游商品时，我们要牢牢把握住这一特点。

二、开发乡村旅游商品的原则

民俗旅游商品的开发必须以旅游者的需求为导向。只有认真研究旅游者的需求，了解旅游者的购买心理，才能开发出适销对路的民俗旅游商品。旅游者既要求民俗旅游商品能够满足自己的文化、心理需要，又要求民俗旅游商品能够满足自己的物质、生理需要。旅游从业者应该充分利用各种民俗旅游资源，开发特色鲜明的民俗旅游商品，用多种形式和内容的民俗旅游商品，满足旅游者日益增长的购买需要。

民俗旅游商品的形式、内容、工艺、包装、文化内涵等必须充分体现地城与民族的特征，与众不同。要知道，即使是最货真价实的民俗旅游商品，如果不在形式内容、包装等方面进行革新，也会让旅游者感到单调、刻板乏味，从而失去市场空间。民俗旅游商品的生命力就在于它们的特色，没有特色，就没有旅游吸引力和市场竞争力。如果旅游者在旅游过程中，所到之处看到的都是千篇一律、十分雷同的民俗旅游商品，那么他们就会失去兴趣，不会产生购买的欲望。

另外，民俗旅游商品必须具有艺术性，在形式、内容、文化内涵等方面具有审美价值，能够给人们带来美的享受。现代旅游者购买民俗旅游商品，并非仅仅为了它们的物理功能或效用，而是最希望通过购买民俗旅游商品，获得一系列的心理满足，如经历、体验、记忆、审美等。其中审美是旅游者最重要的购物动机，甚至在很多情况下，旅游者之所以购买某个民俗旅游商品，是出于无意识的审美需要。

民俗旅游商品的开发，最好就地选题、就地取材、就地生产、就地销售。但是，在销售方面却不能故步自封，若有余力，要行销天下。

三、贵州乡村旅游商品开发的主要问题

民俗旅游商品的开发要素，主要包括题材、材料、功能和工艺等四个方面。题材是指民俗旅游商品的文化内涵。材料强调就地取材，因为很多原材料本身就具有浓郁的地域与民族特色，对原材料的选择更反映了地域与民族的文化差异。就地取材开发民俗旅游商品更容易反映当地的民俗文化。例如，中草药就离不开各地特有的原材料，最好的党参产于山西上党地区，最好的高丽参来自朝鲜半岛，最好的藏红花采自雪域高原。功能是指民俗旅游商品能够满足旅游者的某种物质和精神方面的需要。最好的民俗旅游商品，能够同时满足旅游者的物质需要和精神需要。民俗旅游商品只有真正采用了当地的工艺，才能代表地域与民族特色，也才能有生命力吸引力。

（一）加工和包装简单

贵州旅游起步晚，旅游产业落后，工业发展基础薄弱，因此，贵州旅游商品在加工艺术和包装上还存在不足，具体表现有：一是在制作工艺上比较简单，商品设计缺乏创新；二是难以深度融入当地文化，且商品的外包装缺乏精美设计；三是缺乏艺术元素的植入，使得商品价值不高。这些因素的存在就直接拉低了商品作为馈赠品、收藏品的价值，进而影响商品价格。例如，贵州毕节民族地区特色旅游产品“贵州天麻”，虽然是名贵中药材，但是从采掘到销售，只是简单地进行加工和包装，没有进一步开发天麻文化与历史，缺乏工艺的融入和地方文化的宣传，特别是外包装的简单，不能体现天麻作为高档用药的潜在价值，使得其作为旅游商品的收藏价值不高，价格与其他省份的普通天麻并无差异。

（二）缺乏地方特色

实际上，贵州省有着十分丰富的旅游资源，这就给旅游商品的开发提供了便利。但是在实际中，这些旅游商品都存在着发展不足的现象。综合来看，市场上售卖的旅游商品种类过于集中，同质化严重，难以形成特色产业和创新商品。在市场知名度方面，缺乏良好的口碑，这就使旅游商品难以参与有效竞争。例如，贵州旅游产品牛角梳、老蔡牛肉和腊肉等，生产厂家众多，货源充足，但是在消费份额和市场占有率方面远远低于“谭木匠梳子”等旅游品牌商品。其重要的原因就是本地区的旅游商品种类过于简单，难以突出地方特色且同质化生产严重，与湖南、云南、广西等民族地区旅游商品差别不大，再加上旅游商品文化包装不够，致使游客的购买欲望大大下降。

（三）市场环境基础差

目前，贵州旅游商品市场规模小，实力弱，且在商品的销售方面，贵州省没有划定特定的售卖区域，店家都是各自为战，零散售卖，这些现象直接拉低了市场消费氛围，不利于店家的日常经营和游客的购买。在管理上，当地的旅游公司观念落后，管理松散，这就决定了其在旅游市场上的竞争力和预防市场风险的能力较差。回顾历史，贵州省在旅游商品开发上才刚刚开始，融资存在一定挑战，设计理念和商品均有所不足。目前，贵州除了现有全国知名品牌国酒茅台、贵州三宝、老干妈、黔五福等可以作为旅游商品种类有效打进国内市场外，其他贵州特色品牌的旅游商品很少被人知晓，更不用说参与有效的市场竞争。

（四）传统旅游工艺品手艺面临失传风险

贵州是个多民族省份，各民族都有自己的民族工艺。但是，随着民族地区的经济发展，很多传统民族工艺正在悄然消失。这些带有浓郁地方特色的工艺品是纯手工制作的，对从业人员的技术技能和艺术素养要求都很高。目前，由于贵州省没有形成旅游商品市场体系，从业人员收入偏低，不少年轻人不愿意从事传统手工艺行业，如掌握锡绣、红绣、农民画等传统手工艺的人存在明显老化的趋势，很多宝贵的工艺有失传的危险。例如，贵州苗绣等少数民族绣品，都面临这么一个问题：老一代的传统技艺逐步开始失传，年轻一代懂得手艺的人越来越少。在贵州大力开发旅游过程中，民族绣品作为旅游商品，市场需求量巨大，极具民族艺术与价值。但是绣品生产率较低，懂得相关手艺的人口相对较少，传统工艺品人才缺失严重。

四、贵州开发旅游商品的资源

贵州具有开发乡村旅游商品的丰富题材和不竭材料，这是一座尚未开启的宝库，我们要倍加珍惜，好好利用。贵州的民族民间工艺品有1000多种（雕刻、漆器、陶器、绘画、编织、刺绣、染织、地毯及挂毯类、金属类、珠宝首饰类、民族工艺品、民间工艺品等）门类。每个门类又包括许多行业和品种，如织绣工艺品包括织锦、刺绣、花边等；印染工艺品包括蜡染、扎染、石灰豆浆纺染、印花品等；画类工艺品有通草画、刨花画、牛角画、烙画、布贴画、磨漆画、竹帘画、蛋画、镜屏画等；地毯有手工羊毛地毯、机织化纤地毯等；雕塑工艺品有石雕（刻砚、大理石工艺品、玉带石雕、金石印章）、木雕（地戏面具、树根雕、黄杨木雕、车木制品）、核雕等；美术陶瓷有美术陶、美术瓷、工艺砂器等；其他工艺品有纸扇、工艺伞盆景彩扎、剪纸等。每个品种又按工艺、题材、造型、款式、用途做更细的分类。

开发土特产品和手工艺品，是保护非物质文化遗产和促进乡村旅游的途径之一。民俗旅游商品具有一定的实用价值，能够满足旅游者的物质需要。民俗旅游商品的实用价值，是指它们能够在旅途与日常生活中，为旅游者解决很多实际的问题。不同的民俗旅游商品具有不同的实用价值，而且一种民俗旅游商品可以具有多种实用价值。民俗旅游商品的实用价值主要体现在它们能够满足旅游者吃、穿、用等方面的需要。开发民俗旅游商品既可以满足旅游者的购物需要，又可以促进旅游地经济社会的发展。贵州工艺品很多，如安顺蜡染、地戏面具、大方漆器、玉屏箫笛、赤水香扇、荔波凉席、万山竹雕、晴隆翡翠、黄平泥哨、织金砂陶、平塘牙州陶、普定土陶、印江的白皮纸石雕以及遵义、贵定的通草堆画和思州普安的石砚等。

对于交通不便、经济和生产生活条件较差的贵州乡村，旅游工艺品的开发在传承民族文化遗产的同时，还能带来直接的经济收益。乡村旅游是分步骤有重点地逐步推进的，在目前还没有开展乡村旅游的村寨，能够通过手工艺品和土特产品加工，获得乡村旅游带来的利益，并且保护文化遗产。

土特产品、工艺品的加工过程，还可列为乡村旅游的参观项目和体验项目。如丹寨石桥古法造纸工艺就是一个有地方特色的参观项目。位于丹寨县城北 35 公里南皋乡的石桥堡，四面环山，沅江上游的一条支流——南皋河，流经村旁，充足的水利资源为造纸生产提供了极为有利的条件。当地传统的白皮纸作坊，已有近百年历史，是全省乃至全国古法造纸工序、工具保存得最完整，规模最大的地方。石桥堡利用这一优势，开发以展示传统白皮纸生产工艺为主的旅游项目，向游客展示纸浆制作和抄纸、压纸、晒纸、揭纸等流程。

研究开发适销对路的旅游商品，能提升乡村旅游的文化内涵。贵州要围绕旅游工艺品的保护和利用，建立组织保障机构，负责旅游商品保护、利用、研发、设计、管理机制。要特别重视乡村具有特殊专业技能的代表人物等本土资源优势。政府要有选择、有重点地培育非物质文化遗产保护和手工艺开发的机制，要研究游客市场，以此进行旅游工艺品的开发，开拓旅游商品市场。旅游工艺品要反映当地传统工艺和地方特色，便于收藏展示。要通过多种形式组织、引导和培训村民依托当地的特有资源，参与设计、开发和销售具有民族和地方特色的旅游商品。就地取材，充分利用当地特有的原材料，生产民俗旅游商品。突出地方特色，在用材、造型、色调、图案、风格和包装装潢等方面，注意体现当地的民俗文化，使乡村旅游商品具备纪念性、艺术性、实用性，体现地方风格、民族风格。通过延长乡村旅游产业链，提升传统农业和手工业的附加值，使更多的农民从制作、生产旅游商品中得到实惠。

五、贵州乡村旅游商品开发途径

（一）创新开发旅游商品制作工艺

扩大旅游产品的生产，不但要改善过去传统的手工方式，还要加入新科学、新技术，并且要保持手工艺产品的特色，也就是两种方式并存。根据当地原材料的特点，不但可以节约成本，还具有地域化的特色；利用本地区特有的原材料，设计开发具有本土特色的旅游产品，采用传统手工艺进行加工和制作，呈现给大家原汁原味的传统旅游产品。

在开发研究旅游产品的过程中，即使没有特色设计，但是工艺水平较高，同样也会深受旅游者的喜爱，同时也可以使旅游文化和利润得到实现。商品的售卖场合和制作工艺决定了其本身价值。同样一个钥匙扣，在地摊上和在精品店中，制作工艺精良和做工落后的商品价格差大约为几十元。就拿香港为例，同样也是钥匙扣，它的制作工艺却是按照具有香港代表性景点外形制作的，心思细腻、做工考究、大方美观、也不会出现褪色的现象，它的价格可以高达几百元一套。由此可见，提高旅游商品的生产水平和质量是促销旅游产品的基础。对旅游产品的开发和研究，不仅可以促进当地的旅游产业，同时还可以提高综合的经济效益。例如，贵阳青岩旅游景区的民族特色布艺人偶，可以转变单纯的人偶销售，而把人偶销售与人偶话剧、戏剧、微电影等表演结合起来，模仿迪士尼乐园的营销思路，用影视文化来推动人偶销售。

（二）重视经营贵州旅游纪念品

影响旅游产品开发的因素还有社会经济的发展水平，在现在的经济条件下，贵州的旅游观光产品的消费还是占主导地位，但是随着旅游者对目的地的了解、消费经验的丰富、对观光地区新鲜感的丧失，旅游产品的发展方向也逐渐在往体验民族文化生态环境、商务休闲等方面发展。采用优化资源和重新组合的方式，重在提高旅游产品的品位和文化内涵，满足消费者追新求异的心理诉求，还要建立和开发具有本土等特色的品牌文化。要依据贵州特有的民族风情风俗，创造新型本土旅游产品，开发有地域特色的民族村落，加大对民俗用品的开发力度，满足游客的心理需要，促进旅游消费结构的合理化。在众多种类的旅游商品中最重要的构成部分应该是具有当地特色的旅游纪念品。可以说旅游纪念品是当地民俗和文化的综合表现，是让游客一见倾心的产品。例如，国内外独创的雷山银球茶、云雾茶、三都水族的凉茶、赤水虫茶、镇远洞藏清酒等。

（三）合理开发旅游资源和改善旅游购物环境

在整个旅游产业中，吃、住、行、游、购、娱六大方面缺一不可，发展特色旅游产品是其中的重要组成部分。而在旅游商品的开发中的重点就是要有地域特色，将当地的风土人情都融入对旅游产品的开发之中，建立和完善品牌力量，提高商品的知名度，并且要有一定的识别性。同时，还要积极改善消费者的购物环境，营造良好的旅游商品购物平台，让产品与环境融为一体，提高商品的欣赏价值，给游客留下更多更好的印象。以住宿环境为例，在贵州民族地区发展乡村旅游过程中，西江千户苗寨的吊脚楼、安顺镇宁布依族寨的石板房、贵阳花溪高坡苗寨的民间建筑等，可以在维持传统建筑风格的基础上，进行适当改变，以“农家乐的价格，五星级的享受”为目标，打造贵州特色乡村旅游住宿。

（四）凸显乡村“农味”特色

贵州是一个乡村众多，自然风光迷人的生态大省。重视乡村旅游产品的开发，创新发展模式，是贵州旅游商品开发的一个重要方面。

一要提高旅客的可参与性，可让游客参与田园劳作，下地采摘蔬果，集体捕捞鱼虾等，让他们感受田园耕作的乐趣。如贵州福泉市仙桥乡的农业采摘体验生态园，用茶文化推进乡村旅游发展。

二是提高乡村旅游的科技含量，凸显乡村旅游“农味”特色，可将高新科学技术应用到农学项目上，如培植方形西瓜、嫁接果树，让游客参与进来，增长他们的农学知识。例如，黔东南州麻江县蓝莓生态园生产基地、贵阳花溪玫瑰园和草莓园生产基地、湄潭县中国茶城等，这些都是集销售、科研、检测、培训、文化旅游、休闲为一体的旅游综合体，为乡村旅游深度发展提供了平台。

三是优化乡村旅游环境，种植各种各样的花菜水果，在水域养殖鱼虾、鸭鹅等，给游客营造良好的乡村美景，为他们呈现出一片生机盎然的田园生活。

四是要体现本土文化和当地民族的特点，如苗族文化的展示，和游客一起共同参与民族的传统体育活动和民族舞蹈、篝火晚会等，旅游者的参与度提高了，对当地的旅游特色的美誉度也随之提高了。在这样一个竞争激烈的市场中，知名度和美誉度都很高的旅游资源可以吸引到更多的旅游者。例如，黔东南州黎平县侗族鼓楼文化艺术节篝火晚会，就有力推动了贵州民族旅游发展。

第三节　贵州乡村景观类旅游资源的开发

一、乡村聚落旅游开发

（一）古村落旅游开发

古村落民居保留着传统的建筑风格，有着古朴的气息，是一种独特的文化旅游资源，涉及社会学、美学建筑学及人文地理等知识范畴，使游客增长见识、丰富知识、体验民俗。传统的建筑具有浓郁的地方特色，反映出不同地域的文化和历史。这些具有民族和地方风格的建筑，本身就具有很高的艺术价值，成为重要的旅游吸引物。

古村镇布局巧妙，与自然环境融为一体，或因山就势，或凭险而建、依势筑城，因地而异，灵活多样，形成了各具特色的建筑风貌与格局。开发古村镇旅游项目要注意街道民居、会馆、景观寺庙等的整体格局。古村镇建筑中，古老的民居建筑（如古街道、古院落）、宗教建筑（古寺庙、道观等）和公共建筑（宗祠、牌坊、桥梁、戏台和会馆等）相连成片，建筑外形特色鲜明，如幽深的四合院、青石板铺就的街道、两旁宽大的廊檐整齐的廊柱、造型奇特的封火墙、吊脚楼、风雨桥（古桥）等。

在艺术装饰上，古村镇建筑常采用木雕、砖雕、石雕、彩绘等艺术手法来装饰居室，精巧实用，做工考究。其内容丰富，表达的寓意多样，有喜庆、吉祥、富丽，也有褒扬节孝、劝世正俗等，地方风格明显，民俗情趣盎然，还有浓厚的传统文化色彩，极具观赏和审美价值。古村落旅游开发要注意保护好这些特色，充分发挥其作用。

对单体建筑，要以古建筑（如四合院、石板屋建筑等）原有面貌为设计蓝图，适当搭配古董家具（桌、椅、板、凳等）或展示古老的生活用具（如石磨、石臼等），内部可用书法、绘画、雕塑、古董等艺术品作装饰。

（二）民族村寨的旅游开发

贵州民族村寨小而散，大多依山傍水，民族文化千姿百态，自然环境优美，生态环境保护较好。贵州乡村旅游要充分利用民族村寨的自然资源和人文资源，挖掘少数民族传统文化，展示原生态风貌，将美丽的田园风光融入更多的农村文化和民俗风情。体现观光农业特色，突出少数民族生活风貌和丰富的乡土文化内涵。新建的服务设施，要借鉴当地古建筑的建筑方式，采用农民可自己生产或就地取材的自然材料，如木头、砖块、稻草、麦秸等。建筑施工达到生态环保标准。建筑色彩、风格设计方面保持与原有村落古建筑一致，与村落建筑融为一个整体。装饰更要突出乡村情趣。挂几串红辣椒、几个斗笠，贴几副春联和几张特色剪纸，客房内摆设要亲切温馨，房间装修要简朴大方，让游客游兴勃发、兴致盎然。

景区可陈列花轿、滑竿、石床、石灶、石碾、石磨、石桌、石凳、水车、水磨、鸡公车、纺车、织布机、风车、拌桶、蓑衣、升、斗等，外墙上还可挂上犁、耙、锄头、红辣椒、斗笠、蓑衣、草鞋等，也可通过设置竹木篱笆等，将农舍与周围种植园（如果树、中药材、茶、竹、花卉、菜园等）相连接，扩大视野，突出少数民族农耕文化特点。此外，院落内可饲养少量鸡、鸭、鹅、牛、羊、兔、鱼等，别致独特，让游客感受农舍的自然美。室内可布置涉及贵州少数民族农耕节日的相关内容，如播种节、祭土地节、种棉节、采茶节、采菜节、吃新节、牛王节、丰收节的照片、图片，配上优美的解说词，让城里人特别是青少年有机会了解传统的乡土生活和生产习俗。

（三）平坝天龙屯堡乡村旅游

天龙屯堡位于平坝县（现平坝区）天龙镇天龙村，距贵阳市 60 千米，至安顺市 20 千米，贵黄和清黄高等级公路、黔滇公路、贵昆铁路穿村而过。约 80% 的村民祖籍南京，保留着明代江南生活习惯。2001 年，天龙镇政府把 30 年的经营权转让给当地从深圳打工回来的 3 个年轻人，组建成天龙旅游投资公司，开发出成型的初级产品——以屯堡为中心的乡村旅游，开设了演武堂看地戏表演、雕刻房参观地戏脸谱雕刻、在屯堡农家参与屯堡印花祀的制作、品尝屯堡家宴、登天台山等活动。2018 年 12 月 30 日，“天龙屯堡 · 优途丝路文化露营项目”开业典礼在零下五度的低温下如期举行，项目的成功落地对于助力安顺市和平坝区文化旅游产业的发展以及丰富天龙屯堡景区旅游内涵发挥了更加积极的作用，也为当地群众带来了更多实质性的发展机遇，并现场呼吁各方多来游览观光，投资兴业。

1. 促进农村产业结构的调整

随着屯堡文化乡村旅游的快速发展，村民收入大幅提高，村级经济实力大为增强，有力推进了农村产业结构调整。旅游开发前，全村从事农业的劳动力占 90% 以上，服务业仅占 10%。开发旅游后，此比例分别为 68% 和 32%。第三产业中有 80% 的劳动力从事文化旅游产业，旅游业收入占全村经济总收入的 78.9%。

2. 推进村寨文明新风逐步形成

随着旅游业的发展，村寨进行整修石头路面、石头房屋等改造，逐步恢复石桥、门楼、陈列室、茶站、作坊、食坊等基础设施建设，村寨里安装了古装路灯，进行了街道绿化、河道污水治理，重建了小桥流水景观。同时，发掘地戏、花灯戏、屯堡礼乐、山歌等文化旅游资源，全方位展现屯堡文化遗产的文化内涵，打造屯堡文化品牌。

天龙村通过开展党员联系基本户创建“十无模范村”等活动，开展“双文明户”“十星级文明户”等评选活动，建文明村寨，办文明旅游区，营造了良好的旅游环境。天龙村还成立了“天龙屯堡妇女之家”“天龙狮队”“天龙业余合唱团”等文艺团体，积极开展各种农村文艺活动，不断丰富村民的文艺生活。天龙村社会治安明显好转，民事纠纷明显减少，被评为全国民主法治示范村和全国创建文明村镇工作的先进村镇。2013 年其被农业农村部命名为“全国美丽乡村创建示范点”，2015 年又成功入选了第三批全国特色景观旅游名镇名村、中国新型城镇化建设美丽乡村，2016 年天龙村被文化和旅游部列入首批乡村旅游“千千万万”品牌名单。

3. 带动周边村寨发展

乡村旅游发展促进了“屯堡”商标注册，带动全村 510 户群众从事旅游经营项目，形成了“屯堡”旅游产品的品牌形象，带动天台村的槽辣椒、周官村的脸子雕刻、山背后村的农家饭庄、芦车坝村的反季节蔬菜等的发展，提升了相应知名度。“屯堡文化”特色品牌的树立，提升了“屯堡”在全国的知名度和美誉度，为屯堡旅游营造了良好的发展环境。

2019 年以来，屯堡村所在的安顺市积极推进全域旅游示范区创建，实施重点旅游项目建设 35 个，完成投资 5.49 亿元，重点景区建设实现提档升级。培育了坝陵河大桥蹦极、航空飞行跳伞等新业态，建成“山地旅游 + 高速公路”复合型服务区 4 个，柏联、豪生酒店投入运营，建设旅游厕所 35 座。大力实施惠民工程建设，建成综合文化服务中心、新时代文化实践中心 145 个，图书室及乡愁馆 66 个。组建文化志愿服务队 50 余支，开展基层文艺演出 300 余场（次），完成“广电云”户户用入网 2.4 万户。

2019 年元旦期间，天龙屯堡景区接待游客 796 人次，综合收入 12.82 万元；在 2019 年的“五一”小长假期间，天龙屯堡景区接待游客 2075 人次，综合收入 32.19 万元。2019 年“十一”黄金周，安顺以丰富多彩的文化旅游活动为载体，有效带动了景区、住宿、餐饮、商贸等相关产业，旅游再现“井喷”：10

月 1 日至 7 日，安顺共接待游客 561.03 万人次，同比增长 18.88%，实现旅游总收入 40.4 亿元，同比增长 21.8%。其中，黄果树景区接待游客 199 664 人次，综合收入 3 296.43 万元；龙宫景区接待游客 37 470 人次，综合收入 476.1 万元；天龙屯堡景区接待游客 21 129 人次，综合收入 241.74 万元；紫云格凸河景区接待游客 11 100 人次，综合收入 666 万元。

二、山地田园景观旅游开发

（一）山地景观旅游开发

贵州山地景观旅游资源一般远离中心城市，交通不便、经济发展落后，基础设施薄弱，开发难度较大。山体坡度陡，易发生滑坡、坍塌等自然灾害。山地因与外界隔绝而形成的自然、社会、经济系统较为脆弱，人类活动容易给山地生态平衡造成破坏。因此，开发山地景观要坚持可持续发展的原则，严格控制活动区域范围，制定生态保护措施，将客流量限制在环境承受力范围内。

乡村生态系统由于其生态环境的多样性，孕育出了多样化的自然景观，能设计出丰富多样的生态旅游活动类型。因此，在具体的开发设计中，在突出特色旅游资源的前提下，应充分利用各景区的旅游资源，在景区建立多样化的生态旅游项目，满足旅游者的需求与选择。

景观构成，要设计山体景观、水体景观、生物景观、农耕景观以及由路、桥和服务设施等组成的景观特征，通过山、水和植物景观等的综合一体化，构成整体景观特征。景观构成主要有陡峻的山体景观、多变的山形景观、奇松异石景观、摩崖雕刻景观、名胜古迹景观、地下河道景观、古代采矿遗迹景观等。

山地农业以农业耕作为主体，对农业产业的旅游观光功能进行开发。在景观设计中，参与和休闲性质的农事活动以及观光功能具有同等的重要性。要有植物观赏区、采摘区、戏水区、农作实践区、游乐活动区、民俗体验区、生态度假区、名胜古迹区、登山区、生活区、生态保护区、赏花区等景观。在功能区之间，通过不同等级的风景通道和据点有机地组合在一起。这些风景通道主要有景区外联车道、景区主干道、景区次干道、游览步道、登山道等。

（二）田园景观旅游开发

田园景观是乡村旅游资源特色之一。现代旅游学认为，农田和土地都属于景观，是一种只有在乡村才具有的景观（如梯田、果树林、茶园、菜园、溪流、池塘等）。田园景观是乡村景观中的重要组成部分，田园景观是集乡村景观遗产保护、景观游憩价值开发、游憩产业发展、乡村人居环境建设等功能于一体的乡村生态旅游发展模式。田园景观的建设要依据现代景观规划设计的理论与技术对景观进行规划设计，使之成为游憩休闲功能齐备、环境建设作用突出的景观。譬如，梯田是稻作农耕文明的历史产物，是人类在漫长的生存和发展中逐渐积累的智慧结晶。梯田面积大、坡度大，全靠天然灌溉系统，可称为天下奇观，有很高的科学文化和游览价值。梯田以其美妙的田园风光，优美的生态环境，能使旅游者在感慨人类征服自然的能力时，获得审美的感受。

（三）荔波民族地区乡村旅游开发

1. 地理位置突出

自古以来，荔波是贵州与广西的交通要道，区位优势尤其突出。荔波的交通基础设施得到很大程度的改善，交通环境相比前几年的情况有了很大转变。在交通领域，有直通县城的架荔高速、樟江航运，贵南高铁、三荔高速、荔波机场，并先后开辟广州、深圳、重庆、海南、天津等 18 条航线，“两高两航”综合立体交通体系逐步形成。总里程达 767 千米的国省道、县乡道全面完成扩建翻新，形成“铁、公、机”的立体交通网络，县城“四横十纵”骨架路网全面形成，通往各景区的交通主干道贯通。农村客运发展迈上新台阶，荔波全县现有客运班线 100 条，行政村通车率为 100%，自然村通车覆盖率达 65% 以上，直接惠及游客和村民 13.8 万人，全县基本形成了有路就有车的良好状况，旅游交通便捷通畅。

2. 地质景观资源丰富

（1）峰丛、峰林与孤峰

地文景观旅游中该类型数量较多，以荔波茂兰镇、黎明关乡等居多。峰丛、峰林与孤峰是由于长期流水侵蚀岩石作用的结果，期间夹有漏斗与洼地，构成平行岭谷式地貌景观，地表植被茂盛，使人赏心悦目，具有较高的观赏价值。

（2）象形石

象形石是地质旅游资源中一种神奇、富有色彩的旅游资源单体，是大自然的鬼斧神工之作，以荔波县东部乡镇居多。观赏象形石时以实物体与人类想象相结合，使物体生动、富有感情色彩，使人类观赏感与众不同。以甲良镇观音峰为例做简要介绍：观音峰远远望去与玉手观音十分相似，头顶英雄花，手捧吉祥树，拔地齐天，十分雄伟壮观、生动形象。

（3）天生桥

天生桥是荔波地文景观旅游单体中较为常见的一种，也是喀斯特地貌中较为常见的类型之一，为地下水长期侵蚀碳酸盐岩引起岩石变化不一的结果。荔波天生桥以大七孔景区中的天生桥最为出名，该天生桥高达 80 米有余，宽 22 米，桥厚 15 米左右，为大自然鬼斧神工雕琢而成，被外界誉为“东方凯旋门”，具有极大的观赏价值。

（4）溶洞与石钟乳

溶洞为地下水长期侵蚀碳酸盐岩而形成的一种喀斯特负向地貌，在荔波地文景观旅游单体中占据主要部分，分布于全县各个乡镇。在旅游普查出的溶洞旅游资源中，大部分具有发育程度不同、形态各异的石钟乳，有的正在形成及生长，有的停止生长。正是石钟乳的形态各异，赋予不同的灯光色彩，会使人叹为观止、赏心悦目。甲良镇楼梯洞，因下行需楼梯才可进入洞中而得名，其内的石钟乳大多正在生长，最高者达 15 米有余，直径 10 米之多，实为罕见，极其具有观赏价值。

（5）瀑布与跌水

瀑布与跌水为最受人们喜爱的旅游资源之一，荔波具有较好形成该类型的地质构造背景，又因年降雨量充沛，故此类型旅游资源在荔波较为优越。荔波樟江风景区内小七孔景区是以瀑布、跌水为主的成熟景区，吸引了国内外大量游客，使游客流连忘返。佳荣镇桫椤沟内一处瀑布，高达 12 米之多，夏季雨量充沛之时，极其壮观，具有极大的观赏价值。

3. 旅游开发及成果

（1）依靠休闲度假景区带动民族村寨旅游发展

近年来，荔波自然景观吸引的客流迅速增长，乡村旅游接待单位 600 余家（农家乐 120 余家，乡村客栈 290 余家，乡村民宿经营户 190 余户），占全县总户数的 20.6%。2017 年年末荔波县乡村旅游景点 26 个，通过发展乡村旅游，地处偏远山区的村民不再因土地贫瘠而外出务工赚取收入，村民的劳动力得到有效转移，既能解决当地留守儿童和留守老人的问题，又能对当地自然资源的保护起到至关重要的作用，政府加大力度投入玉屏水葩、朝阳赛莪、小七孔联山湾、房屋外立面改造、农家接待等项目，不仅加强了农家庭院的建筑改造和基础设施建设的完善，健全乡村民宿的餐饮住宿、休闲娱乐的功能，丰富了荔波民族村寨旅游活动内容，增加了该地区旅游吸引力，而且带动了村民增收致富，改善了乡村面貌，走向以自然资源的优势带动地区特色优势的发展之路。

（2）培养“旅游 +”理念

“旅游 +”的理念是围绕旅游六大要素打造的旅游产业支撑项目，目的是延长旅游产业链，扩大当地旅游经济。荔波为多民族杂居，悠远神秘的传统习俗造就了旅游特色饮食文化。以旅游市场需求为导向，荔波瑶山鸡、佳荣牛等系列特色产品深受游客喜爱。蜜柚、青梅酒、血桃、枇杷等季节性特色旅游农产品与线上扶贫电商相互协作，既能充分挖掘荔波特有的饮食文化和农副产品，切实提高当地村民的收入，更能为荔波乡村特色农产品加强宣传，打造特色旅游产品。荔波五彩缤纷的民族服饰、古朴多彩的民族风情，充满了异族他乡的情调，构成了少数民族独特的人文景观。具有多民族文化特色的《情醉黔之南》《水韵樟江》《瑶之韵》等民族文化演出与乡村旅游深度融合，引导民族节庆特色化发展。甲良斗牛节、月亮山徒步节等民族文化节会推动荔波节会水平持续平稳增长。"荔波旅游 + 工程"充分发挥乡村特色旅游带头作用，推进农业旅游、文化旅游和体育旅游等产业融合发展，培育民宿、滑雪、徒步等旅游精品专项。

荔波全面推进全域旅游，以"绿色+"为理念，大力发展生态经济和文化经济，以旅游为核心，把一、二、三产业和城镇化导入可持续发展轨道，全力打造生态文明试验区典范，把良好的生态文化变成了经济资源，绿水青山变成了金山银山。由于荔波将全域旅游作为脱贫攻坚重要抓手，荔波才实现了全年旅游总收入从 2014 年的 54 亿元增加到 2019 年的 194 亿元，直接拉动 5.68 万人就业创业增加收入，带动 9 630 名贫困群众实现脱贫。

（3）近郊旅游古镇颇具特色

截至 2018 年末，荔波县少数民族人口占总人口的 92.7%，其中人口较多的少数民族有布依族、水族、瑶族、苗族等。荔波古镇客栈多以布依、水、苗、瑶四大少数民族特色为主，独具匠心，古色古香。"布依十三坊"是布依人尘封已久的文化记忆。在历史的演变当中，目前又衍生出了"御禾坊""御足坊"和"食府坊"等新的"布依十三坊"。荔波紧挨中国唯一的三都县水族自治县，马尾绣是水族妇女世代传承的、最古老又最具民族特色的，以马尾作为重要原材料的一种特殊刺绣技艺。"水族马尾绣"经国务院批准列入第一批国家级非物质文化遗产名录。在荔波古镇内，有诸多包含当地少数民族文化的壁画、图腾、陈列馆、非物质文化遗产等，让游客近距离感受少数民族氛围。随着古镇游成为全国各个城市的热点，游客更希望的旅游方式从走马观花式转向生活体验式，贵州夏季气候凉爽，荔波更是集吃、住、行、游、购、娱为一体的避暑胜地。

（4）优化城乡旅游体系

在乡村旅游发展的带动下，荔波"星宿计划"引领全县民宿旅游迅速崛起。

其中，寨票、水浦、董岛、懂蒙养心谷等精品民宿的收益加大，荔波县政府正加快打造升级漳江、淇江流域沿线民俗村寨，逐步形成山水田园民宿产业带，以提升乡村旅游的质量。在贵州大力发展特色小镇趋势的影响下，荔波加快实施“七星抱玉计划”，打造瑶山梦柳、架欧、茂兰、黎明关、佳荣、甲良、朝阳七个特色文化小镇，环抱荔波旅游文化名城，形成个性特色突出、文化内涵丰富、生态环境优美的特色小城镇。坚持城乡旅游产业融合，以旅游产业滋补城乡建设，城乡设施带动产业原则，完善旅游体系基础设施建设。旅游服务环境优化得到初步改善。荔波县坚持“安全卫生、整洁有序、管理规范、服务标准、文明礼貌”标准，对乡村旅游服务环境进行全方位、系统化提升。以星级饭店、旅游餐馆、农家乐、民宿以及旅游商品销售点等为重点监察对象，联合市监、安监、卫计、公安、消防等部门全面加强社会治安、生产安全和食品安全治理，确保荔波乡村旅游安全卫生。加强对民族村寨卫生环境整治，着力解决民族村寨环境脏、乱、差问题。

三、观光农业旅游开发

（一）概述

观光农业（或称休闲农业、旅游农业）是以农业活动为基础的，农业和旅游业相结合的一种新型的交叉型产业，具有观光旅游、农业高效和改善环境的功能，使农业生产、科技应用、艺术加工和游客参加农事活动等融为一体，是游客领略现代化新兴农业艺术的一种旅游活动。观光农业由农业延伸而来，具有明显的地域性。观光农业只能在具有观光农业条件、接近旅游市场的地区才能获得发展。发展观光农业必须因地制宜、合理布局。

观光农业的基本要素是，有具备观光功能的农作物、经济林木、森林草地、花木及家畜等，为游客提供参与农业生产活动的机会，在农业生产实践中学习农业生产技术；通过观光活动，使游人在观赏的同时获得涉及动植物的历史、经济、科学等相关知识，体验农业生产的乐趣。观光农业主要是为那些不了解农业和农村的城市人设置的，观光农业的目标市场在城市，经营者必须有针对性地按季节特点开设观光旅游项目，如“桃花节”“杜鹃花节”“西瓜节”等，季节性都很强，要认真规划。

观光农业旅游的开发应根据客源市场需求，从季节因素、竞争性等诸多方面来分析客源市场。选址要考虑依托城市或名胜旅游区、交通条件等因素。自然景观、气候条件、农业的种类、产量等与观光农业旅游密切关联。经营者在规划观光农业旅游项目之前，应认真分析和研究，结合自然资源条件，确定观光农业旅游开发的主要方向。

观光农业旅游包括农业观光休闲、度假、生态保护、农耕体验等。发展观光农业要重视景观建设，发挥农业景观的旅游功能，提高农业的综合效益。观光农业类型较多，如引进优质蔬菜、高产瓜果、观赏花卉等，开发具有较高观赏价值的作物品种园地，向游客展示农业最新成果；利用林地、果园为游客观光、野营、避暑、科学考察等提供空间场所。搞好交通、水电、饮食、住宿等基础设施建设，开发具有特色的农副产品及旅游产品，以供游客观光、游览、品尝、购物、参与农作、休闲、度假等多项活动。

（二）黔溪村城郊观光农业旅游开发

1. 黔溪村发展城郊观光农业的基础

黔溪村地处贵州高原向湘西丘陵和四川盆地过渡的斜坡地带，武陵山区印江土家族苗族自治县中部峨岭街道。属中亚热带湿润季风气候区，年均气温16.8 摄氏度。境内水系黔溪沟自西南向东北注入印江河，沿沟方向坡度较小。原生植被为常绿阔叶林，次生植被为马尾松林，现有已具规模的柳沙、马尾松、茶叶等经济林木。村域自然资源丰富，生态环境好，文化底蕴深厚，世居有土家、苗、汉等民族，拥有独特的民族文化，是第三批中国传统村落名录贵州省134 个传统村落之一，有“书法之乡”“长号唢呐之乡”的美誉。

城镇化的迅速发展、人们生活水平的提高和休假制度的形成，是发展城郊观光农业的三大基本条件。近年来，印江紧紧围绕“农业立县、工业富县、旅游强县”的产业发展目标，推进县域经济发展建设，城镇居民人均可支配收入长期处于持续、大幅增长状态。2018 年印江城镇人均可支配收入 31 142 元，高于 30 733 元的国家平均水平，同比增长 9.4%。截至 2019 年年底，印江城镇化率为 43.51%，处于城镇化快速发展阶段。城镇化快速发展和城镇居民人均可支配收入稳步增加，给距离主城区较近的城郊黔溪村开发乡村旅游资源创造了良好的市场和区位条件，加之黔溪村自身自然和人文景观资源丰富、城郊农业发展条件优越，城镇居民周末等节假日郊游期望的增长，为黔溪村发展城郊观光农业奠定了基础。

2. 黔溪村城郊观光农业旅游开发的优势

（1）旅游资源丰富

黔溪村地势低洼，大量基本农田交错布局，适宜发展特色农业，可从事多种优质农产品的生产和种植，红香柚、柳沙、马尾松、茶叶等经济林木初具规模。富有印江土家特色的散养鸭、林下土鸡、土家蜜蜂养殖等发展势态良好。生态良好的青山绿水间时有野猪、狐、刺猬等野生动物出没。黔溪村得天独厚的自然资源，加之严寅亮故居、汪家祠堂、文昌阁、风雨桥、土家族村落等人文景观汇聚，为黔溪村发展观光农业提供了丰富的自然和人文景观资源。

（2）区域交通便捷

印江是贵州省重点培育的38个旅游市县之一，属贵州省9个大型旅游区中的“大乌江、梵净山旅游区”。黔溪村位于印江城郊，距离县城行政中心3千米，处于“印江—思南—德江”半小时经济圈中心位置，东距铜仁机场170千米，西距省会贵阳400千米，北距重庆秀山火车站110千米，距过境松桃的渝怀铁路孟溪站80千米，可以实现“四小时重庆”和“八小时邻省”的公路通达目标。黔溪村区域交通便捷，区位优势日趋明显，发展前景广阔。

3. 黔溪村城郊观光农业旅游开发的机遇

（1）政策支持大力发展城郊观光农业

2010年，中央一号文件指出，在用地政策、财税支持、融资渠道、公共服务等方面，为积极发展休闲农业、乡村旅游等拓展农村非农就业空间予以积极支持。贵州省委、省政府近年来亦高度重视旅游业发展，“十三五”期间确立了把贵州建成为世界山地旅游目的地和全国山地旅游大省的目标。印江紧盯“农业立县、工业富县、旅游强县”的产业发展目标，将旅游产品生产加工业列为主业重点发展。黔溪村发展城郊观光农业充分发挥自身资源和区位优势，顺应县域产业发展目标，符合乡村振兴战略实施总体要求。

（2）乡村旅游市场行情好

当前，世界进入了“旅游时代”，国际、国内旅游需求呈迅猛发展之势，为发展旅游业提供了广阔的市场。据印江政府网信息，印江近年来在乡村振兴战略中坚持旅游先行，结合脱贫攻坚开发了部分乡村旅游项目。2019年仅清明小长假期间，印江乡村游共接待省内外游客136 443人次，同比增长53.2%，旅游综合收入5 463万元，同比增长62.5%。随着印江城镇居民可支配收入不断增加，生活水平不断提高，人们对生态休闲的乡村旅游需求日益增长，黔溪村作为一个新开发的观光农业区，携其城郊区位优势和独特的自然人文景观，必将成为印江及其周边城镇居民乡村旅游新宠。

（3）梵净山申遗成功的辐射带动作用

2018年7月2日在巴林麦纳麦举行的世界遗产大会上，梵净山获准列入世界自然遗产名录。黔溪村距梵净山 51.7 千米，坐落于《梵净山文化旅游经济圈发展战略规划（2010—2020）》范围内，梵净山申遗成功给黔溪村发展观光农业创造了机遇，对黔溪村旅游产品打造、客源引入、基础设施和配套设施建设等方面起到了辐射带动作用。

第四节　贵州乡村民俗活动类旅游资源的开发

一、农家乐旅游开发

（一）农家乐旅游

农家乐旅游开发是充分利用农民自家院落所依傍的田园风光、自然景点，就地取材开办的一种乡村旅游形式，具有开发成本低、经营灵活、收费相对较低等特点，通常位于城市周边 20 ～ 50 千米范围（根据城市大小而定，城市越小，距离越近），乘坐汽车到达目的地一般不超过 1 小时。

农家乐旅游资源分为“游”和“吃”。游的内容有：乡村自然聚落、古宅、民风、民俗、菜地、果园、茶园、竹园、田园、经济作物林、农户家庭养殖业、鱼塘、农副产品加工作坊等。吃的内容有：农村特有的土鸡、土鸭、土鸡蛋、鲜竹笋、鲜菌、红苕藤、南瓜尖以及香椿芽、折耳根、荠菜、马齿苋、油菜、藏菜等野菜；农家自制的萝卜干、腌菜、泡菜、水豆豉，以及农家做的豆花、米粉、凉粉、腊肉、香肠等。乡村旅游饮食服务要提供乡土绿色食品。农家菜的菜肴应立足于农村，就地取材，尽量采用当地特有的、城里难以见到的烹饪原料。制法古朴，用具简单，体现绿色环保风格。

农家乐的开发项目产品有多种类型，项目的旅游功能体现在休闲、度假、游憩、购物、小型会议等方面。其中，服务类有民居旅舍、农家餐馆、游乐设施等；观赏类有花卉盆景园、观光竹园、划船、农家酒坊、农家油坊等；参与性旅游活动有休闲茶园、瓜果采摘、垂钓、爬山挖野菜、民间工艺制作等。

餐饮是农家乐旅游活动的重要内容，是农家乐旅游活动开发成功与否的关键所在。要根据贵州乡村饮食文化特点，挑选那些最有代表性的最具有地方特色的饮食文化资源加以优化组合，结合旅游活动的开展，有目标的推广，形成以民族风味美食为特色的饮食文化旅游活动。茶酒和乡村美食都是乡村饮食文化的重要组成部分。可以开发的内容有很多，如茶文化、酒文化和美食文化作为民族风情的重要组成部分，具有较强的观赏性和参与性；各民族创造了种类繁多的乡村食品。乡村饮食文化资源中的还有许多关于饮食的文化背景、历史渊源、民间传说、神话故事、风土人情等，也是很有吸引力的乡村文化现象，应当加以整理，向游客介绍，提升乡村饮食文化的档次。从事餐饮的农家乐经营户，一般每次餐位数不超过 4 桌（每桌 10 人），超过这个管理幅度，经营就会过度商业化，经营者与游客之间的亲情联系将会逐步淡漠，影响持续发展。

住宿是乡村旅游发展的基本条件之一，也是旅游服务设施开发的重要环节。环境舒适、建筑风格独特的旅馆为游客所喜爱。农家乐旅馆经营方式灵活、服务热情周到，适应市场能力强，能够很好地满足一些季节性强或处于起步阶段的旅游区的接待需要，是酒店宾馆的有效补充。农家乐旅舍的建设应做到整体风貌清爽大方，道路出入方便，环境优美，室内基础设施（生活设施、水、电等）齐全。厕所和浴室齐全，有较好的卫生条件。室内装修自然简洁，体现地方特色，利用简单的书画、图片、小摆设、艺术品等作装饰。室内有公共活动场所。

（二）花溪区镇山村旅游开发

镇山村位于花溪区石板镇，始建于明代万历年间。地处花溪风景区和天河潭风景区之间，花溪水库中段的一个半岛之上。离贵阳 21 千米，花溪 11 千米。镇山村过去主要从事农业生产，其进行旅游开发开始以后，村民逐渐转向了旅游接待。1994 年 11 月 17 日，镇山村被批准建立贵州露天民俗博物馆。1995 年 7 月 7 日，贵州省人民政府批准其为省级文物保护单位。镇山村被列为中挪文化合作的国际性项目——贵州生态博物馆群之一。2002 年 7 月 15 日，生态博物馆的展馆开馆，展出布依族在历史发展进程中的生活用具、生产工具、服饰、钢鼓等百余件文物以及居民建筑、文化艺术资料等。

1. 镇山村旅游发展存在的困境

（1）周围景区林立，竞争激烈

贵阳市花溪区正在建设旅游示范区，花溪区的其他景区都在旅游示范区的带动下如火如荼地快速发展。作为花溪区旅游重要骨架的青岩古镇，大力发展智慧旅游，由于镇山村现有的旅游方式已经不能满足大众旅游的需求，团队旅游人数较少，旅游业发展不理想，与附近的青岩古镇、天河潭相比旅游人数相差较大。

镇山村由于受到周边景区的影响，每年的旅游接待人数在不断减少，再加上镇山村的旅游项目少、体验性差，留不住游客。虽然镇山村拥有布依族生态博物馆，但受到现代文化的冲击，目前镇山村 40 岁以下的年轻人都不懂本民族的语言，民族文化严重缺失，游客难以体验到民俗风情。此外，镇山村是省级文物保护单位，在旅游资源发展过程中受到了保护政策的限制，导致旅游项目的开发限制繁多，招商引资困难，阻碍了旅游业发展。

（2）环保要求，开发受限

镇山村的花溪水库是贵阳市南明河的上游，作为贵阳重要的水源保护中心，对村子周边的环境要求比较严格。2018 年 8 月花溪区人民政府对镇山村的花溪水库保护范围及农户行为做了具体规定：花溪水库饮用水源二级保护区总面积为 9.2 平方千米；禁止设置装卸垃圾、粪便、油漆和有毒物品的码头，禁止经营有污染排放的餐饮、住宿和娱乐场所等。并对镇山村现有的农家乐烧烤商户和水库的游船项目进行规范管理和不定期的检查。镇山村的旅游开发缺乏科学的规划，而民族文化缺失导致了旅游活动缺乏体验性。民族文化内涵的欠缺，再加上资金不足，武庙、生态博物馆均无法正常运转，难以对外开放经营，民族节庆表演也随之暂停。景区内农户的经济范围只局限于农家乐烧烤和经营游船，在短期利益的诱惑下，非法经营的游船项目和农家乐屡禁不止，造成了镇山村旅游开发与保护的困境。

（3）农家乐经营分散，产品质量无法保证

镇山村分为上寨和下寨，上寨农家乐多集中于路边，下寨农家乐多集中于河边。农家乐的建设风格迥异，与景区内古城墙、石头城堡的形象相差甚远，严重影响了景区协调性及美观度。农家乐的经营产品雷同，大多数以烧烤为主，位于下寨的农家乐，由于靠近水边，风景较好，多以经营烧烤为主，游客较多，而上寨远离河边游客较少，导致上下寨经营利益的不协调。更为重要的是，由于农家乐个体经营户个人素质、经营经验等的不同，产品质量没有统一的标准，价格各异，游客在选择上比较困难。而如果农家乐菜品或服务质量有问题，将会影响到景区的整体质量。分散式的经营，缺乏统一的管理机构，不利于景区的长久经营发展。

2. 镇山村旅游资源发展的路径

（1）寻求合作、区域联动

青岩古镇和天河潭风景区是深受贵州人民喜爱的周末游目的地，也是旅游团队常去的景区。而镇山村正好处花溪风景区和天河潭风景区之间，风景各有不同，资源优势互补，可以通过青岩古镇和天河潭景区带动其发展。镇山村的旅游产业的发展应借力造势，利用青岩古镇及天河潭景区的吸引力及已有的销售渠道，把当地布依族文化推广出去。前提条件是镇山村的旅游产品可以找准两者发展的缝隙，主打民族风情旅游产品，利用各自的有利资源与天河潭景区、青岩古镇优势互补，吸引不同类型的游客。在区域旅游线路设计上统筹规划，将 3 个景区有效串联，不仅能延长旅游者的停留时间，促进当地的经济发展，同时也将丰富旅游者旅游活动的内容，提高游客满意度。在旅游产品的宣传上，利用青岩古镇客源和知名度为镇山村旅游打广告，并设计合理的配套类旅游产品，这样一来，镇山村的知名度将会大幅度提升，同时也不会与青岩古镇原有的客源形成冲突。例如，门票进行优惠组合销售，让更多游客知道镇山村，同时可以满足不同游客的旅游需求。现代人都离不开手机，加上自媒体传播速度非常快，所以可以运用自媒体进行宣传营销，如微信、微博等；政府加大宣传的支持，做好对外宣传和营销工作；此外，还应该发展新的思路，产品内容和营销要突出民族特色，充分利用镇山村特色和美食小吃，吸引游客前往。

（2）建立农户合作组织，保证产品质量

文化旅游资源的载体是世代居住的农户，它往往比山林、土地等资源更为重要，农户的行为与农户参与方式的恰当与否，关系到乡村旅游发展的可持续性，也关系到乡村旅游资源是否能转化成旅游产品。一方面，可以通过景区建立农民协会或者村政府建立旅游组织来约束农户的行为，从而保证游客服务质量。如镇山村农家乐与住宿，如果没有统一的建设标准与要求，建筑风格失范，必定影响到景区的整体形象。另一方面，如果能让农户形成有组织的经营实体，使得外来旅游企业与农户之间有沟通的桥梁，将农户组织起来互相交流经验、资源互补，方便旅游企业与农户的对接。更重要的是以往的乡村旅游的发展过于注重经济扶贫的作用，而较少考虑它在培养农户基本生存权利、发展能力、增强话语权方面的贡献。镇山村经济组织的建立将为农民搭建一个自我发展的平台，并以此为基础，让农户不断在与外界对接、交流的过程中提升自己的竞争力。

《贵阳市花溪区全域旅游发展规划》中提出，花溪区全域旅游将构建“两心一环、一轴两翼”的空间布局。其中两翼是指山地运动和避暑度假、乡村休闲和农业观光。在这样的大背景下，镇山村发展乡村旅游具有很大的区域优势。镇山村乡村旅游发展的核心关键点是如何将农户有效组织起来，对外使农户能够增加话语权和谈判的筹码，对内能够化解村内农家乐竞争的矛盾、有效整合分散的农户、农民土地及其他各项资源。因此，镇山村乡村旅游的未来发展之路，既需要政府加强基础设施的建设，又需要社会、农户等各方力量的积极参与。

二、民俗风情旅游开发

（一）概述

民俗，即民众的风俗习惯。“民俗”一词，我国先秦就开始使用，如《管子·正世》：“料事务，察民俗”。民俗是一种社会文化现象，存在于人民生活的各个方面，影响和关联着人们的思想行为，是“约定俗成”的准则和规范。民俗随着时代社会的发展变化而发展变化，受经济、政治、文化以及自然环境的影响和制约。民俗属于基层文化，紧贴人民生活，是民风的积淀。民俗风情是一个地区、一个民族悠久历史文化的结晶，蕴含着极其丰富的社会内容，包括风格独特的生活习俗、民族礼仪、服装服饰、民族歌舞、饮食风味、风土人情和特色传统工艺品，以及婚恋方式、婚嫁习俗、民间传统活动等。民俗旅游以它的乡土气息浓郁、参与性强为特点，逐渐受到广大游客的喜爱。开发表演性、参与性、娱乐性、观赏性、教育性强的民族民俗节庆、民族艺术表演、民族服饰展览、民族歌舞竞技、民族风情接待展示、民俗婚礼、民族游戏娱乐等极具民族特色的旅游项目，能使游客了解当地的建筑、饮食、服饰、节日、生产、娱乐、礼仪、道德、信仰等，亲身体验当地的民俗风情，开阔眼界，增长知识。

贵州乡村生活和生产活动中属于民俗性质的活动较多，贯穿于人们的衣食住行、社交礼仪、娱乐游艺、婚丧嫁娶、岁时习俗、信仰禁忌等活动中，地方特色尤为显著，有较大的开发价值。乡村民俗风情旅游开发，要重点挖掘民俗风情的文化内涵，突出地方特色，选择符合当地实际的开发方式。

（二）郎德上寨民族风情旅游

郎德上寨，中国最早的民俗露天博物馆，位于贵州省黔东南苗族侗族自治州，隶属于雷山县下辖的郎德镇。距凯里市区 29 千米，距县政府雷山 7 千米，是贵州省东线民族风情游的重点村寨之一。郎德上寨始建于明洪武初年（约 1368 年），系苗族聚居的自然村寨，苗语称郎德上寨为“能兑昂纠”。郎德上寨是一个只有百户人家的苗族村寨，寨内苗民的服饰以长裙为特征，所以又称为“长裙苗”。寨子四面群山环绕，古木参天，寨内的吊脚木楼鳞次栉比、错落有致，给人一种灵秀之美。1985 年，郎德上寨作为黔东南民族风情旅游点率先对外开放。1994 年被文化和旅游部授予“中国民间艺术之乡”称号。1995 年，郎德上寨分别被贵州省文化厅、文化和旅游部授予“民族歌舞之乡”“中国民间艺术之乡”。1998 年被国家文物局列入“全国百座特色博物馆”。2001 年被列为“全国重点文物保护单位”。2007 年被评为“中国景观村落”。2008

年成为第一个举行奥运火炬传递的中国苗寨。2012 年被列为首批“中国传统村落”。2015 年，雷山县政府成立郎德苗寨景区建设指挥部，正式启动郎德苗寨二次旅游开发，将郎德上寨与郎德下寨设置为一个景区。2017 年 5 月 1 日，郎德苗寨正式对外运营。2018 年，郎德苗寨共接待游客 76.95 万人次。

郎德上寨寨子不大，寨子的路都用鹅卵石或青石镶砌铺就，寨子的吊脚楼基本都是木制的，保存得比较完好。这里没有车水马龙，虽然奥运圣火曾从这里传递，但寨子没有过度开发，还比较原生态。在这里，你能够看到苗寨最初的样子。在郎德非遗博物馆，展示的各种图片和实物，从苗族历史、生活、节日、歌舞、服饰、银饰、医药、建筑等各个方面展示出苗族文化的独特性和多元性。

郎德上寨村民有保护自然环境的优良传统，其森林覆盖率一直保持在 75% 以上。为切实有效地保护村寨环境，订有乡规民约。在申报全国重点文物保护单位过程中，又划定了保护范围，保护区内严禁挖山采石、毁林开荒、建窑烧炭、狩猎、毒鱼和炸鱼。寨内民居及附属建筑，均已列为保护对象，明确规定不得在保护范围内修建与原有木结构吊脚楼不相协调的房屋。郎德上寨对外开放后，在文化部门和当地政府的正确领导和帮助下，传统艺术获得了极大的发展。在开放之初，村民跳舞除会跳踩铜鼓舞之外，别的舞蹈能领跳者不多，如跳芦笙，能领跳的仅一二人，姑娘的银角盛装舞，也仅有三五个人会跳。现在人人都能歌善舞，传统的歌舞艺术和工艺技巧在全面保护的基础上获得发展。村民在原有的拦路敬酒接待形式和芦笙、铜鼓表演的基础上，增加了酒歌、飞歌、莽筒、板凳舞、集体舞等节目。

2019 年 9 月 7 ～ 8 日，战马自行车速降全系列赛·贵州雷山郎德上寨站圆满落下帷幕，赛址选取贵州也是中国最具少数民族特色的苗寨来举办，作为速降赛中的城市速降，此次苗寨速降更是开创了以世界上第一个百年古村作为赛事场地的先河。郎德上寨，绝对是中国自行车速降运动的新高度。

2019 年 10 月 11 日，以“天下西江·神秘郎德”为主题的旅游推介会在广西南宁举行，郎德苗寨以魅力无穷的苗族歌舞、绚丽夺目的苗族银饰、独具匠工的吊脚楼、古色古香的鹅卵石步道、神秘的招龙节祭祀文化等吸引着游客。

三、保护为主的乡村遗产旅游开发

（一）贵州乡村遗产保护

十九大以来，我国的乡村遗产保护越来越受到重视，从 20 世纪 90 年代开始，贵州的乡村遗产保护与利用工作开始进入国际化视域，以生态博物馆的建立为标志，至今已持续不断地开展了20余年。在法律层面，2003年实施了《贵州省民族民间文化保护条例》，2005年出台了《贵州省文物保护条例》，2012年出台了《贵州省非物质文化遗产保护条例》，均从法律层面强化了乡村遗产的保护。2015年，《贵州省人民政府关于加强传统村落保护发展的指导意见》下发，贵州省成立了传统村落保护发展工作领导小组，设立传统村落保护发展扶持资金。2017年8月，贵州省第十二届人民代表大会常务委员会第二十九次会议通过了《贵州省传统村落保护和发展条例》，从法律上进一步规范了传统村落保护与发展的管理。2018年，贵州启动100个传统村落数字博物馆建设，采取信息化手段，为传统村落的传统建筑、古街小巷、古树名木、民风民俗等建档立卡。到2019年6月，贵州省级数字博物馆已基本建成，入馆传统村落120个，建立了生态博物馆保护传承模式。通过合作、自建、捐建等模式，将文化遗产原状地保护和保存在其所在的环境中，如黎平堂安生态博物馆（侗族）等。2019年，贵州持续改善农村人居环境，实施传统村落保护，新增179个国家级传统村落，总数跃居全国第一。在实践层面，贵州的乡村遗产保护实践是全国介入团队最多、持续时间最长、也最受关注的省，涌现出一批以旅游、艺术、社区营造、文化中心、非物质文化遗产、生态博物馆等为抓手的多种不同形式的乡村遗产保护实践案例。

贵州的乡村遗产保护实践有着自身鲜明的特点，这既和它本身乡村数量庞大、类型多样、文化丰富相关，又与它经济发展不平衡的社会现状联系在一起。贵州乡村的发展一方面要继续发掘和保护自身独特的自然和文化资源，另一方面也要寻找价值输出的通道，增强内在发展动力。乡村的保护与发展事实上是问题的一体两面，但无论是保护还是发展都离不开对乡村遗产核心价值的把握。

（二）楼上村旅游开发

1. 开发背景

进入21世纪后，随着社会经济及文化的快速发展，楼上村的空间形态受到变动的社会和文化的影响。楼上村的发展是依据农田生产所展开的，梯田耕作始终是村落发展过程中重要的生产活动。但是随着农业经济收益逐渐降低，一方面村内外出务工的人口越来越多，另一方面村民也不再像先祖那样珍爱田地。梓潼宫所在龟山附近的农田离灌溉水源较远，劳作辛苦，需要花费较多人力，稻田逐渐变成苞米地；靠近廖贤河的田地渐渐出现了抛荒的迹象；西侧新村的农田因为梯田的堡坎毁坏，无人修整，田地也渐渐荒芜。

2016年，在总结贵州众多乡村遗产保护与发展探索的经验和吸取既往教训的基础上，才有了楼上村在整体保护、系统性价值阐释方面的理念。有别于贵州其他大多数乡村遗产保护实践中的少数民族村寨，楼上村是一个以汉族移民为主的山地聚落和以周氏家族为主的血缘村，至今已有500多年的历史，居民世代以农业生产为主，耕读传家，人地和谐，人才辈出。

2. 基于区域整体发展的“1+8”产业规划

楼上村整体景观的季相特征比较明显。春季，万物复苏，满眼新绿；夏季，梯田中的水稻层层叠叠、苍翠欲滴；秋季，乌桕、银杏、栾树等色叶树种变色，层林尽染；冬季，竹林、松柏常青，落叶树枝干遒劲。

2004年开始，为了发展旅游，石阡县及上级主管部门陆续在楼上村投入资金，用于改善基础设施。2004年8月，由县财政投入20万元对古寨内梓潼宫正殿、两厢、后殿、戏台、天福井等进行维修；2005年由上级相关部门投入60万元，对古寨内环境进行了整治；2006年贵州省建设厅投入24.8万元，对楼上村的道路、排水系统等环境进行整治；2009年，县人民政府投入资金20万元对楼上古建筑群周边环境进行了整治；2013年，石阡县文物局开始向国家文物局申报文物保护修缮项目，并申请了3 000多万的文物保护专项资金支持；2016年，县文管局投入400多万元对楼上村寨内及周边的石板路进行修整，改善村落整体的给排水，铺设消防管网。

楼上村所在的石阡县国荣乡是贵州省的20个极贫乡（镇）之一，脱贫攻坚的压力非常大。贵州省的这些乡镇受自然地理条件、物产资源、交通区位的影响，发展旅游成为脱贫致富的一条非常重要的道路。2016年11月，贵州省旅发委就曾组织召开过全省20个极贫乡（镇）旅游扶贫工作座谈会，研究如何支持20个极贫乡（镇）开展乡村旅游扶贫相关工作。

2017年，在新的脱贫攻坚规划下，楼上村的旅游发展才再次被提上日程。在这期间，旅游发展与乡村遗产保护始终处于对立面，矛盾冲突时有发生。2010年前，根据旅游规划，要在楼上村梯田景观核心区内的楠桂桥（原寨门入口处）以内修建旅游公路，连接老新村。2016年，有人又提出要在梯田核心区的当门田里修建规模巨大的旅游广场。在征询各部门的意见时，均被文物部门反对，才未能实施。由此可见，楼上村核心区内的风貌，以及周边田园山水的文化景观保存至今来之不易。

2017年开始，在新的扶贫政策和领导班子带领下，国荣乡制定了“1+3”产业发展规划。这是一种以茶叶为主导，大力发展乡村旅游业、苗木苗圃以及特色种养殖的模式。围绕“1+3”产业发展，国荣乡又提出了“个、十、百、千、万”工程，包括打造一个田园综合体，引进十个企业，成立百个专业合作社，种植千亩花卉苗木，形成万亩茶园，养殖十万特禽、蛋鸡，培养百万棒食用菌。通过土地流转、百姓土地入股、贫困户分红等政策措施，使这些产业发展逐步落地，其中，经果林、花卉苗木、茶园、食用菌等已建成一定规模。

针对国荣乡南部 8 个乡村的脱贫攻坚与产业发展，相关部门编制了新的《石阡国荣田园综合体总体规划》，其范围涵盖国荣乡南部的 8 个乡村，包括处于核心位置的楼上村，以及周边的登坪、新寨、群丰、代山、葛宋、新阳、葛容，再加上属于葛容的高桥自然村（中国传统村落名录），由此形成“1+8”的整体产业发展模式。通过将楼上村与周边村落看作一个整体来规划未来的产业与旅游业，跳出了楼上村自身发展的瓶颈，从而避免了在楼上村有限的范围内发展旅游业与遗产保护的冲突，为未来的保护与发展打开了新的思路。

四、节庆和娱乐活动旅游开发

乡村蕴含着丰富的传统文化，置身于其中，可以感受到闲适恬淡的生活场景氛围、淳朴的生活状态。具有民族特色和地方特色的民族民俗风情节庆活动和娱乐活动，文化含量和品位较高，为大多数游客所喜闻乐见。

（一）节庆活动

贵州的节庆活动极为丰富。民族节日有 400 多个，集会地点有 1 000 多个。传统节日是影响最大、群众参与最广的民俗文化活动。贵州乡村旅游要注意开发民俗文化活动，尤其是岁时节日民俗活动，以吸引国内外旅游者前来旅游。苗族的“苗年”“四月八”，布依族的“查白歌节”“六月六”，侗族的“祭萨”，彝族的“火把节”等都办得很有特色，黔东南州凯里市挂丁、舟溪一带过苗年，集会规模盛大，达五六万人。

（二）娱乐活动

娱乐活动是旅游过程中的六大要素之一。贵州乡村的娱乐形式多种多样，内容丰富，流行较广，并具有强烈的乡土色彩。其中，少数民族地区的娱乐活动，集表演性、观赏性、参与性于一体，如斗牛、舞龙、舞狮、少数民族的民歌对唱、舞蹈等。乡村旅游中安排娱乐活动，一定要有乡土特色，注重参与性。依托各自不同的区位与自然条件，突出游乐的乡土味。一般来说，娱乐活动具有一定的季节性、竞技性、节日性和文化性，即不同的季节有不同的娱乐活动，且含有一定的竞技特点和文化内涵。旅游开发中要尽量选取一些具有文化性、娱乐性和可操作性的项目，组织游客观看和参与表演及竞技活动。

（三）江口县全域生态文化旅游开发

江口县从2009年以来，积极推进“文化旅游产业”，深入实施“一业带三化，三化促一业”发展战略，积极申报梵净山国家5A级景区，成功打造了亚木沟、鱼良溪农业公园、寨沙侗寨、云舍、提溪土司城等景区景点，启动规划德旺坝梅寺、民和黄牯山、牛洞岩大峡谷等旅游项目，破解了景点单一的“瓶颈”，提升了全域生态文化旅游综合竞争力。

从开发单一景点到多景点开发，从单打独斗到抱团敲定旅游精品线路，从“藏在深闺人未识”到撩开神秘面纱走向“世界级公园”风景名胜区殿堂，江口县围绕铜仁市打造环梵净山“金三角”文化旅游创新区发展战略，抢抓文化和旅游部、苏州市、省扶贫办对口帮扶发展机遇，举力打造全域生态文化旅游的路径，生态文化旅游花开千树。

在探索全域生态文化旅游发展中，江口县坚持“农业围绕旅游调结构”的思路，规划建设了一批集休闲、观光、体验等于一体的农业观光旅游休闲度假区和“城市农业公园”，投资打造的云舍景区已成为游人游玩的首选地。

寨沙侗寨、亚木沟、鱼粮溪公园先后建成，江口风情旅游小镇、太平镇寨沙踩歌堂建设快速推进，牛洞岩休闲养生生态旅游度假区开发建设的加快，使一步一景，风光如画的江口正成为中外游人的游览圣地。

此外，江口已完成景区微信、微博等宣传营销平台的建设，实现了景区无线网络全覆盖，加快了智慧旅游网络服务体系构建。

1. 坚持“三个优先”

（1）全域规划引领优先

始终把全域规划引领作为旅游开发的前提，秉承“精而特、生态与文化并重”理念，做到依山就势、天人合一、记得住乡愁。围绕梵净山规划建设乡村旅游示范点，围绕公路沿线规划建设民族特色村寨，围绕园区和城镇规划建设生态移民安置点，建成寨沙侗寨、云舍、提溪土司城等一批宜居、宜业、宜游美丽新村。

（2）生态保护优先

始终把生态美作为旅游开发建设的重点，立足天然美、自然美、原始美，加强对自然山水、田园风貌、文化脉络的保护，坚守村寨规划“红线”，耕地保护“黄线”，林地保护“绿线”，水体保护“蓝线”，让乡村山水环绕，山清水秀。

（3）文化传承优先

始终把文化传承作为旅游开发建设的灵魂，结合民族特色、文化特色，着力寻找历史脚印、历史脉络、民族民俗文化，促进人与自然、物质与精神、生产与生活、传统与现代相互融合。

2. 云舍乡村旅游开发

江口县云舍村有“中国土家第一村”之称。云舍地处江口县城城郊，栖身于风景如画的梵净山太平河省级风景名胜区之中，背靠绵绵青山，清流潺潺的太平河穿村而过，有着发展乡村旅游的区位优势。全村93.7%都是杨姓土家族，是贵州省第一个土家族民俗文化村，也是我国第一个以文件形式明确的土家族民俗文化村。

云舍有近600年的历史，村舍依山傍水，高低错落，狭窄的青石板道路、幽深的巷道、明清古建筑——筒子屋和祠堂，风貌古朴。至今仍保留着独有的土家风情，有“赶年”“过社”等传统习俗，有“傩堂戏”“金钱杆”“摆手舞”“伴嫁歌”“拦门礼”等土家歌舞，其中“金钱杆”还入选了省级非物质文化遗产名录。

（1）开发背景

为了进一步推进旅游发展，江口县对当地连续几年的游客人数、流向、消费、经营项目、旅游收入与游客增长比值进行分析，决定开发具有江口县地方特色的人文旅游资源，促进自然景观与人文景观的结合，打造“中国土家第一村”，弥补梵净山旅游留不住游客的缺憾。选择了云舍村进行乡村旅游开发，因其自身具备发展旅游业的条件，如村寨群落较大；有独特的神龙泉、云崖峡谷等自然景观；有明末清初的民居古建筑群遗址；有古朴的民俗、民风；有完整的土法造纸作坊。在对传统文化和习俗、资料、实物进行收集、挖掘和恢复的基础上，推出参与性强的旅游活动项目。

（2）主要做法

搞好村寨的设施建设和旅游服务。在江口至黑湾河的旅游专线公路上修建了一条通往云舍古寨的公路，修建了停车场，对村寨内的人行步道进行整修。完成了全村电网、饮水的改造。投入资金24万元，修建了云寨寨门、公厕、垃圾箱和垃圾处理场。

为了规范旅游接待，旅游部门组织农户学习旅游服务的知识、技术技能、职业道德、政策法规等，增强农户从事旅游服务的经营意识，然后从中选择部分积极性高、条件适合的农户为该村首批从事旅游服务的经营户，发证挂牌，规范管理，对村里460名农民进行了培训。在政府、村委、村民共同努力下，组建了一支450人的“半耕半演”演出队伍，推出了婚俗表演、傩戏傩技、金钱杆、迎宾拦门礼、花灯、彩龙船、摆手舞、土法造纸等20多个节目。由旅游局负责节日编排和产品推介，村委会对演出人员进行必要的管理，有游客来的时候村主任就在演出场敲响大鼓，听到鼓声的农民演出人员要放下手里的农活到演出场集中，以先到的25人为演出团体，演出结束后当即领取演出费。云舍村委会成立了旅游管理委员会，出台了《乡村旅游管理办法》和《“农家乐”管理办法》，实现了行业规范化管理。

3. 取得的成效

（1）引进企业开发景区

2016年，梵净山景区成功入选全国“景区带村”旅游扶贫示范项目。江口县境内梵净山脚下，寨抱村村民沿太平河两岸居住，行驶在这条约10千米长的通村公路上，一栋栋整洁的侗家小楼错落有致地立于道路两旁，像在对来往的游人列队欢迎。原来多数村民都住在山里，直到金奥公司来开发亚木沟，通过政策扶持鼓励大家搬出来，一起发展乡村旅游业，才有现在美丽的村寨。寨抱村内的亚木沟峡谷总长50千米，是探险、觅奇、寻幽及休闲养生的绝佳之地，一旦开发便能与梵净山相呼应，更加丰富江口的旅游线路。

近年来，为解决梵净山旅游线路内容单调、方式陈旧以及周边群众分散建房等问题，江口县出台优惠政策鼓励发展，引进了一批龙头企业开发新景区景点，以此带动周边群众发展以农家乐为主的乡村旅游业。在旅游建设上有效地让当地群众参与进来，既降低运营成本又能改善当地经济，实现农民和企业的双赢。

在亚木沟景区项目的带动下，2018年寨抱村全村发展农家乐共66户，从业人员200余人。江口县采取“以企带户”“以景带村”的模式，以梵净山景区为龙头，按照“旅游企业+村两委+农户”模式，引导贫困群众创办餐饮住宿、文化展演、乡旅体验等旅游服务项目，带动当地整村发展，打破了曾经的“山上热，山下冷”“旅游火，群众穷”的窘境。

（2）带动周边经济发展

距离江口县城4千米的云舍村，是一个生态环境良好、气候宜人、风景秀丽的土家族聚居地，素有云中仙舍之称。近年来，江口县围绕“四在农家·美丽乡村”创建目标，按照留旧、修旧的原则，不断完善村中基础设施，充分挖掘村内神龙潭、云岩大峡谷等自然景观和土家筒子屋、古法造纸坊、云舍土家民俗风情表演等特色旅游文化，着力打造国家5A级景区。如今，在云舍，村民除开民宿农家乐外，还将自己熟悉的古法造纸、民俗歌舞表演融入其中，同时销售土家风味美食以及土家的手工艺品，以此带活当地经济。江口县依托梵净山的旅游资源，在境内高起点打造了寨沙侗寨、云舍等一批乡村旅游扶贫试点，以典型引领乡村旅游扶贫，带动群众脱贫致富。

（3）旅游产业的发展

旅游一直是江口县的龙头产业。当前，江口县全面发展以梵净山为核心的文化旅游产业，高标准编制《全县乡村旅游扶贫规划》等50余个特色乡村旅游扶贫项目，建设优秀旅游目的地和集散地，把更多的游客留在江口，带动旅游产业蓬勃发展，带活地方经济，让更多的老百姓吃上旅游饭、发上旅游财、走上致富路。

截至2017年年底，江口县已建成国家4A级景区3个、3A级景区2个。乡村旅游接待475万人次，收入6.76亿元；旅游产业覆盖7 207户25 554名农村人口，带动人均增收4 380元。乡村旅游成为农民增收、农村脱贫的重要产业。2018年，全县接待游客1 380.15万人次，同比增长35.02%，实现旅游综合收入159.25亿元，同比增长96.10%。在乡村旅游方面，建成乡村旅游示范村4个，获评全省甲级乡村旅游村寨1个，优品级客栈1家，4星级农家乐1家，新增四星级标准以上酒店3家。乡村旅游接待游客599.9万人次，同比增长26.3%，实现收入8.49亿元，同比增长25.6%。乡村旅游成为带动农民增收、农村脱贫的重要产业。2019年，江口红色旅游景区共接待游客1 100万人次，实现旅游收入57亿元。红色旅游带动了相关服务业发展，江口红色旅游从业人员达2.4万人。

（4）“旅游+”促进产业融合

把“美丽乡村”打造作为推进全域旅游的重要载体，推行“旅游+”多产业发展模式，通过“旅游+农业”“旅游+文化”“旅游+电商”“旅游+金融”“旅游+扶贫”“旅游+美丽乡村”“旅游+大数据”等方式，构建起以梵净山为龙头、美丽乡村为示范点的全域旅游大格局，主要产业融合如下。

①“旅游+农业”，打响“梵净山珍·健康养生”品牌，采取“园区+龙头企业（合作社）+家庭农场（农户）+基地”等多种模式，打造乡村旅游“联合体”，延伸致富产业链，强化产业带动辐射作用。相继打造了鱼粮溪农业公园、骆象生态茶园2个农旅一体化的休闲体验乡村旅游景点，鱼粮溪农业公园成功申创为四星级农业公园、3A级旅游景区成为乡村旅游样板。

②“旅游+文化”，稳步推进梵净山景区大门外移及基础配套服务设施建

设，打造提升沿线景区景点，保护好传统村落和民族村寨，实现了“农村”到“景区”的转变。

③“旅游+电商”，整合农村资源、劳动要素和闲散资金入股到企业、合作社等经营主体，把返乡的高校毕业生、优秀青年培训为电商“主力军”，将农特产品及旅游产业通过电商网络营销渠道向外推广。探索建立“政府+公司+旅游协会+农户”长效互利共赢机制，实现农民从旁观者到参与者、股东的转变。目前，已建成江口县太平镇快场村生态旅游专业合作社、兴隆村旅游商品加工等旅游专业合作社，发展茶业、果蔬、花卉等涉旅合作社。

五、农事活动旅游开发

农事活动旅游的开发是以传统农业生产方式和生产工具作为旅游吸引物的。农业生产过程中的生产方式和类型，包括山地农业、水稻种植业、林业、经济作物种植业、畜牧业、养殖业、渔业以及生产民俗等都是可利用的资源。

农业生产活动本身就是一种文化现象，具有体验的价值。农业文明类型多，如在贵州有河谷地带的水稻种植业、经济作物种植业及养殖业、渔业以及山地的农业、林业、畜牧业等。农业生产类型，也因不同的地理环境而不同，农业生产从形式到内容都有很大区别。在不同的地域形成了符合当地生态条件的生产方式和模式。从旅游的角度出发，传统生产方式是重要的旅游资源。

因此，作为乡村旅游资源的一部分，在农业生产过程中有意保存和传授传统的生产方式和类型，对于现代人，特别是对于来自城镇的居民，它不仅可以演示农业生产的发展历史和文化，讲述农业生产的进步，同时能直接参与农耕和民俗活动，亲身体验山地农业的生产过程，体味古老的民俗生活和劳作场景，能使游客倍感新奇、兴趣盎然，使游客能很好地融入自然，走进另一种生活天地，轻松体验生活的乐趣。

农事活动的内容有传统农业生产过程演示，让游客体验农业生产过程，了解乡村农业民俗风情、学习农技知识；特色农业观光，可利用大型果园、菜园、茶园、竹园、植物园、中药种植园等，开发观光农业旅游，组织游客参与采摘及品尝等活动。例如，大型花卉园地，可组织赏花、购花、园艺学习类旅游活动；果园可开展观赏，品尝、采果、购果等活动；蔬菜园地可开展观赏、摘菜、购菜、学习种菜技术等活动；茶山（茶园）可开展观赏、采茶、制茶、品茶等活动；在竹园、植物园中药种植园中开展观赏、学习等活动。

参与体验农事活动，以农业生产为主、旅游为辅，内容包括林场、农场、牧场、果园、茶园、渔场等。景观展示以农林产品为主体，旅游景点融于其中，让游客在观光中了解农业和农业生产，体验农业生产和农村生活，品尝农村的风味食品，领略农村田园风光之美。农事活动型乡村旅游以自然为基础，通过林果绿地、生态绿地、园林、农田、山林等景观构造。选择地形变化大、地貌组合形态突出、野生动植物保护好、水景多变且水资源丰富的山地坡地地区，充分突出田园风光体现大自然的魅力。景观要素多具有生产性、观赏性、休闲性、康乐性等功能，体验活动以农事为中心，以自然生产和环境为基础、公园面积大、功能多样化、乡村性特征明显，具有经营成本低和风险小的特点。

农事活动型乡村旅还可对乡土文化遗存进行分类整理，开发系列复古怀旧产品，以适当的方式在乡村旅游中展示。譬如，农业生产工具（水车、风车耙、犁锄等）、交通运输工具（牛车、独轮车、船、轿、背篓、杠等）、手工业生产工具及制作技艺（木匠、铁匠、石匠、金匠、银匠工具等）等；人文生活类活动，如打陀螺、放风筝、捣麻籽、推石磨、草编、坐牛车、踩水车、划竹筏等；餐饮、厨炊等生活用品、日常起居用品民居及其他建筑物构筑原理及功能要求材质及建筑构件，室内家具陈设用品等；蜡染、刺绣、挑花、织锦、剪纸、编织等服饰加工工艺；民间戏曲的道具（如地戏、傩戏面具及脸谱）、旧唱本、乐器等。

第七章　全域旅游视角下乡村旅游的发展

从总体上来说，当前阶段我国乡村旅游产业发展依然较为滞后，整体经济发展能力也较为薄弱。探索影响乡村旅游发展的相关因素，寻找实现乡村旅游产业资源优化整合的策略，推动全域旅游在乡村旅游中的进一步发展是人们在促进乡村旅游发展中必须要考虑的问题。同时，也应积极思考贵州乡村旅游发展的相关经验，以作为其他地区乡村旅游发展的有效借鉴。本章分为影响乡村旅游发展的相关因素、全域旅游视角下乡村旅游的发展策略、全域旅游视角下贵州发展乡村旅游的思考三部分内容。

第一节　影响乡村旅游发展的相关因素

一、市场区位条件

市场区位条件大致可以分为交通区位和环境区位两种类型，其中交通区位指的是乡村旅游景点与游客或者潜在游客之间距离以及交通便利情况，环境区位则主要指的是旅游景点的自然人文景观。

对于乡村旅游而言，市场区位是十分重要的一个因素。纵观国内发展较好的乡村旅游景点，我们可以发现大多都是市场区位条件较为良好的地区。反之，如果市场区位条件较差，那么乡村旅游就无法保证拥有稳定的游客群体，如此乡村旅游也就无法得到发展。以北京香山地区为例，香山地区的人文景观与自然景观其实质量较为一般，但是该地区的乡村旅游发展极为迅速，原因就在于该地区以北京市为依托，市场区位条件较好，北京市庞大的消费群体是该地区的主要客源。再如西南少数民族地区，这些地区无论是自然景观还是人文资源都十分丰富，但是乡村旅游发展极为缓慢，原因就在于一方面没有稳定的客源，另一方面则是交通不便。

二、旅游资源条件

旅游资源是指对旅游者具有吸引力的自然存在和历史文化遗产，以及直接用于旅游目的的人工创造物，可以是有具体形态的物质实体，也可以是不具有具体物质形态的文化因素。从本质上来说，能够吸引旅游者的资源均属于旅游资源。旅游资源是构成旅游吸引物的主要内容，是旅游地吸引旅游者的重要因素，也是促进旅游发展的必要条件。旅游资源的性质和旅游资源的价值决定旅游地的吸引向性和旅游活动行为的层次。

总的来讲，旅游资源是决定乡村旅游产业存在的重要基础，只有具备良好的旅游资源才能推动乡村旅游的可持续发展。但是目前，大部分乡村地区在旅游资源开发方面依然较为滞后，这阻碍了乡村旅游的进一步发展。例如，部分乡村地区无法充分认识到旅游消费者的实际旅游需求，所以自然也无法实现旅游资源的有效开发，这在一定程度上阻碍了旅游产业的发展。

在短期内，虽然旅游景点的市场区位条件对于乡村旅游的发展有着巨大的影响，但是从长期的效益来看，决定乡村旅游发展前景的却是旅游资源条件。一般来说，乡村旅游资源越具有独特性，对游客的吸引力也就越大，乡村旅游的发展潜力也就越大。例如，部分具有浓厚人文底蕴和秀丽自然景观的乡村旅游景点对国内外的游客吸引力都极大，因此这些乡村旅游景点长盛不衰。反之，部分地区由于缺少具有特色的产品，有意地仿造一些宫、庙、殿来吸引游客，但是由于缺少足够的文化底蕴，这些乡村旅游景点很快就失去了生命力。就乡村旅游地旅游资源的效益功能而言，乡村旅游地旅游资源的效益功能影响着其生命周期，乡村旅游地旅游资源的经济、社会和生态效益越好，乡村旅游地的生命周期就越长。从供需角度看，乡村旅游地旅游资源的吸引力因素实际是供给因素，决定着旅游产品生产者和经营者，也就是说，乡村旅游地旅游资源的吸引力因素直接影响着旅游者的需求，这也就影响着乡村旅游地的生命周期。

三、交通运输基础条件

交通运输业是影响乡村旅游发展的另一个重要因素。首先，从实际旅游产业发展来看，完善的交通基础设施建设是构建旅游地品牌形象、满足消费者出行需求的关键所在。可以说，良好的交通基础设施建设能够提升消费者对旅游地的印象，刺激消费者的消费需求。另外，交通基础设施建设也是影响消费者旅游选择的一个重要因素，大部分消费者在选择旅游之前都会通过网络查阅旅游目的地的交通情况，所以只有具备良好的交通基础，才能更好地吸引游客的到来。因此，从某种程度上来说，交通运输基础条件的好坏是决定交通运输业能否实现可持续发展的重要因素，也决定了乡村旅游产业规模能否形成、发展。

四、旅游环境质量

旅游地的环境质量是乡村旅游地发展旅游的重要条件。从不同视角进行研究，旅游环境的概念也不同。以旅游者为中心的研究视角，可以将旅游环境定义为以旅游者为中心，使旅游活动得以存在和发展的各种旅游目的地自然、社会和人文等外部条件的总和。以旅游资源为中心的研究视角，可以将旅游环境定义为以旅游资源为中心的自然生态和人文社会等各种因素的总和。

旅游环境是一个综合性概念，根据不同的分类标准，有不同的类型。以区域作为指标可以将旅游环境分为森林旅游环境、滨海旅游环境、乡村旅游环境、城市旅游环境等类型；以资源的性质作为指标可以将旅游环境细分为自然旅游环境、人工旅游环境和半自然旅游环境三种；以空间为指标可以将旅游环境分为旅游客源地环境、旅游目的地环境和旅游行程环境三种等。单从乡村旅游环境的角度来说，在这里主要是从旅游社会环境和旅游自然环境两个角度进行分析的，其中旅游社会环境主要指的是旅游地的基础设施、社会经济、人文氛围等，旅游自然环境则主要指的是旅游地的自然气候、地理环境等。

如果说旅游资源的丰富与否决定了乡村旅游的未来发展前景，那么旅游环境则决定了乡村旅游的起点。一般来说，旅游环境越好的地区在乡村旅游发展初期对游客的吸引力越大，如我国西北地区的旅游资源十分丰富，沙漠、戈壁、雅丹地貌等都是十分优秀的旅游资源，但是西北地区的乡村旅游始终无法得到发展，根本原因就在于旅游环境较差，使得游客对这些旅游资源敬而远之。好的开始是成功的一半，而旅游环境则恰好决定了乡村旅游能否有一个好的起点。

五、旅游地居民态度

旅游地居民态度是指旅游目的地居民对当地旅游业发展所持的观点和看法。旅游地居民态度对于乡村旅游发展具有重要意义，有益于和谐旅游氛围的建构，有益于旅游者满意的旅游体验的形成，有益于旅游目的地良好形象的建立。旅游目的地居民态度分为积极态度和消极态度两种形式。旅游目的地居民从旅游发展中所获得的经济利益和旅游目的地居民对旅游发展的价值认可都将使旅游目的地居民对旅游发展产生积极态度。

乡村居民对乡村旅游发展的态度是不断变化的，这种变化大致可以分为欢迎、冷淡、不满和厌恶四个阶段。

在乡村旅游发展的初期，由于乡村的经济发展较为缓慢，乡村旅游能够有效地增加当地居民的收入，这个时候绝大部分乡村居民对乡村旅游都是持肯定态度的，十分乐意游客过来旅游。

当乡村旅游业初步形成规模，这个时候大量游客的增加使得乡村居民无法再像以往那样来招待每一名游客，这个时候乡村居民的态度普遍较为冷淡，游客付出多少才会得到多少服务，最初的那种淳朴之风在逐步地消失。

当乡村旅游景点成为一个热门地区时，理论上说能够极大地提高乡村居民的收入，但是这个时候乡村居民对旅游发展的态度却是一种不满的态度，原因就在于乡村旅游发展所带来的一些弊端开始暴露，如当地的生态环境遭到破坏、民俗文化开始异化等，对于收入已经提高的乡村居民而言，这种变化是难以接受的，因此对乡村旅游开始不满。

随着游客数量的进一步增加，乡村居民的态度则逐渐地上升到厌恶层次，游客与居民之间的关系也逐渐恶化，这种厌恶将逐步导致乡村旅游进入下滑期。

法国的巴黎居民就是一个典型的代表，每年的旅游旺季，法国巴黎都会遇到交通堵塞等问题，对当地居民的工作生活产生了极大的影响，也由此引发了居民阻止游客进入市区的行为。

六、经济发展水平

一般来说，乡村旅游以区域内游客为主要客源，因此，区域经济发展水平成为制约旅游消费需求的关键因素。从某种程度上来说，经济发展水平相对较高的区域，乡村旅游发展也相对较为迅速；而经济发展若相对滞后，则区域内居民的消费需求也无法得到进一步的激发，乡村旅游市场规模也无法实现进一步的扩大。但是这也并不意味着乡村旅游产业发展完全依赖于区域经济水平。乡村旅游产业可以以区域经济发展为依托，进一步挖掘消费者的实际消费需求，并结合市场调研开发，定位更加精准的旅游产品，实现旅游产业的有效建构。因此，人们应该认识到，经济水平虽然是影响地方旅游产业发展的重要因素，但也并不是决定性因素。

七、乡村旅游产品

乡村旅游产品是旅游经营者通过开发和利用旅游资源为旅游者提供的旅游吸引物与服务组合。乡村旅游产品是一种综合性产品，乡村旅游产品的生命周期是客观存在的，受到各种主客观因素的影响。将这些主客观因素进行归纳，包括吸引力因素、需求因素、效应因素和环境因素。

（一）吸引力因素

吸引力是乡村旅游产品能否发挥应有作用，成为推动乡村经济发展重要动力的关键因素。旅游产品归根结底是一种商品，而商品只有出售才能够发挥价值，吸引力对商品的销售有着十分重要的影响作用。一般来说，吸引力越强的旅游产品销售量也就越大。从乡村旅游的角度来看，旅游产品的吸引力需要从旅游地的人文景观和自然景观挖掘。

（二）需求因素

社会经济发展程度、消费观念变化、人均收入水平、时尚潮流变化、旅游地环境质量等因素将影响旅游消费者需求的变化，从而引起客源市场的变化，进而影响乡村旅游地的生命周期。比如，乡村旅游地环境污染和生态破坏，使生态旅游成为旅游者青睐的乡村旅游产品。

（三）效应因素

乡村旅游产品对乡村旅游地生命周期的影响，主要表现在旅游活动所引发的对旅游地的经济、环境和社会文化效应。持续和积极的经济效应，不仅可以维持旅游地的繁荣，还可以促进旅游地的发展。乡村旅游产品因管理不善而带来严重的环境问题，必然会导致乡村旅游产品迅速衰亡。乡村旅游社会文化效应足以影响旅游地的旅游发展，乡村旅游发展对乡村文化的激烈冲击将引发社会摩擦，由此将加速旅游地旅游业的衰亡。

（四）环境因素

乡村旅游产品的经营环境既包括内部组织环境，也包括外部经营环境，这些环境因素影响着旅游地的生命周期。当前旅游业市场竞争日趋激烈，为此，乡村旅游地必须改变经营观念，加大促销与宣传力度，实施正确的产品组合策略和市场细分战略，才能扩展客源市场，才能延长旅游产品的生命周期。

八、乡村旅游规划

旅游规划是对旅游地长期发展的综合平衡、战略指引与保护控制，从而有序实现旅游地发展目标的一套法定规范程序。乡村旅游规划对于旅游发展的价值和意义在于从系统整体出发，正确处理旅游系统的复杂结构，促进旅游规划对象的综合整体优化，为乡村旅游地的旅游可持续发展提供宏观的战略指导方针。所以，旅游规划的性质决定其对乡村旅游地的旅游可持续发展具有至关重要的作用。

乡村旅游规划应遵循的旅游规划开发原则有以下几点。第一，市场原则。乡村旅游属于市场经济的一部分，在对乡村旅游进行规划时也要充分依照市场规律进行，这样才能够保证乡村旅游的持续发展。第二，形象原则。千篇一律的旅游项目是很难吸引游客的，在进行乡村旅游规划时必须要具有属于自身的特点。第三，保护原则。对乡村旅游的规划不能以损害乡村的“乡村性”为代价，否则乡村旅游的生命力就会大打折扣。第四，效益原则。乡村旅游规划应当以乡村的整体利益为目标，这样才能够保证乡村旅游与农村经济相互促进。

九、市场营销策略

“酒香不怕巷子深”的时代早已过去，当前乡村旅游能否顺利发展与科学的市场营销策略有着十分密切的联系，如果缺少市场营销，那么无论旅游资源如何丰富、旅游环境如何好都无法顺利发展乡村旅游。市场营销策略大致可以分为价格策略、产品策略、渠道策略和促销策略等种类，对此乡村旅游地需要结合本地区的实际情况灵活采取不同的营销策略。例如，在价格策略的制定上，乡村旅游价格并不是越低越好，事实上，对于大多数能够外出旅游的游客而言收入都是较高的，价格并不是其考虑的第一要素，有时候过低的价格甚至会遭受怀疑，认为“便宜没好货”，因此在制定旅游价格时要根据客源地的收入情况，同时参照其他乡村旅游的价格进行适当降低，以此来获取竞争优势；在产品策略上，乡村旅游需要重视赋予旅游产品以统一的品牌，包括包装、设计、颜色等都要充分体现出旅游地的文化和自然特色；在渠道策略上，乡村旅游地不能只限于实体广告来拓展客源，而是要充分利用互联网的优势来增加旅游地的影响力；在促销策略上，乡村旅游地可以采用折扣、返现、抽奖、免费体验等方式实现销售产品和增加销售额的目的。

市场营销策略对于旅游地的发展是至关重要的，乡村旅游地市场营销策略的正确与否将直接影响乡村旅游地的发展。我国大多数旅游企业在营销方面仍然存在许多问题，其主要表现有：一是盲目降价；二是很多乡村旅游地忽视售后，没有一个较好的旅游产品售后服务体系；三是一些乡村旅游地法制淡薄，提供虚假的旅游服务信息，以贿赂手段拉拢顾客等；四是一些乡村旅游地没有将网络技术充分运用于旅游市场营销；五是很多乡村旅游地追求的是短期销售目标，而没有长期的营销目标；六是一些乡村旅游地不能根据市场需求，科学设计具有鲜明特色和吸引力的旅游形象。这些问题的存在严重影响着乡村旅游地的可持续发展。

十、政府产业政策

乡村旅游业的发展需要政府投入大量的资金支撑当地旅游事业的发展。国家相关政策的规定和要求，不管是对于乡村旅游业而言，还是对于我国整个旅游体系而言都具有决定性的作用，具有较强的政策导向意义。近些年来，随着国民经济水平的不断提升，我国逐渐将第三产业的发展放在了重要的发展位置上，政府对于第三产业的资金投入力度比以往加大了许多，这促进了我国旅游事业的良好发展，尤其是乡村旅游业的发展。政府对于乡村旅游事业的政策规定和支持会对当地的旅游发展进程产生较为直接的影响。因此，政府的产业政策也是影响乡村旅游事业的主要因素。

十一、管理体制因素

产业政策控制、管理控制和垄断产业结构控制是导致系统性障碍的三方面因素。乡村旅游产业的管理体制一直是一个支离破碎的行业管理系统，这个管理体制中一直存在着行业壁垒。由于各个行业和产业都有着自己的管理目标，因此各个产业形成了各自的系统与政策。例如，农业农村部主管农业各方面事务，文保部门则属主管文物景点。在垂直系统上，他们必须遵守行政部门管制，在水平关系上，他们共同构成不同的板块为客户服务。因为每个市场都面对着不同的市场竞争和垄断，从而导致新型企业在进入行业时遇到制度方面的重重困难，对产业融合和发展产生多种副作用。比方说，在互联网行业中，携程旅行社将与去哪儿网合并到一起，合并过程中便遇到了旅行社行业的进入与审批障碍，其中包括原先就存在的各种制度是否还需要，以及行业整合后各种管制政策如何调整等问题。所以，如果要推动乡村旅游产业的一体化进程和发展，推动并提升乡村旅游产业的竞争优势，提高竞争力，就必须改变这些缺点和制度，否则就会错失良机。

十二、经营主体因素

整合能力、核心能力刚性和知识学习与创新能力是经营者能力障碍的主要内容。若是只能够通过改变系统和政策环境来改善现状，那么，要是想提高经营者的能力就会变得障碍重重。

刚性的核心惯性系统始终阻碍作为企业可持续竞争优势来源的核心竞争优势，因此它始终需要被打破，同时产生新的竞争优势。随着技术的不断推陈出新，消费者主要的诉求不断变化和企业的竞争过程中各种资本各种资源的重要性不断发生变化，从而导致企业在竞争过程中所需要的各种资源和竞争优势不断地发生变化，要不然企业将难以顺应时代发展的潮流，原本的竞争优势也会变得毫无意义。

经过快速的发展，乡村旅游行业在中国已经形成了一个相当大的规模，但乡村旅游企业核心竞争力的微观层面仍然疲弱。旅行社行业分散、疲软的状况没有改变；农家乐仍然以家庭为单位在管理；乡村旅游产业和其他产业在互相整合过程中也不能够产生期待的融合效果，进而获得更好发展。

十三、消费需求因素

消费的能力、消费的行为和消费者的学习能力是影响需求的三个主要障碍。因为创新是农村旅游产业互相促进和发展的性质和特点，因此，当新的产业面向市场时，新的乡村旅游产品（包括创新）需要面对市场的挑战，包括市场是否愿意接受并且自己是否有能力让市场接受自己。如果混合型产品不能够被现存的市场所接纳，产业也缺乏市场的整合，产业也将缺乏竞争力，很快便会退出市场。集成惯性包括市场消费观念和消费行为将直接影响到农村旅游产品是直接被市场接纳还是直接被市场所淘汰，因此，要提高消费者集成惯性的有利方面，抓住消费者行为的路径依赖的特点，通过产品转型的成本来提高游客的忠诚度。游客消费支付能力和新产品价格及游客学习能力都直接影响到能否接受融合性产品。

在当下高端国内市场上，有一批相对于整个大众市场来说是少数的游客群体，他们具有很高的支付能力、很强的学习能力，同时乐于尝试新鲜产品。虽然消费者的成熟度是导致需求方面障碍的主要因素，但是乡村旅游在中国的市场刚刚发育成形，游客的消费观念还没有形成惯性，换句话说，游客还没有产生固定的消费观念，迫切需要供应方踊跃的指引和创新营销的带动。由于市场不断地产生各种各样的消费团体，因此，系统方面和经营者共同的创新努力对当下市场来说显得尤为重要。

十四、旅游动机因素

旅游动机会对乡村旅游发展产生极大的影响，最主要的原因就是旅游动机是形成旅游需求的首要的主观条件。马斯洛的需要层次论是研究旅游动机的基础。马斯洛将人的需要分为五个层次：基本的生理需要、安全的需要、归属与爱的需要、尊重的需要和自我实现的需要。需要的五个层次是逐个上升的，当低一级的需要获得相对满足后，追求高一级的需求就成为继续奋进的动力。旅游动机就是人们在满足了最低的生理需要和安全需要之后提出来的较高层次的需要。

由旅游动机引起的旅游预期对旅游者的体验和旅游者满意度有很大影响，所以，旅游动机也就成为各国旅游学者和旅游管理机构的重要研究课题。但目前对旅游动机的研究还没有统一的范式，还很难说形成了系统深入的研究成果。

美国旅游学者戴恩将旅游动机分为情感梳理、自我提高和想入非非三类；艾泽欧－阿荷拉将旅游动机分为逃逸因素和逐求因素；世界旅游组织将团体旅游者的动机分为消遣和更换环境、休息与松弛、寻求赏心悦目的环境、对外部世界的好奇等。国内旅游学者陆林、屠如冀、谢彦君等人也曾对旅游动机进行过相关研究。

但是正如一些学者曾指出的，“在大多数决策过程中，发挥作用的动机都不局限为一种”。所以，旅游者的旅游动机具有复合性。但无论旅游动机以何种形式表现出来，从本质上都是立足于旅游审美的内在规定性及满足旅游者精神上的需要的。

就乡村旅游者而言，其旅游动机主要有以下几点。①城市居民回归自然、放松身心的心理动机。工业化和城市化的快速发展使“返璞归真，回归自然”成为现代旅游发展的主题之一。随着城市规模的扩大，城市人口密度增大，绿地减少，人们的生活空间越来越狭小。由城市工业和城市生活产生的废气、废水、废物和噪声污染，加剧了城市环境质量的恶化。紧张的都市生活节奏，使城市居民承受着来自环境和生活的双重压力。假日里有限的城市公园和风景区人满为患，已不能满足人们的休闲需要，一种放松身心、贴近自然、感受与城市生活截然相反的淳朴、恬静、悠闲的乡村生活，正好吻合了城市人口回归自然、回归乡野的心理需求。②求知动机。长期生活在都市的人们特别是少年儿童缺乏对农村、农事和大自然的了解，促使城市居民参与到乡村旅游的队伍中来，以求扩大知识视野。还有的学生或学术团体则伴随特定的专题旅游，如社会考察（如去考察中国农村的变化、生态环境的变化等）、科学考察（如考察地质、地貌和植物等）和写生等。③怀旧。怀旧是人类一种基本的心理活动和行为动机。特别是由于历史的原因，我国一代知青中的“知青情节”促进都市旅游者向乡村流动，形成的各种类型的故地重游。④公务活动。特别是位于城郊的乡村旅游地，常成为城市各单位、团体举办各种会议、活动的场所。⑤交友。乡村恬静、悠闲的环境，低廉的服务价格，使乡村旅游地成为朋友聚会的理想场所。

应当指出的是，虽然旅游动机是一个人的个体现象，它的形成主要受主观因素的影响，然而，客观因素在旅游动机的形成过程中也起着重要的作用。在一个特定的时间里，某种旅游类型一旦受到社会的认同，成为一种消费时尚，或多或少会对人们旅游动机的形成产生影响。如果这种影响成为一种普遍现象时，某种旅游类型便成为一个时期内的需求主流，人们会对适应某种旅游类型的旅游目的地产生强烈的认同感。旅游需求类型的变化是形成旅游目的地生命周期的一个主要原因。

综上所述，旅游动机会影响到乡村旅游的需求，进而影响到乡村旅游的进一步发展。

十五、旅游地形象定位

21 世纪是形象时代。旅游形象是人们对旅游景区及其所在地的总体、抽象、概括的认识和评价，是对旅游地的历史印象、现实感知与未来信念的一种理性综合。在乡村旅游地的开发规划过程中，旅游形象的塑造具有非常重要的价值和意义。旅游地旅游形象鲜明、独特和富有感召力与否，成为乡村旅游地吸引力大小的关键之所在。模糊混乱的旅游地形象不仅使现实的旅游者回头率低，而且很难对潜在的旅游客源市场产生吸引效应。

个性鲜明的旅游地形象有助于形成庞大的旅游市场，并且具有长久的生命力。乡村旅游地旅游形象涉及内容繁多，由旅游地理念识别系统、旅游地行为识别系统和旅游地视觉识别系统三部分组成。其中，乡村旅游地理念识别系统是指乡村旅游地独特的文化个性和精神内涵。乡村旅游地行为识别系统主要表现为乡村旅游地的政府行为、民众行为和企业行为。乡村旅游地视觉识别系统包括旅游地的建筑造型、公共标志牌、交通工具、员工制服等，是乡村旅游地最直观有形的形象识别系统。

形象定位差异主要由主体个性、传达方式和大众认知等要素决定。其中，主体个性是指乡村旅游地品质和价值内涵的独特风格；传达方式是把乡村旅游地独特风格有效准确传递至目标市场的渠道和措施；大众认知是指旅游者对乡村旅游地形象的认识和感受程度。

乡村旅游形象可以通过领先定位方法进行定位，比如，“天下第一瀑”“五岳归来不看山，黄山归来不看岳”。领先定位适用于独特的乡村旅游资源。可以通过比附定位方法进行定位。比如，将牙买加表述为“加勒比海中的夏威夷”，这样就可使牙买加从加勒比海区域众多海滨旅游地中脱颖而出。还可以通过逆向定位方法进行定位，以消费者心中第一位形象的对立面和相反面对乡村旅游地的形象进行定位。可以通过空隙定位方法进行定位，全然开辟一个新的形象阶梯，树立与众不同和从未有过的乡村旅游地主题形象。还可以通过重新定位的方法进行定位，让乡村旅游地的新形象替换其旧形象，重新获取一个有利的心灵位置。

第二节　全域旅游视角下乡村旅游的发展策略

一、尊重旅游业和市场的发展规律

（一）坚持循环上升发展原则

一般而言，乡村旅游资源较为丰富，能够满足一定的开发行为。但是，由于自然环境的承受能力的限度问题，决定了我们在开发旅游资源过程中必须遵循适度原则，不能超出景区的可承受范围。在进行乡村旅游资源开发时，要时刻注意对自然环境和有限的古迹遗存加强保护。在旅游旺季要提前做好预案，设置游客接待上限，以防止游客数量的爆发式增长对景区环境的破坏。充分认识旅游资源开发的长期性与渐进性，在不破坏环境的基础上进行开发，才能在激烈的市场竞争环境中获得长久可持续的发展的优势。

（二）坚持市场调节为主的原则

因为地方性的旅游资源都会有，但是大部分旅游资源都呈现出体量小、分散化的状态，虽然具备一定的特色和地域特性，但是不一定具备大规模开发的价值。这也就要求我们在制定乡村旅游开发战略环节时，要遵循市场调节为主的政策，让市场这只无形的手来指导乡村旅游项目的建设。开发全过程要根据乡村旅游消费市场以及国家宏观层面的政策趋势，遵循市场价值规律，只有贯彻如此的发展经营理念，才能确保美丽乡村建设目标的及早实现。

二、实现乡村旅游与其他旅游模式的深度融合

从总体上来说，当前阶段我国大部分地区乡村旅游资源相对来说较为薄弱，往往都以农家乐、休闲等为主，无法形成对消费者的有效吸引，同时乡村旅游模式也较为单一，往往都以一次性单一消费为主，带动区域经济发展的动力明显不足。另外，这种单一性的旅游模式也无法进一步满足旅游消费者的实际需求，从而在一定程度上阻碍了旅游消费者消费需求的提升。为了有效改善乡村旅游资源不足与消费单一的现状，乡村旅游需要实现与其他旅游模式的深度融合。推动旅游模式融合，既能满足消费者旅游消费需求，也能促进地方经济的

发展。例如，乡村旅游在开展休闲观光旅游的同时，也可以增加瓜果采摘类体验旅游模式，进一步刺激消费者的消费需求，推动区域经济发展。

三、实现乡村旅游资源的有效整合

乡村旅游资源能否有效整合是决定乡村旅游能否实现产业化发展与品牌构建的关键所在，只有通过资源整合推动乡村旅游的多元化发展才能进一步拓展乡村旅游的发展规模。乡村旅游开发是一个复杂的系统工程，所涉及的资源相对较多，乡村旅游资源开发与整合必须要在地方政府的引导之下，实现对相关资源的系统开发。首先，需要立足于地方旅游发展消费需求，进一步加强旅游地已有自然与人文景观的深度开发，为乡村旅游发展奠定必要的资源基础。其次，还要进一步完善旅游地基础设施建设，满足消费者在旅游地的衣、食、住和行的全方位需求，提升消费者消费体验，构建旅游品牌。最后，还需要实现产业链资源整合，构建全方位一体化乡村旅游模式，推动区域经济发展。

四、强化旅游供给侧改革

最近几年，传统旅游模式发展动力不足的现象越发突出，“旅游 +”成为旅游产业深化改革发展的重要方向，不仅实现了产业与旅游之间的融合发展，也进一步推动了实体经济的复兴。具体来说需要实现乡村旅游产业与第一、二产业的融合发展，构建全新的“旅游 +”发展模式。

五、制定适合旅游业发展的优惠政策

政府应加大对旅游业的政策扶持力度，通过政策进行资源配置引导，制定出适合本地旅游业发展的优惠政策，主要包括六方面。①产业开放政策。引进和借鉴国内外管理方法与经验，提高服务能力和管理水平，改革管理体制和经营组织可探索多种途径。引进专业管理公司，所有权与经营权分开，特许经营制度，政企分开等。②产业优先政策。在区域整体发展背景下，选择优先发展区和重点旅游区，进行优先开发，建立并完善旅游产业优先发展保障制度。基于可持续发展的战略目标，建立生态旅游示范区、旅游扶贫试验区和旅游度假区，享受同类开发区政策。③财政倾斜政策。增加财政投入，主要用于旅游形象宣传、宏观管理、规划开发、奖励促进、加强旅游基础设施建设等。④招商引资政策。制定旅游开发招商引资优惠政策，创造最佳的投资环境，鼓励企业、乡镇、个人参与投资，给予税收、土地等方面的优惠政策。⑤奖励促进政策。对在乡村旅游品牌创建中，取得不同级别的荣誉称号的，进行奖励；对在组团、促销等方面做出突出贡献的旅行社和企业予以奖励。⑥其他相关政策。制定优惠政策，积极引进不同层次的旅游专业管理人才；开展专业研究、信息咨询、人员培训等方面的交流合作，学习其他地区的先进技术和经验，为旅游业发展提供保障。

六、坚持“保护第一”的原则

发展乡村旅游，必须坚持“保护第一，开发第二”的原则。发展乡村旅游要高度重视保护环境和文化，实现经营利润和生态效益的双增长、农业生产和旅游经营的双丰收。

（一）生态环境的保护

乡村旅游低碳化发展，要求乡村旅游开发商与经营者树立低碳经济理念，运用节能减排技术，做到节约能源、减少排放、降低污染，以尽可能少的碳排放量，获得最大的经济效益、社会效益和环境效益，打造绿色环保企业。具体来说有如下几个方面。

1. 建设方面

建设生态停车场，建设生态厕所，配置生态垃圾桶，使旅游设施与生态环境相融合。利用新能源、新材料，运用节能节水减排技术，安装太阳能热水器和 LED 照明设备，采用沼气或新醇基低碳环保燃料进行烹饪、取暖、照明。

2. 经营方面

严格控制或禁止环保不达标的机动车辆进入，积极推广使用电力、畜力和人力等节能低碳的交通工具；控制好环境承载量，特别是在旅游旺季，应当预约和限制客流；将乡村旅游商品的塑料包装改成用可降解的材料包装；开展“低碳积分兑奖”活动，游客在乡村旅游过程中的各种低碳行为可以获得相应积分和奖励。

3. 住宿方面

推行“绿色客房”项目，鼓励客人减少一次性用品的使用；在卫生间放置节水提示牌，洗浴时间不超过 15 分钟；在床头柜上放置温馨提示卡片提示客人，可以选择不需换洗的服务，睡觉前关闭所有电源，手机和电脑充电结束后及时拔去插头。

4. 娱乐方面

设计和开发低碳环保的乡村体验旅游项目，如请农业技术人员传授花卉养护知识、绿色果蔬培育技巧、绿色食品烹制技术等，让游客在农事体验过程中，潜移默化地获得绿色、环保、健康、低碳的生活常识。

乡村旅游低碳化发展要求旅游者提高绿色环保意识，践行低碳消费方式，在食、住、行、游、购、娱等每一个旅游环节都尽量减少污染，做乡村生态环境的守护者。

（二）文化传统的保护

在开发过程中，要遵循发展旅游与保护环境之间的内在规律，共同推动乡村旅游的可持续发展。禁止在乡村内建立与环境不和谐的旅游项目、建筑设施；组织适宜的乡俗风情艺术活动，保持乡俗文化的优越感和自豪感；学习祖传的手艺、产品加工，通过销售或表演获得收入；保护生产生活、饮食习惯、宗教信仰等；通过举办地方文化节庆活动，展示乡土文化的独特魅力，防止乡土文化丧失。

第三节　全域旅游视角下贵州发展乡村旅游的思考

一、全域旅游视角下贵州乡村旅游的发展概况

（一）发展背景

随着社会的发展，工业化、城市化进程的加快，返璞归真、回归自然成了人们放松心情、陶冶情操、商务洽谈的理想场所，城市居民越来越向往乡村美丽的风景、清新的空气、宁静的环境、淳朴的民风。再加上近几年来人们环保意识的增强和绿色运动的兴起，乡村旅游得到较快的发展，逐渐成为国内外旅游市场的重要发展方向。同时也随着时代的发展和社会的进步，以及人类生活质量的不断提高，人们经历了从物质享受到精神享受再到文化享受的递进过程，传统的“游、购、娱、吃、住、行”模式不能满足人们对旅游的更高需求，旅游活动不再是表面的观光、度假、游玩，而是更深层次的理解、认知、体验与感受。由此乡村旅游就为人类的精神注入了一种新的血液和内涵，即“体验”旅游。

中国科学院战略研究部洪兵主任在“贵州红色旅游发展策划”讲座中说：体验经济是一种新的经济模式，它主要为人们提供精神产品，其中包括快乐、回忆、刺激、联想等各种各样的体验感受，未来的旅游市场将是体验经济的展示空间。贵州作为“公园省”，旅游资源丰富，生态系统完整，拥有原始自然

的高原喀斯特景观和古朴神秘的山地，多民族文化紧密结合，孕育了贵州较高文化价值、科研价值、观赏价值和体验价值的乡村旅游产品。

此外，自2008年全域旅游的概念出现，到2016年文化和旅游部正式将“全域旅游”内涵化并定位旅游行业的发展战略，再到全域旅游在各大旅游省份纷纷实践，已经成为旅游行业最热门的话题。

贵州省结合自身的六大优势和发展实际，提出了“六全理念”的全域旅游，即全景式打造、全季节体验、全产业发展、全方位服务、全社会参与、全区域管理的全域旅游。

全景式、全季节从空间和时间两个维度体现全域，如首批进入名单的花溪区，将十里河滩国家城市湿地公园、花溪公园、青岩古镇、天河潭等景区提升改造，构建了“一核、一轴、四组团”规划布局，将分散景点和美丽乡村点串成项链。

全产业发展则体现为“旅游+”，除传统的“食、住、行、游、购、娱”这旅游六要素之外，贵州省的“旅游+”充分展现贵州特色，如“旅游+交通”；长达153千米的赤水河谷旅游公路，配套建设168千米的自行车赛道，形成了低空飞行、汽车房车露营地等旅游新业态。全域旅游实现了处处皆景点、随地可旅游，让更多的人分享旅游业成果和旅游的快乐。

全方位服务、全社会参与全区域管理则调动了社会各大主体共同参与到旅游服务与管理过程中来。例如，黄果树景区旅游法庭、旅游警察的出现，一旦存在旅游纠纷，能够第一时间在事发现场进行调解和处理，凸显效率性和真实性。旅游热线12306及贵州旅游在线平台，也进一步丰富了全域旅游管理，让每一个人都参与到全域旅游中来，分享全域旅游所带来的成果。

（二）发展现状

贵州省在国家旅游发展战略下，积极推进全域旅游，依赖得天独厚的自然资源，利用大数据、大生态、大健康、大交通、大公园、大品牌六大优势，贵州省旅游经济呈现井喷式发展。

从2013年到2016年，贵州乡村旅游接待人数稳步攀升，从0.98亿人次增长到2.42亿人次。到了2019年上半年，贵州省乡村旅游接待游客25 943.33万人次，实现收入1 381.98亿元，乡村旅游人次、收入同比增加28.35%、33.78%。并且，乡村旅游接待人数在全省总接待人数中所占份额也不断提升。乡村旅游正发挥着越发重要的作用，随着文化和旅游部把全域旅游发展战略提上议事日程，贵州乡村旅游发展也要从新的角度来审视。

二、全域旅游视角下贵州重视乡村旅游发展的必要性

（一）全域旅游空间理念为乡村旅游发展创造契机

由于贵州地域分布主体是乡村，地域范围扩展必然会覆盖到乡村，这给乡村旅游带来了巨大的发展契机。在践行全域旅游的过程中，政策会向乡村倾斜，政府和企业也会加大对乡村的重视与投资力度。在规划建设方面，全域旅游要求把景区化的规划理念、建设标准、服务设施等运用到乡村。高标准的战略规划理念使乡村环境进一步优化美化，乡村正越来越成为人们所向往的旅游目的地。

（二）乡村丰富的旅游资源为全域旅游产品创新创造条件

全域旅游创新之处在于开发综合性和多样性强的旅游产品。贵州乡村丰富多样的旅游资源为全域旅游产品创新提供了丰富的素材。众所周知，贵州是多民族聚居省份，拥有丰富的民族旅游资源。一方面，贵州独具特色的实体旅游资源，如文物、建筑、山河，让都市居民向往。另一方面，全域旅游让全民参与。村民的民风民俗、价值观、艺术、农耕文化等也被视为同等重要的旅游资源，旅游资源的内涵得到了丰富，构成了产品创新的核心要素。

综上，不论是贵州乡村实体景观还是人文环境，其独特性和多样性既能满足游客的差异性体验需求，也为产品创新提供了条件。

（三）乡村发展全域旅游助推经济可持续发展

全域旅游旨在发挥旅游业综合性强和关联度高的特点，利用旅游业核心带动作用，通过“旅游+”形式，把旅游与多业态融合，推动乡村经济健康良性发展。例如，一产的林业、种植业、水产业还有养殖业＋旅游＝观光农业；二产的传统手工业、加工业＋旅游＝乡村特色旅游商贸业；三产的民风民俗＋旅游＝特色文化与服务业。

发挥旅游业的融合带动作用，不仅可以拓展农业功能、延长农业产业链、提高农业附加值、促产业转型升级、提高农民收入，还能传承与延续乡村传统文化，帮助乡村实现经济与社会效益。

（四）全域旅游治理理念有利于乡村旅游更高效更有序

在大众旅游时代，全域旅游的治理观倡导社会共建共享。通过各方推动，乡村丰富的旅游资源能得到有机整合，发挥最大的效益。这其中，不仅需要政府层面的统筹管理，各部门的齐抓共管、公司的专业敬业与服务精神，还需要

当地村民的全力参与。例如，传统的旅游联系旅游公司与景区，脱离了普通居民，而在全域旅游的发展模式下，旅游运营公司、整个区域的居民，甚至其他的社会的机构都需要对乡村旅游担起责任，形成合力，他们既服务、参与，也受益于乡村旅游，共同推动着乡村旅游高效有序发展。

（五）乡村旅游业的发展有利于乡村问题的解决

我国经济发展进程中，城市作为经济中心，有着完善的基础设施，大量高收入的就业就会。乡村由于小农经济的历史原因，经济增长速度缓慢，造成城乡众多乡村人口外出务工，寻求更好的发展机会和更高的收入。特别在经济落后的贵州省，外出务工成为乡村居民主要的就业方式，乡村青壮年劳动力涌向城市谋生与寻求人生机遇，乡村人口日渐减少。也就出现乡村老龄化、乡村空心化的问题。

乡村青年主力为城市建设贡献自己的力量，但乡村发展能力、文化传承、乡村教育、乡村建设等方面面临诸多问题。

首先，乡村人口外流，乡村精英和乡村青年被城市吸引离开乡村，导致乡村管理体系遭到破坏，乡村发展中的市场能力不足，缺乏人的支持与维护，加剧了外来资本进入乡村，在资本和权力的双重压力下，乡村并没有能力能够守护自己的生存环境和表达自己的话语权，导致乡村发展畸形，乡村失去其原真性，文化遭到侵袭，环境遭到破坏，乡村不再保持其独有的文化和原真性，也就难以取得良好发展。

其次，乡村文化是乡村世代传承的瑰宝，由于乡村人口外流，乡村文化持有者本身的能力不足，乡村文化未能进行知识产权化，没有相关的法律法规保障其权益，导致本土文化被加以利用开发之时，乡村居民没有表达自己的意愿、维护自身知识产权的权利，导致乡村文化缺乏合理开发，并且面临传承后继无人的尴尬境地。

最后，由于乡村青年外出打工，将子女交予年迈的父母抚养，在亲子教育上未能尽到父母的义务，因而留守儿童的教育缺失威胁到社会和谐以及人才建设，导致乡村发展失去人才基础。

当前，国家努力推进乡村建设计划，完善乡村基础设施建设，建设乡村高速公路，进行卫生管理，修葺房屋等等一系列措施，以及融合信息家技术，建设“村村通”项目，为乡村打破桎梏，与外界加强联系做出了努力，旨在为乡村建设美好的生存环境。然而乡村人口外流，空巢老人和留守儿童的问题使得完善一新的乡村无人欣赏，乡村基础设施无人维护，高新技术无人使用，导致资源浪费，令人唏嘘。因此，“人”作为乡村的核心，是乡村的精神所在，因此对于吸引乡村人口回归，是当前乡村发展的重要目标。

当前，经济的发展也带来更为严峻的问题。早前由于城市经济发展导致大量乡村人口外流，土地荒废，乡村景象凋零。而现今，城市经济发展放缓，对于外来劳动力的吸纳能力下降，造成众多外出务工人员难以在城市谋生，因而只能返回家乡。但由于早前的土地荒废加上小农经济收入微薄，导致返乡人员务工就业问题成为阻碍乡村发展的难题。乡村一方面面临着要发展、文化要传承的需求，而另一方面却难以满足返乡居民的生活保障问题。因此乡村的可持续发展面临着需求与供给之间的差异问题，导致乡村急需转型升级以满足发展需求。

乡村旅游业的开展，推动乡村的发展。贵州乡村旅游发展推动贵州乡村建设。在完善基础设施建设方面，交通上建设高铁，扩展交通网络，逐渐开通贵广高铁、渝贵高铁、贵南高铁等，将旅途时间大大减少，便捷的交通也为外来投资进入贵州提供便利。而在将来，贵州交通网络还将实现更大范围的覆盖，这也表明了贵州省在发展旅游、提升经济上的决心。在乡村公共服务方面，改善乡村环境，规范卫生管理，并且建设乡村公共文化服务，丰富乡村居民文化精神内涵。在产业发展方面，打造乡村创业品牌，带动乡村产业经济发展等等一系列措施，使得乡村呈现一派欣欣向荣的景象。

乡村的发展推动乡村旅游的不断提升，而乡村旅游的发展也需要乡村居民的支持与参与。乡村建设为乡村旅游奠定基础，乡村旅游推动乡村发展。同时，乡村旅游提供就业机会，并且在提升乡村经济的同时能够将受益用于乡村建设，乡村需要发展，而乡村居民需要乡村提供生存环境，其相辅相成的作用能够更好地解决乡村人口返乡就业、乡村经济发展、乡村空心化问题。

三、全域旅游视角下贵州乡村旅游发展存在的问题

（一）资源内外部需求的矛盾

资源内外部需求的矛盾源于外来游客对乡村旅游资源的需求与本地居民基本生产、生活资源的需求所产生的冲突。由于村民的生产生活空间与旅游空间发生重叠，加之游客普遍缺乏社会责任感，对自身行为缺乏约束，导致水电、停车等公共资源供求紧张，旅游活动污染、噪声污染、环境破坏等问题日益突出，这降低了游客体验质量，影响了居民的生产生活，制约着贵州乡村旅游发展。

（二）重形式轻内涵

首先，贵州乡村旅游活动形式单一，普遍为茶棋室、室外烧烤、休闲垂钓、果园采摘等，缺乏特色与创新。同时，急功近利、盲目建设导致乡村文化受现代文明的侵蚀严重。现代化、外地化、奢华化、商业化的氛围脱离了乡土实际。其次，由于贵州与周边省区的旅游资源相似度与重叠度高，开发方不予思考、盲目效仿还会加剧同质化态势，引发恶性竞争。

（三）经营管理粗放化

目前，贵州乡村旅游处于高速发展期，但经营管理水平、从业人员服务意识还跟不上，达不到全域旅游的发展要求。具体来说，许多乡村旅游管理和从业人员由村民兼任，对旅游业学习和认识不足，素质普遍低下。经营管理缺乏统一的标准，乡村旅游发展容易陷入管理弱、质量低、收入低的恶性循环。

（四）信息不对称

尽管贵州乡村旅游蓬勃发展，如雨后春笋般涌现，但由于信息不对称，丰富的信息往往无法快速、有效地传递给游客大众，结果往往造成旅游资源的浪费。比如，贵州民族村寨有很多独具特色的节日庆典和特色集市。尽管这些民俗活动市场吸引力大，但实时性与短时性强的特点导致信息无法及时有效地传递给游客，潜在的需求难以有效地转化为游客的实际行动。

（五）旅游产品单调且雷同

由于对本地区的旅游资源没有透彻的认识和充分的理解，并进行实地的调研和科学的规划，同时也缺乏将旅游资源转化为旅游产品的方法和经验，使得旅游产品深度挖掘不够，旅游产品单调，游客活动形式单一。在风景区旅游往往形式单一，最多扩大到附近二三个风景区，但形式仍然是单一的观光，如黄果树景区，只是看黄果树瀑布，或者再看龙宫和天星桥，只是单一观光。在贵州的众多民族村寨中，旅游项目最常见的就是喝拦路酒、歌舞表演和长桌宴，如黔东南、黔南等地，包括已相当有名的西江苗寨、郎德苗寨等，没有更多更好的旅游产品。贵州的自然风光和民族文化都是有特色的，但在实际的旅游产品形成中，却忽略了这些特色和差异，形成了大同小异的甚至雷同的旅游产品。例如，在贵阳市周边的乡村旅游人气较旺的花溪平桥，有上百户的农家乐，除夏天有一些水上活动外，旅游的主要活动就是打麻将。

（六）旅游产品季节性强

贵州的旅游多是单一产品的旅游，因为单一，造成了产品的季节性很强。例如，贵阳市周边的永乐桃花村、阿栗杨梅村等，除了桃花盛开的时候看花，杨梅成熟的时候摘杨梅外，其他季节便没有更好的旅游活动了。贵定音寨的“金海雪山”也是这样的景区，每年三四月份，黄色的油菜花和白色的李花漫山开放，非常漂亮，可是也只有春季的一个月左右的旅游时间。

（七）缺乏引导和专业团队的策划

除少数景区有专业的策划外，贵州更多的乡村旅游缺少专业团队对区域内的单体及周边景观、设施、休闲旅游项目进行总体的统筹。许多农家乐都是自主经营，不可能从总体上对整个区域的发展进行把握，从经销方式、方法到自身的宣传都由自我做主，造成农家乐发展的低端化。而且由于经营资金较少，品牌意识不强甚至没有。各自为战的局面导致宣传口径不统一，难以对外统一推介，不能形成合力，知名度较低。农家乐的经营者为招揽顾客，往往单独行动，如在门前立块广告牌，为游客发传单（名片）等。营销意识强的业主，会利用自己 QQ、微博、微信朋友圈等进行宣传，但因经济实力小，大多宣传有局限性。没有个性和品牌核心价值，很难真正形成游、购、娱、食、住、行一体的产业链。

四、全域旅游视角下贵州乡村旅游发展的对策

（一）实现供给侧的提质升级

为了更好地解决资源内外部需求的矛盾，首先要实现供给侧的提质升级，具体来讲，有以下几点策略。

1. 提高可进入性

根据全域旅游资源遍地性的理念，完善公路通达度，提高贵州乡村区域可进入性，引导旅客探索更加广域的区域，这有利于人群由点向面扩散，效缓解乡村局部承受超载的人流压力。

2. 完善配套

关注公共基础设施的全域覆盖，进一步完善乡村的生活与旅游配套，满足水电供应、排水排污、公共厕所、停车等基本需求。另外，建立环境承载力预警机制。对环境状况进行事实监测，计算出范围内最佳接待人数并合理安排，使环境污染与人为破坏降至最低。同时，加强游客的出行意识，倡导文明出游。

（二）提升乡村旅游产品的文化品位

文化是现阶段旅游业发展的新的生长点，是旅游产品生命力的精髓，是创造差异性的核心元素。旅游业是一个文化型的经济产业，它离不开文化。旅游产品的竞争分为三个层次，最低层次的竞争是价格竞争，这是一种普遍的竞争方式，第二层次的竞争是质量竞争，包括旅游服务质量、景观美学质量等，处在最高层次的竞争是文化竞争。文化是保持长久竞争力的关键。

针对目前乡村旅游产品普遍存在的缺乏文化内涵的现状，产品项目的设计和开发亟须创新思路，提高文化品位，打造立体的旅游产品体系。具体来讲，可以通过观赏、学习、参与、体验等多种方式将精彩的民族民间文化呈现给游客。例如，黔东南的禾晾风光，其中有独特的晾晒方式、独特的收获工具、独特的糯稻品种。保护糯稻品种的传奇故事，稻田养鱼，鱼—稻—鸭的生态养殖，这是一种距今已有上千年历史的种养结合方式，最早源于溪水灌溉稻田，随溪水而来的小鱼生长于稻田，秋季一并收获稻谷与鲜鱼，长期传承演化成稻鱼共生系统，后来又在稻田择时放鸭，同时收获稻鱼鸭，体现了“饭稻羹鱼”的生活传统。再如贵州少数民族地区森林覆盖率高生态环境较好，有许多地方都保存有原始的森林，这里又蕴含了少数民族森林管理的一整套文化，如神树、神林崇拜，各种与森林有关的习俗、习惯法和乡规民约等。因此风景里的文化更精彩。在乡村旅游产品中，规划和设计乡村文化的观察点、学习点、体验点，如在梯田的取水口可有一个观察点，分水口也可建一观察点，层层梯田的层层分水口，尽量做到把水源最有效最合理地分配到各家的田里。在大块的稻田可建稻田养鱼、养鸭的观察和体验点，既可了解少数民族“饭稻羹鱼”的传统生活，也可亲自体验捕鱼捉虾的乐趣，还可品味美味的全天然有机食品。通过农事活动的体验和参与，既学习了民族文化，又丰富了旅游产品，这样可以提高旅游产品的层次，从而形成多维的立体的旅游产品体系。

概括来讲，其具体思路如下。

1. 与教育开发相结合

教育是一个巨大的市场。成都是西南最大的花木生产基地之一，许多乡村一年四季绿树荫荫、春季花香不断，有条件开发成一个个大的“自然教室”“花卉教室”。一些具有较高的知名度和良好的生态环境的村落还可开发为“农村社会实践基地”“生态环境示范基地”。与此同时，发掘传统的农耕文化资源，恢复或陈列几近绝迹的水车、水磨、石碾、鸡公车、风车、织布机、斗篷、蓑衣等，让城里的青少年有机会了解传统的农耕方式和习俗。

2. 增加科技含量

随着科学技术的飞速发展，现代信息技术、现代生物技术、现代仿生仿真技术在农业中的应用，创造出千姿百态的乡村旅游产品，营造出千奇百怪的农业自然景观。利用现代技术对农业的自然之谜、极端现象、农业史上有较大影响的自然灾害进行模拟演示，可以增加乡村旅游的科技含量，提高产品的文化品位，对大多数城市居民和青少年具有较强的吸引力。

3. 加强饮食文化的开发利用

成都饮食文化源远流长，培养出许许多多的平民美食家和诸如“花溪牛肉粉”“肠旺面”之类的众多特色菜品。除继续挖掘和创新各种特色平民饮食外，应增加饮食文化的内涵，下功夫从多方面体现贵州民间饮食文化的特点。其他相关资源如“饮食与文人”“饮食与健康”“饮食与文化”等都可以进行开发。

4. 与旅游商品的开发相结合

开发具有本地特色的旅游商品，就是在进行营销宣传。当游人买下哪怕是一件很小的旅游纪念品时，就把旅游地的“广告”带到了四面八方。首先是开发传统工艺品，如折扇、油纸伞、风筝、竹编、泥塑等，它们虽然工艺简单，却是民俗文化的直接载体，体现出原汁原味的民间文化。另外，还要在本地资源丰富的农副土特产品上做文章，使其逐渐形成品牌。

5. 增加旅游硬件设施的文化内涵

文化硬件设施本身就是文化的载体。例如，具有乡村旅游景区标志的村门、寨门、院门、雕塑、公共汽车站台、厕所，甚至是招牌、路碑，都要既实用美观，又有文化品位。即使是一块提醒人们爱护花木的“警示牌”，也要写得文雅温馨，造型也要有艺术性。

（三）解决乡村旅游经营管理粗放的问题

首先，贵州要探索多方参与、多方共建的模式，充分发挥政府部门、公司、科研机构、村民的多主体参与作用。例如，政府部门具有全盘组织、统筹谋划和顶层设计能力，既能按市场需求和旅游总体规划对村民的行为进行规范与指导，又能采取措施，严格把控乡村旅游从业人员的上岗准入资格，考虑将导游等级与职称挂钩。

另外，乡村旅游公司商业经营与管理能力的能力强。对村民的服务接待、导游业务、餐饮卫生进行业务培训，有助于提高他们的服务水平，保障游客权益。同时，科研机构及高等院校能为乡村旅游提供智力支持。大学师生对乡村开展对口帮扶和各种业务培训，或者选送乡村从业人员去大专院校进修，这有利于业务能力与技能水平的提高、乡村旅游的规范化发展。

（四）解决信息不对称的问题

采用网格化营销理念。贵州应根据不同类型的游客特点，选择各种有效的信息传播工具（微信、微博、报纸、电视、门户网站等）和信息沟通方式，有针对性地将信息编译、推送给不同的游客群体，以高效激发大众的出游动机。

关注动态化旅游信息。信息传播平台不仅需要整合全省民族村寨和乡村旅游线路的基本信息，还需要建立专门的板块，及时更新包括乡村节日、庆典、特色集市等民俗活动的动态信息。这针对贵州乡村地理分布分散性强，乡村活动实时性和短时性强的特点，使游客能够及时知晓信息，根据自身所处的地理位置和时间灵活制定出行计划。

（五）进一步扩大旅游区域

区域大旅游需要各旅游目的地从更高的层面，用发展的眼光，并结合各自旅游要素与产业优势，打造点、线、面相结合的跨区域旅游。例如，面向自驾车旅游爱好者的一条线路川黔滇藏，在完善各旅游目的地“点”的同时，也需要重视点之间的顺畅通达，就需要进一步完善旅游公共设施体系，尤其是跨区域的旅游咨询服务，旅游集散地建设等围绕旅游者的全部消费行为与过程。

（六）积极推动旅游产业背后的融合与交叉

旅游产业所涵盖的行业非常广泛，明显的为旅游六大要素——食、住、行、游、购、娱。在六要素的背后，还存在一些隐形产业，如地方农业、林业、装备制造业等。全域旅游的产业融合是指通过产业交叉融合构建新的产业经济形态。例如，贵州茶业，通过茶庄园形式，引领茶旅升级，通过采茶炒茶制茶过程的体验，形成新的旅游产品；贵州的山地旅游中凸显的房车营地、帐篷营地，同时又带动制造业，形成以旅游为核心新的产业集群。

（七）丰富淡季旅游产品

在旅游淡季通过“旅游 + 体育”“旅游 + 文化”“旅游 + 休闲”等全产业模式，引导旅游者消费。并进一步配合《国民休闲纲要》，从政府宏观调控层面，调整休假时段，解决淡旺季供需不平衡的矛盾。

贵州主要依赖的资源为山水，而冬季旅游就成为一个制约点，亟须开发创新冬季旅游产品，如温泉养生旅游。贵州富有的矿物质及微量元素，成为温泉大力发展“温泉 +”多元的旅游产品体系，引领国民旅游休闲度假新生活方式。

除此以外，还要进一步创新开发旅游产品，具体思路如下。

1. 增加寻幽探险和健身内容

随着现代旅游的发展，单一传统的乡村聚落不能满足现代休闲的多方面的需要。调查表明，受城市旅游活动的影响，乡村旅游也具有了要求主动参与、竞争、时尚、现代、个别的和快节奏的需求特征。定向越野、生存游戏、漂流、冲浪、空中滑翔、帆伞运动、喷汽船等冒险旅游和体育旅游等成为追求个性和时尚的青少年感兴趣的旅游方式。贵州的丘陵、山地、河流和湖泊为这类活动的开展提供了条件。

2. 与养老业开发相结合

近两年，我国人口自然增长率已降至4%以下，65岁以上的老人所占总人口的比例越来越高，养老已成为一个大产业。全国有300亿元的“银发产业”，存在巨大的商机。如今，贵州郊外有山有水的地方，有大批“城市农人”乐而忘返，总数超过万人，为客居农家带来不菲的收入，是今后乡村旅游的开发方向之一。

3. 推出各项专题旅游

例如，推出“城市上班族，假日做农夫”“旅游上山下乡”“市民小菜（果）园”“银发族绿的邀请”“做农家饭（磨豆花、烧柴灶等）”“教你编制和使用农具”等专题旅游，丰富旅游产品。可进一步将市场细分，形成退休职工农园、开放性的学生农园、家庭农园、知青农园等。这些乡村旅游活动，一年四季都可以开展，不受节气和农业资源条件限制，可以在任何交通方面的城郊农村开展。

（八）加强硬环境建设

乡村由于经济开发的相对滞后性，旅游发展的硬件条件较差，基础设施和服务设施建设相对薄弱。许多乡镇不同程度地存在交通堵塞问题。旅游要有人来，交通是最基本的条件，交通条件不改善，旅游要带动人流、物流、信息流是不可能的。调查表明，旅游地的服务设施直接影响“农家乐”的档次和客源。

除此以外，旅游的发展从客观上要求保护和改善乡村生态环境，整理和发掘人文风情，保护和展示地方文化，这不仅对乡村的资源保护和生态环境建设起到了促进作用，而且与农村新村和社区建设形成互动推进。因此，改善农村人居环境，实现旅游发展与当地社区建设的互动推进，将极大地改变旅游业的发展条件，促进旅游业的持续、快速发展和整个乡村面貌的改变。

五、全域旅游视角下贵州乡村旅游发展趋势

乡村旅游贯穿第一、二、三产业，融合生产、生态、生活等多种功能，是目前贵州，乃至我国发展速度最快、发展潜力最大的新型业态。随着乡村旅游的不断发展，乡村旅游的经营规模正在从零星分布、分散经营向集群分布、集约经营转变，从农民自发建设向各级政府规划引导转变，出现了一系列的新的发展趋势。

（一）多样化

1. 产品类型多样化

乡村旅游已经由最初自发发展时期简单的“吃农家饭、干农家活、住农家房”的农家乐，发展成为乡村酒店、民族风苑、农业生态园等多类别的乡村旅游产品，而且随着乡村旅游的不断发展，还将有新的产品类别出现。如今，乡村旅游产品日渐多元化已经成为一个不争的可喜的事实。旅游产品及业态的创新是保持乡村旅游地竞争优势的核心。因此，在日趋激烈的乡村旅游竞争格局下，产品多样化趋势必将延续并强化。

2. 营销渠道多样化

要不断地吸引游客，就必须千方百计地做热旅游市场，扩大旅游产品的影响力。一些发展较成熟的乡村旅游目的地都在营销方面下了很多工夫。例如，借鉴北京市乡村旅游发展的经验，走一条“城乡社区、互动营销，目的地主题社区、品牌营销，网络虚拟社区、网络营销，舞台社区、节庆营销”的“政府公关、社区营销”的路子。在贵州，可以尝试广泛应用节庆营销、品牌营销、情感营销、网络营销、体验营销等多种营销渠道，推动良好效果的取得。随着乡村旅游市场的进一步多元化和细化，营销渠道的创新与多元化已成为必然的趋势和要求。

3. 融资渠道日趋多元化

乡村旅游的经营主体已从农户经营为主，向农民合作组织和社会资本共同投资经营方向转变，形成了多元投资结构。随着越来越多投资主体的进入，资金的来源渠道也在不断拓展。投资主体方面，除政府和原有企业外，越来越多的当地居民也加入乡村旅游的发展中来。融资渠道已经由最初的自筹资金转变为政府转移支付、权益融资（土地流转）、社会集资（专业合作社）、外商投资、贴息贷款、小额贷款等多种手段。

乡村旅游的发展及其转型升级都离不开资金的支持。因此，融资渠道多样

化趋势还须进一步强化，并需要不断创新投融资模式、拓展融资渠道。

（二）产业化

乡村旅游的产业化更能丰富乡村旅游产品形式，增加乡村旅游产业附加值，实现游客与经营户的共赢，促进区域经济协调发展。目前，贵州大部分地区的乡村旅游经营已经出现了更完整的、初具规模的乡村旅游产业链。部分乡村旅游发达地区甚至已经出现了比较完整的乡村旅游产业链。

未来，产业化主要有两种发展途径：一是围绕“旅游活动六要素”，在一个乡村旅游点（农家乐、民俗村、度假村或休闲农庄等）内产业链条的延伸；二是通过不同组织（农户与农户、农户与企业、民俗村与旅游景点）之间的合作来延伸乡村旅游产业链条。

（三）低碳化

乡村旅游对环境的依赖性很强。它的可持续发展最应关注的是环境保护问题，开发利用与环境保护并重，才是科学发展，才符合旅游转型升级的要求，随着乡村旅游的不断深入发展，各级政府主管部门和乡村旅游的经营者、参与者都认识到环境保护对乡村旅游发展的重要作用。

乡村旅游低碳化趋势已经出现。其核心就是环境保护的最优化和能源消耗的最低化，尽量减少旅游发展带来的碳排放，以获取最好的经济、社会和环境效益。这对乡村旅游的发展来说，释放了一个全新的信号：低碳化是乡村旅游未来的一个发展方向。

（四）品牌化

打造乡村旅游品牌是实现天、地、人和谐相处，促进乡村旅游可持续发展的必经之路。贵州的乡村旅游在开发之初多是农户自发经营，存在总量规模大、单体规模小、经济效益差、营销能力低等不足，无暇顾及品牌的现象。近几年，随着乡村旅游实践的不断深入，各地根据自身的生态、文化、建筑、民俗等条件，已经创建了许多特色化乡村旅游品牌。例如，西江千户苗寨，开阳十里画廊，安顺天龙屯堡，贵定音寨，湄潭、凤冈茶海旅游……这些独具特色的乡村旅游点以“特”取胜，逐渐成为贵州旅游的知名品牌，每年吸引着成千上万的游客慕名而来。

放眼未来，打造乡村旅游品牌是增强乡村旅游竞争力，保证可持续发展的一大重要举措。根据市场情况创建、树立区域性品牌，以品牌促营销，以营销促发展，是乡村旅游发展的必经之路。

（五）规范化

规范化管理是乡村旅游未来发展的一大方向。处于自发增长期的乡村旅游存在遍地开花、良莠不齐、内容单薄、品牌不响，以及基础设施、安全措施、环境卫生、服务质量等许多不尽如人意而又有目共睹的问题。服务不规范也是目前乡村旅游存在的通病，不管是景区景点，还是休闲农庄、农家乐，都存在这一问题。上述问题倘若任其存在，势必严重损害旅游业的声誉，最终将危及乡村旅游的发展。

在不断开展的实践中，逐渐摸索出用制度化管理来取代原来的行政命令更有效率，也更加有利于乡村旅游的发展。未来，还将有更多的地方、更多的管理规定和服务标准出台，使乡村旅游的发展有规可依，使游客放心消费。

参考文献

[1] 黄顺红．乡村旅游开发与经营管理 [M]．重庆：重庆大学出版社，2015．

[2] 贾荣．乡村旅游经营与管理 [M]．北京：北京理工大学出版社，2016．

[3] 黄凯．休闲农业与乡村旅游 [M]．北京：中国财富出版社，2016．

[4] 干永福，刘锋．乡村旅游概论 [M]．北京：中国旅游出版社，2017．

[5] 周霄．乡村旅游发展与规划新论 [M]．武汉：华中科技大学出版社，2017．

[6] 银元．乡村旅游合作社发展与建设研究 [M]．北京：国家行政学院出版社，2017．

[7] 宋军令．文化传承视野下的中国乡村旅游发展研究 [M]．北京：中国环境出版社，2017．

[8] 魏成元，马勇．全域旅游：实践探索与理论创新 [M]．北京：中国旅游出版社，2017．

[9] 李龙，宋徽．旅游创业启示录：互联网＋时代的乡村旅游创客 [M]．北京：旅游教育出版社，2017．

[10] 史寿山．现代乡村旅游 [M]．广州：广东旅游出版社，2017．

[11] 史云，张锐．乡村旅游经营与管理 [M]．石家庄：河北科学技术出版社，2017．

[12] 刘民坤．全域旅游大时代：广西特色旅游名县升级发展研究 [M]．北京：中国旅游出版社，2017．

[13] 黄渊基．文化生态旅游融合发展研究 [M]．湘潭：湘潭大学出版社，2016．

[14] 陈瑞萍．美丽乡村与乡村旅游资源开发 [M]．北京：航空工业出版社，2019．

[15] 邹统钎．乡村旅游：理论·案例 [M]．天津：南开大学出版社，2008．

[16] 楼嘉军，徐爱萍．休闲·旅游·民宿：观察与思考 [M]．上海：上海交通大学出版社，2017．

[17] 张晶晶．乡村旅游学研究 [M]．北京：冶金工业出版社，2018．

[18] 陈世才．旅游新论 [M]．北京：北京理工大学出版社，2018．

[19] 赵皇根，宋炼钢，陈韬．振兴乡村旅游理论与实践 [M]．徐州：中国矿业大学出版社，2018．

[20] 方法林．社会嬗变下的旅游经典问题研究 [M]．北京：中国旅游出版社，2018．

[21] 张旻．基于全域旅游理念的乡村旅游产品创新途径 [J]．南方农机，2017（14）：164-165．

[22] 唐烨．全域旅游视角下我国乡村旅游发展研究 [J]．中国农业资源与区划，2017（7）：207-212．

[23] 姜松．基于全域旅游发展思路下的旅游要素变化解析 [J]．中国商论，2018（7）：61-62．

[24] 李惠强．探究全域旅游视角下的乡村旅游发展战略 [J]．中国市场，2018（13）：35-36．

[25] 彭健怡．全域旅游背景下乡村旅游发展的策略探究 [J]．农业技术与装备，2018（8）：65-66．